JUNTOS

TRES

PRENTICE HALL
Simon & Schuster Education Group
A VIACOM COMPANY

PRENTICE HALL STAFF CREDITS

Director of Foreign Languages: Marina Liapunov

Director of Marketing: Karen Ralston

Project Support: Julie Demori

Advertising and Promotion: Carol Leslie, Alfonso Manosalvas, Rip Odell

Business Office: Emily Heins

Design: Jim O'Shea, AnnMarie Roselli

Editorial: Guillermo Lawton-Alfonso, José A. Peláez, Generosa Gina Protano, Barbara T. Stone

Manufacturing and Inventory Planning: Katherine Clarke, Rhett Conklin

Media Resources: Libby Forsyth, Maritza Puello

National Consultants: Camille Wiersgalla, Mary J. Secrest

Permissions: Doris Robinson

Product Development Operations: Laura Sanderson

Production: Janice L. Lalley

Sales Operations: Hans Spengler

Technology Development: Richard Ferrie

ISBN 0-13-415761-3

2 3 4 5 6 7 8 9 10 00 99 98 97

PRENTICE HALL
Simon & Schuster Education Group
A VIACOM COMPANY

v

CONTENIDO

¡BIENVENIDOS!

CAPÍTULO 2

AMOR Y AMISTAD

NO HAY NADA MEJOR, ¿VERDAD?

34

CAPÍTULO 3

¡A VIAJAR!
¡VAMOS A CONOCER EL MUNDO!

EMBAJADA DE

21.7.

ESPA

CAPÍTULO 4

¡SALUD Y EJERCICIO!
MENTE SANA EN CUERPO SANO

CAPÍTULO 5

LA BUENA MESA

¡BUEN PROVECHO!

130

DESPUÉS DE GRADUARME
¿QUÉ VOY A HACER?

CAPÍTULO 7

EL MEDIO AMBIENTE

¿CUÁL ES EL FUTURO DE NUESTRO PLANETA?

194

CAPÍTULO 8

LOS MEDIOS DE COMUNICACIÓN

¿ESTÁS AL DÍA?

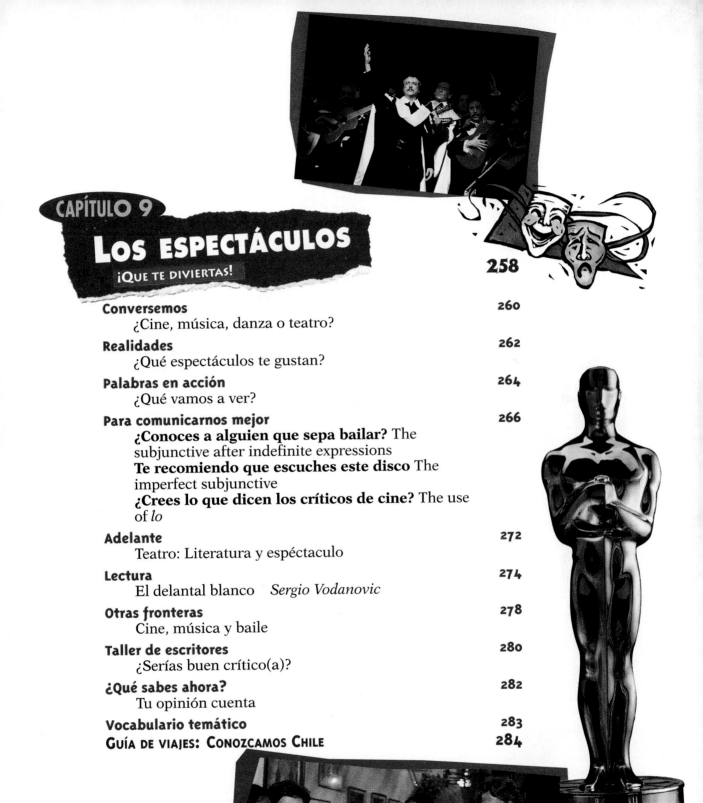

CAPÍTULO 9

LOS ESPECTÁCULOS

¡QUE TE DIVIERTAS!

CAPÍTULO 10

EL FUTURO
¿QUE NOS ESPERA?

290

LITERATURE CREDITS

Acknowledgments — *Juntos* Level III, Pupil Edition

Grateful acknowledgment is made to the following for permission to reprint copyrighted material:

• Editorial Seix Barral, S.A.

"Los últimos días de 'La Prensa'" by Jaime Bayly from *Los últimos días de La Prensa*. Copyright © 1996 by Jaime Bayly. Editorial Seix Barral, S.A.

• Agencia Literaria Carmen Balcells, S.A.

"Conservación de los recuerdos" and "Viajes" by Julio Cortázar from *Historias de cronopios y de famas*. Copyright © 1962 by Julio Cortázar. Reprinted by permission of Agencia Literaria Carmen Balcells, S.A. "Oda a la papa" by Pablo Neruda from *Odes to Common Things*, Bulfinch Press, 1994. Copyright heirs of Pablo Neruda. Reprinted by permission of Agencia Literaria Carmen Balcells, S.A.

• Curbstone Press

"Como tú" by Roque Dalton, from *Poetry Like Bread* (Curbstone Press, 1994). Reprinted with permission of Curbstone Press. Distributed by Consortium.

• Editorial Grijalbo, S.A.

"La ley del amor" by Laura Esquivel from *La ley del amor*. Copyright © 1995 by Laura Esquivel. Editorial Grijalbo, S.A.

• Editorial América, S.A.

"Mi mamá no confía en mí" and "¡Qué horror!... Soy la del medio" from *Revista TÚ*, Year 14, #8, published by Editorial América, S.A. Reprinted by permission of Editorial América, S.A.

• Muy Interesante

"Nuevas profesiones, Oficios del 2025: Papá quiero ser plasturgista" from the magazine *Muy Interesante*, Year XI, no. 10, published by Editorial Televisa. Reprinted courtesy of Muy Interesante.

• Provincia Franciscana de la Santísima Trinidad

"Vergüenza" by Gabriela Mistral from *Todas íbamos a ser reinas*, Editora National Quimantu, 1971. Reprinted by permission of the Provincia Franciscana de la Santísima Trinidad, Chile.

• Quipos

"Mafalda" by Joaquín Salvador Lavado (Quino). Copyright © 1965-1970 by Joaquín Salvador Lavado (Quino). Copyright © Quipos. Reprinted by permission of QUIPOS, Milan.

• Vintage Books, a Division of Random House, Inc.

"Cómo se come una guayaba" from *Cuando era Puertorriqueña* by Esmeralda Santiago. Copyright © 1994 by Esmeralda Santiago. Reprinted by permission of Vintage Books, a Division of Random House, Inc.

• Enrique Wernicke

"Amigo, estoy triste, triste" by Enrique Wernicke from *Palabras para un amigo*, Buenos Aires,1937.

Note: Every effort has been made to locate the copyright owner of material reprinted in this book. Omissions brought to our attention will be corrected in subsequent printings.

You are about to continue your journey into the language and culture of the Spanish-speaking world, to get acquainted with new cities and countries. You'll meet more of the 300 million people who are Spanish speakers. As you continue to become one of them, you may very well find that your new language opens doors to new and rewarding opportunities.

¡Buen viaje! Have a good trip!

WHERE IN THE WORLD?

In the section that follows, you will find maps that highlight countries of the world where people speak Spanish. The maps will give you information about the countries: the name of the country in Spanish, its location, geographic landforms, and the products and wildlife that you will find there. Enjoy studying the maps as you think about where in the world you would want to visit.

MAPS AND TABLES

- Population Statistics
- Geographic Landforms Used in the Maps
- Symbols Used in the Maps
- Map of Spain
- Map of South America
- Map of Mexico, Central America, and the Caribbean
- Map of the U.S.
- Map of the World

Population Estimates (Where Spanish is the Primary Language)

Country	Population	Country	Population
Mexico	86,170,000	Bolivia	7,411,000
Spain	39,200,000	Dominican Republic	7,591,000
Colombia	35,600,000	El Salvador	5,635,000
Argentina	34,883,000	Honduras	5,164,000
Peru	23,854,000	Paraguay	5,003,000
Venezuela	19,085,000	Nicaragua	3,932,000
Chile	14,000,000	Puerto Rico	3,500,000
Cuba	10,900,000	Uruguay	3,200,000
Ecuador	11,055,000	Costa Rica	3,300,000
Guatemala	9,705,000	Panama	2,500,000

GEOGRAPHIC LANDFORMS USED IN THE MAPS

On the pages that follow, you will find maps illustrated with geographic landforms. For reference, some of the landforms that appear in these maps are illustrated below with the name of each feature in Spanish.

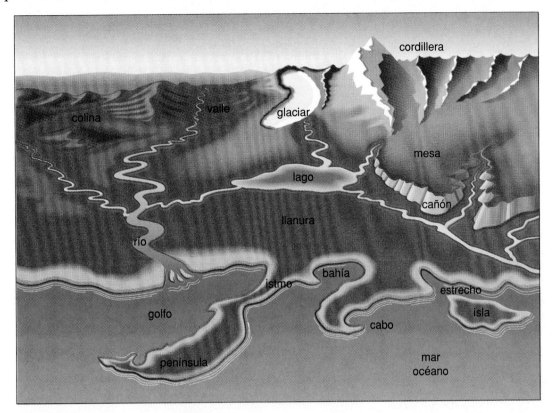

SYMBOLS USED IN THE MAPS

The maps that follow contain symbols that will give you a glimpse of the agricultural products, industries, and animals that you will likely see when you visit the region.

naranjas		plátanos		ganado vacuno	
caballos		turismo		algodón	
manatíes		petróleo		área muy lluviosa	
piñas		industria		montañas	
maíz		esquí		área seca	
pesca		ovejas		trigo	
uvas		puerto		área de lluvias moderadas	
caña de azúcar		minas		flores	

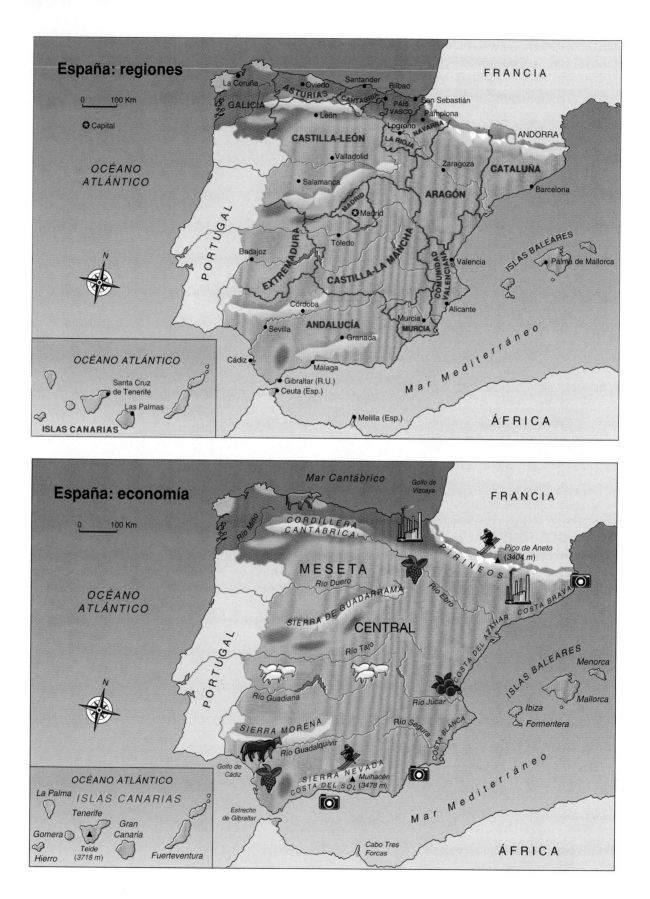

España: regiones

0   100 Km

⊗ Capital

OCÉANO
ATLÁNTICO

FRANCIA

La Coruña
Santander
Oviedo
Bilbao
GALICIA
ASTURIAS
San Sebastián
CANTABRIA
León
PAÍS VASCO
Pamplona
Logroño
NAVARRA
CASTILLA-LEÓN
LA RIOJA
ANDORRA
Valladolid
Zaragoza
CATALUÑA
Salamanca
ARAGÓN
Barcelona
MADRID
Madrid
PORTUGAL
EXTREMADURA
Toledo
Badajoz
CASTILLA-LA MANCHA
COMUNIDAD VALENCIANA
Valencia
ISLAS BALEARES
Palma de Mallorca
Córdoba
Alicante
Sevilla
ANDALUCÍA
Murcia
Granada
MURCIA
Cádiz
Málaga
Gibraltar (R.U.)
Ceuta (Esp.)
Mar Mediterráneo
Melilla (Esp.)
ÁFRICA

OCÉANO ATLÁNTICO
Santa Cruz
de Tenerife
Las Palmas
ISLAS CANARIAS

España: economía

Mar Cantábrico
Golfo de Vizcaya
FRANCIA

0   100 Km

OCÉANO
ATLÁNTICO

Río Miño
CORDILLERA CANTÁBRICA
PIRINEOS
Pico de Aneto
(3404 m)
MESETA
Río Duero
COSTA BRAVA
SIERRA DE GUADARRAMA
Río Ebro
CENTRAL
Río Tajo
PORTUGAL
Río Guadiana
Río Júcar
COSTA DEL AZAHAR
ISLAS BALEARES
Menorca
Mallorca
Ibiza
Formentera
SIERRA MORENA
Río Segura
COSTA BLANCA
Río Guadalquivir
Golfo de Cádiz
SIERRA NEVADA
Mulhacén
(3478 m)
COSTA DEL SOL
Estrecho
de Gibraltar
Mar Mediterráneo
Cabo Tres
Forcas
ÁFRICA

OCÉANO ATLÁNTICO
La Palma
ISLAS CANARIAS
Tenerife
Gomera
Gran Canaria
Hierro
Teide
(3718 m)
Fuerteventura

XX

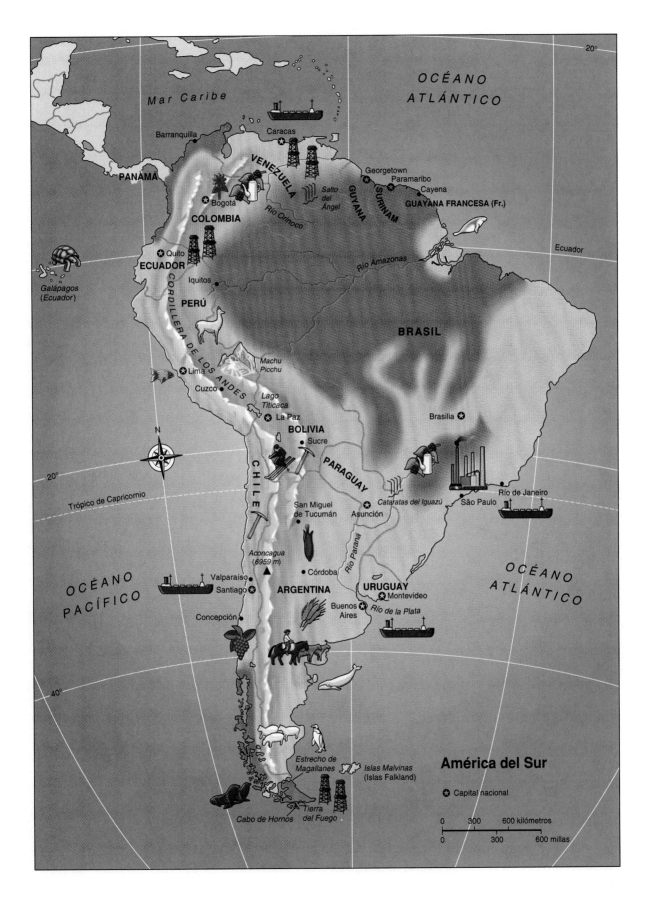

Mar Caribe

OCÉANO ATLÁNTICO

Barranquilla

Caracas

PANAMÁ

VENEZUELA

Georgetown
Paramaribo
Cayena

GUAYANA FRANCESA (Fr.)

Bogotá

Salto del Ángel

GUYANA

SURINAM

COLOMBIA

Río Orinoco

Quito

ECUADOR

Ecuador

Iquitos

Río Amazonas

Galápagos (Ecuador)

PERÚ

CORDILLERA DE LOS ANDES

BRASIL

Machu Picchu

Lima

Cuzco

Lago Titicaca

La Paz

Brasilia

BOLIVIA

Sucre

PARAGUAY

Cataratas del Iguazú

São Paulo

Río de Janeiro

CHILE

San Miguel de Tucumán

Asunción

Trópico de Capricornio

Aconcagua (6959 m)

Río Paraná

OCÉANO PACÍFICO

Valparaíso

Santiago

Córdoba

OCÉANO ATLÁNTICO

ARGENTINA

URUGUAY

Montevideo

Concepción

Buenos Aires

Río de la Plata

Estrecho de Magallanes

Islas Malvinas (Islas Falkland)

América del Sur

Cabo de Hornos

Tierra del Fuego

✪ Capital nacional

0	300	600 kilómetros

0	300	600 millas

20°

20°

40°

XXI

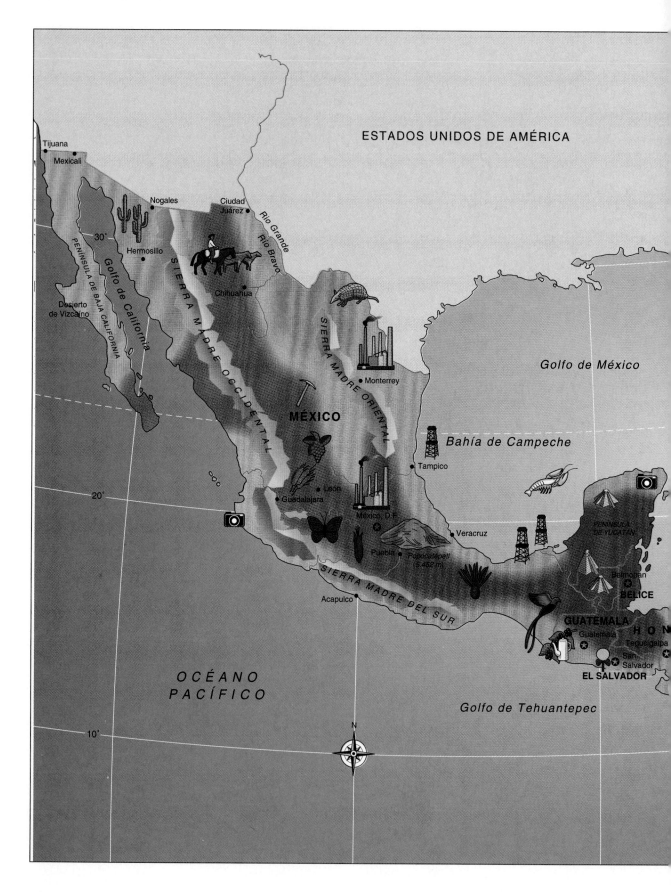

ESTADOS UNIDOS DE AMÉRICA

Tijuana
Mexicali
Nogales
Ciudad Juárez
Río Grande
Río Bravo
Hermosillo
30°
Chihuahua
PENÍNSULA DE BAJA CALIFORNIA
Golfo de California
Desierto de Vizcaíno
SIERRA MADRE OCCIDENTAL
SIERRA MADRE ORIENTAL
Monterrey
MÉXICO
Golfo de México
Bahía de Campeche
León
Guadalajara
Tampico
20°
México, D.F.
Veracruz
PENÍNSULA DE YUCATÁN
Puebla
Popocatépetl (5.452 m)
Balmopan
BELICE
SIERRA MADRE DEL SUR
GUATEMALA
H O N
Acapulco
Guatemala
Tegucigalpa
San Salvador
EL SALVADOR
OCÉANO PACÍFICO
Golfo de Tehuantepec
10°
N

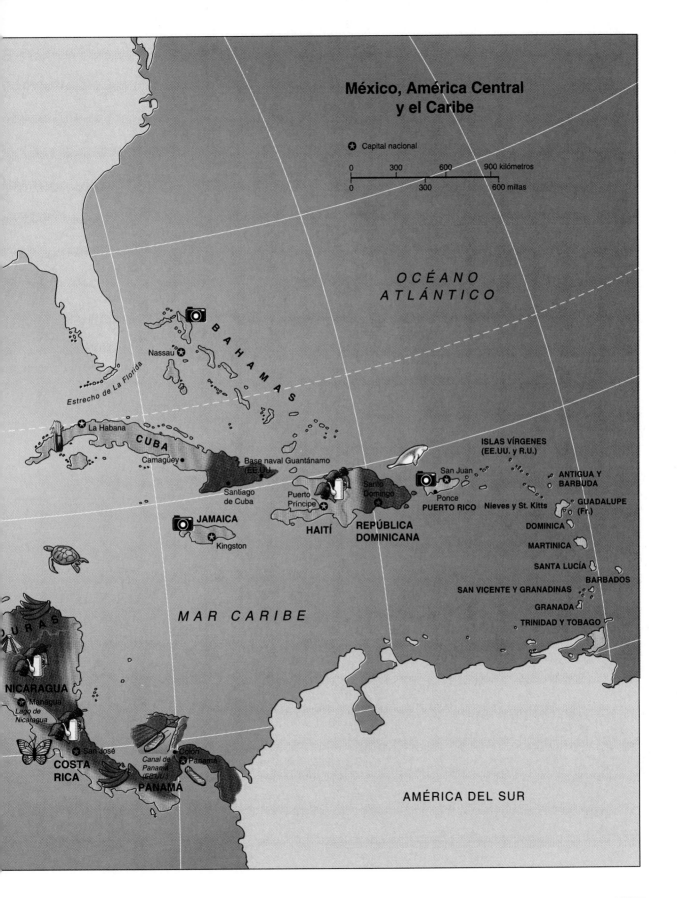

México, América Central y el Caribe

⊛ Capital nacional

| 0 | 300 | 600 | 900 kilómetros |
| 0 | | 300 | 600 millas |

OCÉANO
ATLÁNTICO

Estrecho de La Florida

B A H A M A S

Nassau ⊛

CUBA

La Habana ★

Camagüey ●

Base naval Guantánamo
(EE.UU.)

Santiago
de Cuba

JAMAICA

Kingston ⊛

MAR CARIBE

HAITÍ

Puerto
Príncipe ⊛

REPÚBLICA
DOMINICANA

Santo
Domingo ⊛

San Juan

Ponce
PUERTO RICO

ISLAS VÍRGENES
(EE.UU. y R.U.)

ANTIGUA Y
BARBUDA

Nieves y St. Kitts

GUADALUPE
(Fr.)

DOMINICA

MARTINICA

SANTA LUCÍA

BARBADOS

SAN VICENTE Y GRANADINAS

GRANADA

TRINIDAD Y TOBAGO

...URAS

NICARAGUA

⊛ Managua

Lago de
Nicaragua

⊛ San José

COSTA
RICA

Canal de
Panamá
(EE.UU.)

Colón ●

⊛ Panamá

PANAMÁ

AMÉRICA DEL SUR

XXIII

WASHINGTON

MONTANA

DAKOTA DEL NOR

OREGÓN

IDAHO

DAKOTA DEL SUR

WYOMING

NEBRASKA

Gran
Lago
Salado

E S T A D O S

Stockton

NEVADA

UTAH

Río Colorado

¡HOLA!
Denver

¡HOLA!
San José
¡HOLA! Salinas

COLORADO
¡HOLA!
Pueblo

KANSA

¡HOLA! Fresno

CALIFORNIA

Bakersfield

Pasadena

Omnard ¡HOLA!

Los Ángeles

San Bernardino
Riverside
Pomona
Anaheim
Santa

Fullerton
San Diego

ARIZONA

Phoenix

¡HOLA!
Albuquerque

NUEVO
MÉXICO

¡HOLA!
Lubbock

¡HOLA!
Tucson

OCÉANO
PACÍFICO

Golfo de
California

¡HOLA!
El Paso

TEXAS

HAWAI

Estrecho de Bering

Río Yukón

OCÉANO
PACÍFICO

ALASKA

Río Bravo
(Río Grande)

¡H

¡HOLA!

Laredo

Golfo de Alaska

MÉXICO

CANADÁ

MINNESOTA

WISCONSIN

MICHIGAN

IOWA

UNIDOS

Chicago
Aurora

ILLINOIS

INDIANA

OHIO

Lago Superior

Lago Michigan

Lago Hurón

Lago Erie

Lago Ontario

Río San Lorenzo

MAINE

VERMONT

NEW
HAMPSHIRE

MASSACHUSETTS

¡HOLA!

RHODE ISLAND

Hartford
Bridgeport CONNECTICUT

NUEVA YORK

Paterson
Newark
Elizabeth

Nueva York
Jersey City

PENNSYLVANIA

NUEVA JERSEY

MARYLAND

DELAWARE

Washington, D.C.

MISSOURI

KENTUCKY

VIRGINIA
OCCIDENTAL

VIRGINIA

Río Ohio

CAROLINA
DEL NORTE

TENNESSEE

CAROLINA
DEL SUR

Río Arkansas

OCÉANO
ATLÁNTICO

ARKANSAS

N

GEORGIA

ALABAMA

Río Rojo

Río Mississippi

Río Missouri

OMA

Dallas
rand Prarie

Austin

¡HOLA!

Houston
Pasadena

Antonio

MISSISSIPPI

LOUISIANA

Golfo de México

FLORIDA

Corpus Christi

¡HOLA!

Miami

Hialeah

rownsville

Estados Unidos de América

Área donde una proporción alta de la
población habla español

⊛ Capital nacional

¡HOLA!

Ciudad donde una proporción alta de la
población habla español

| 0 | 150 | 300 kilómetros |
| 0 | 150 | 300 millas |

San Juan

¡HOLA!

PUERTO RICO

40°

35°

30°

25°

GROENLAND
(DINAMARCA)

CANADÁ

AMÉRICA DEL NORTE

ESTADOS UNIDOS

Azores
(PORTUG

Bermuda
(R.U.)

Trópico de Cáncer

BAHAMAS
REPÚBLICA DOMINICANA
Puerto Rico (EE.UU.)
Islas Vírgenes (EE.UU. y R.U.)
SAINT KITTS Y NEVIS
ANTIGUA Y BARBUDA
DOMINICA
SANTA LUCÍA
BARBADOS
SAN VICENTE Y LAS GRANADINAS
TRINIDAD Y TOBAGO
SURINAM
GUAYANA FRANCESA
(FRANCIA)

Hawai
(EE.UU.)

ME

CUB

BELICE
JAMAICA
HAITÍ
GRANADA

CABO
VERDE

OCÉANO PACÍFICO

GUATEMAL
EL SALVADOR
HONDURAS
COSTA RICA
PANAMÁ

CARAGUA

Ecuador

Islas Galápagos
(ECUADOR)

ECUA

GUYANA

AMÉRICA DEL SUR

BRASIL

P O L I N E S I A

Wallis y
Futuna
(FRANCIA) KIRIBATI

Islas
Tokelau (N.Z.)

Samoa
Norteamericana
(EE.UU.)

SAMOA OCCIDENTAL

TONGA

Polinesia
Francesa
(FRANCIA)

Trópico de Capricornio

AGUAY

I. Pitcairn
(R.U.)

CHIL

UGUAY

0	1000	2000 millas
0	1000	2000 kilómetros

Islas Malvinas/
Islas Falkland
(R.U.)

Círculo Polar Antártico

El Mundo

 Países donde el español
es el idioma oficial

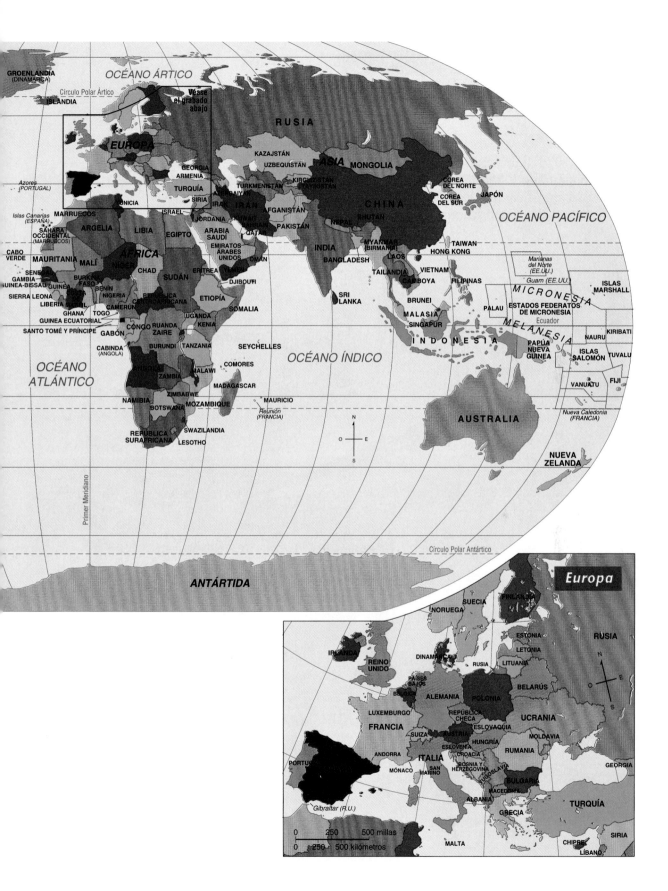

GROENLANDIA
(DINAMARCA)

OCÉANO ÁRTICO

ISLANDIA

Círculo Polar Ártico

RUSIA

Véase
el grabado
abajo

EUROPA

ASIA

KAZAJSTÁN

MONGOLIA

UZBEQUISTÁN

GEORGIA
ARMENIA
TURQUÍA

TURKMENISTÁN

KIRGUISTÁN
TAYIKISTÁN

COREA
DEL NORTE

JAPÓN

Azores
(PORTUGAL)

SIRIA

AZERBAIYÁN

COREA
DEL SUR

TUNICIA

IRAK

IRÁN

AFGANISTÁN

CHINA

OCÉANO PACÍFICO

Islas Canarias
(ESPAÑA)

MARRUECOS

ISRAEL

JORDANIA

PAKISTÁN

NEPAL

BHUTAN

SAHARA
OCCIDENTAL
(MARRUECOS)

ARGELIA

LIBIA

EGIPTO

KUWAIT
QATAR

ARABIA
SAUDÍ

INDIA

MYANMAR
(BIRMANIA)

TAIWAN

HONG KONG

Marianas
del Norte
(EE.UU.)

CABO
VERDE

MAURITANIA

MALÍ

NÍGER

CHAD

SUDÁN

EMIRATOS
ÁRABES
UNIDOS

OMÁN

BANGLADESH

LAOS

TAILANDIA

VIETNAM

Guam (EE.UU.)

ISLAS
MARSHALL

SENEGAL
GAMBIA
GUINEA-BISSAU

BURKINA
FASO

BENÍN

ERITREA

DJIBOUTI

CAMBOYA

FILIPINAS

MICRONESIA

GUINEA

SIERRA LEONA

NIGERIA

REPÚBLICA
CENTROAFRICANA

ETIOPÍA

SRI
LANKA

BRUNEI

ESTADOS FEDERADOS
DE MICRONESIA

LIBERIA

CAMERÚN

SOMALIA

MALASIA

PALAU

Ecuador

GHANA
TOGO

GUINEA ECUATORIAL

ÁFRICA

UGANDA

KENIA

SINGAPUR

MELANESIA

NAURU

KIRIBATI

SANTO TOMÉ Y PRÍNCIPE

GABÓN

CONGO

RUANDA
ZAIRE

INDONESIA

PAPÚA
NUEVA
GUINEA

ISLAS
SALOMÓN

TUVALU

CABINDA
(ANGOLA)

BURUNDI

TANZANIA

SEYCHELLES

OCÉANO ÍNDICO

VANUATU

FIJI

OCÉANO
ATLÁNTICO

ANGOLA

ZAMBIA

MALAWI

COMORES

MADAGASCAR

MAURICIO

Reunión
(FRANCIA)

Nueva Caledonia
(FRANCIA)

NAMIBIA

ZIMBABWE

BOTSWANA

MOZAMBIQUE

N

AUSTRALIA

O   E

S

REPÚBLICA
SURAFRICANA

SWAZILANDIA

LESOTHO

NUEVA
ZELANDA

Primer Meridiano

Círculo Polar Antártico

ANTÁRTIDA

Europa

FINLANDIA

SUECIA

NORUEGA

RUSIA

IRLANDA

DINAMARCA

ESTONIA
LETONIA
LITUANIA

REINO
UNIDO

RUSIA

BELARÚS

PAÍSES
BAJOS

N

O   E

BÉLGICA

ALEMANIA

POLONIA

S

LUXEMBURGO

UCRANIA

FRANCIA

REPÚBLICA
CHECA

ESLOVAQUIA

SUIZA

AUSTRIA

HUNGRÍA

MOLDAVIA

ESLOVENIA

RUMANIA

ANDORRA

CROACIA

GEORGIA

PORTUGAL

ITALIA

SAN
MARINO

BOSNIA Y
HERZEGOVINA

YUGOSLAVIA

MÓNACO

BULGARIA

MACEDONIA

TURQUÍA

ALBANIA

Gibraltar (R.U.)

GRECIA

0   250   500 millas

SIRIA

CHIPRE

0   250   500 kilómetros

MALTA

LÍBANO

XXVII

En 1979, había más o menos 14 millones de personas de origen hispano en Estados Unidos. ¿Sabes que hoy hay más de 26 millones? Eso significa que de cada diez habitantes de los Estados Unidos, uno es de origen hispano.

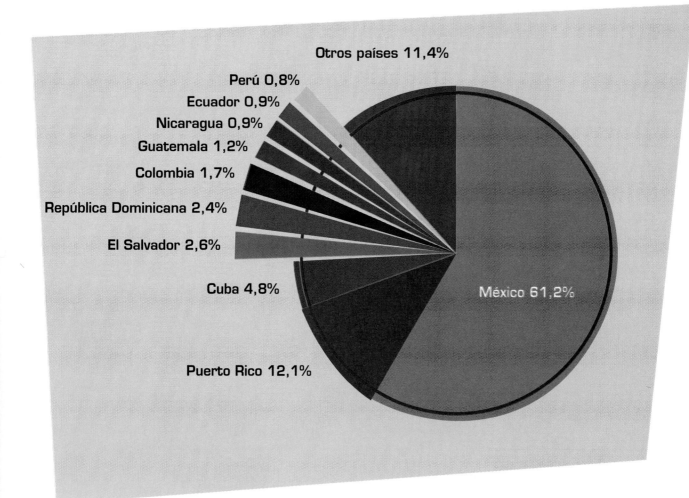

Otros países 11,4%

Perú 0,8%

Ecuador 0,9%

Nicaragua 0,9%

Guatemala 1,2%

Colombia 1,7%

República Dominicana 2,4%

El Salvador 2,6%

Cuba 4,8%

México 61,2%

Puerto Rico 12,1%

La población hispana

¿En qué partes de Estados Unidos viven los hispanos? ¿Qué porcentaje de la población hispana total hay en cada estado?

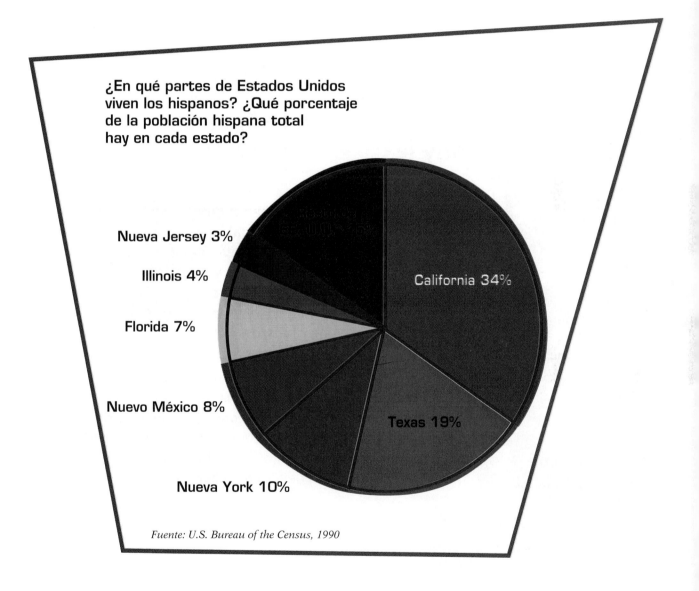

Nueva Jersey 3%

Illinois 4%

Florida 7%

Nuevo México 8%

Nueva York 10%

Resto de EE.UU. 15%

California 34%

Texas 19%

Fuente: U.S. Bureau of the Census, 1990

°**EE.U.U.** *Estados Unidos*

¡Bienvenidos otra vez al español!

¿por qué aprender todavía más?

(Welcome back to Spanish. Why learn even more?)

- You will be able to read Spanish literature in its original language. Reading the adventures of Don Quijote in Cervantes' immortal classic, the poetry of Nobel Prize winners Octavio Paz and Pablo Neruda, and the work of new writers from the Spanish-speaking world will give you a deeper appreciation of the Spanish language and a wider understanding of Hispanic culture.

- The information superhighway is bringing the world closer together. Spanish is one of the most widely-used languages in the world. Your growing ability to read and write in Spanish will introduce you to new friends and experiences in cyberspace!

- You will recognize the origin of many English words because they come from Spanish. Did you know that *mosquito, vanilla,* and *tornado* are just a few of the words we use every day that are of Spanish origin?

- New careers and exciting adventures will open up to you around the world. As the global economy expands, the 18 Spanish-speaking countries of Latin America, Puerto Rico and Spain will present great job opportunities and markets in the 21st century. You will also enjoy traveling and meeting people in all of these places when you can speak their language!

- You will be better able to communicate with people in your own country. Spanish is the most commonly spoken language in the United States after English. There are Spanish-speaking neighborhoods in many parts of the U.S.

Tips for Learning More Spanish

- **Expand what you already know!** Communicate in Spanish as often as you can. Keep adding the new words and phrases that you learn to those you already know. Remember — the best way to learn to speak Spanish is to do it every day!

- **Listen actively!** Take every opportunity that you can to hear Spanish spoken. Turn on a Spanish station on your radio or TV. Listen to Spanish music — get into the rhythm! If you don't understand every word, that's okay. Spanish is all around you. Take advantage of every chance to surround yourself with the sounds of the language.

- **Be positive!** Remember, you learned a lot of Spanish last year. There's still more to do, but you are going to succeed! You know how to use ¡JUNTOS! because you've used it before. Look for other ways to practice speaking and reading Spanish. If you didn't find a Spanish-speaking pen pal last year, try to now. Maybe you can even find a Spanish-speaking pal in cyberspace on a World Wide Web site! Go to a Spanish movie and see how much you understand without using the subtitles. Take charge of your own learning!

- **Have fun with language!** Try to use Spanish every day — in and out of the classroom. Tell a joke that has a Spanish punchline. Use your Spanish to order food in a Spanish restaurant. Speak Spanish to a Spanish friend. Don't worry if you don't get everything right. Spanish-speakers will appreciate it if you try to communicate in Spanish. They'll even help you out!

- **Think about how you learn!** Everybody has a special learning style. Some people learn a language by watching for clues in the way others act when they speak. Some people learn a language by noticing words that sound familiar and making a mental note of them. Still others learn by teaching what they know to another — like a family member or a younger friend. Share your learning style with your classmates. Pick up tips about their learning styles, and try those tips out for yourself.

- **Work together!** Together is what ¡JUNTOS! is all about. It's not just in the classroom, but outside of it as well. Speak Spanish to classmates in the hall, in the lunchroom, over the phone, or even at a football game! Use your new skills together ….¡JUNTOS!

XXXII

Bienvenidos a
Juntos
Tres

CAPÍTULO **1**

MI NIÑEZ

¡CUÁNTOS RECUERDOS TENGO!

2

Objetivos

COMUNICACIÓN
- cómo era tu niñez
- cómo eran tus relaciones con tu familia cuando eras niño(a)

CULTURA
- una canción de Gloria Estefan; quién era Eva Perón; una obra del escultor Francisco Zúñiga

VOCABULARIO TEMÁTICO
- cómo eras y cómo te portabas de niño(a)
- cómo te llevabas con tu familia
- qué tareas domésticas hacías

ESTRUCTURA
- cómo era y qué hacía tu familia: el imperfecto
- algo que hiciste en una ocasión especial: el pretérito de verbos regulares e irregulares

LECTURA
- las cartas que dos chicas escribieron a una revista para jóvenes pidiendo consejo

REDACCIÓN
- escribe un párrafo sobre problemas familiares reales o imaginarios
- escribe un ensayo sobre el papel que tu familia y tus amigos tienen en tu vida

◀ Recuerdos de mi niñez en la playa.

CONVERSEMOS

¿TE PORTABAS BIEN DE NIÑO(A)?

Habla con tu compañero(a).

1 ¿Cómo eras?

	No	Un poco	Muy
alegre	❑	❑	❑
atrevido(a)	❑	❑	❑
cómico(a)	❑	❑	❑
egoísta	❑	❑	❑
hablador(a)	❑	❑	❑
malhumorado(a)	❑	❑	❑
perezoso(a)	❑	❑	❑
rebelde	❑	❑	❑
serio(a)	❑	❑	❑
travieso(a)	❑	❑	❑

2 ¿Cómo te llevabas con tu familia?

	Nunca	A veces	Siempre
Me llevaba bien con todos.	❑	❑	❑
No aguantaba a mi primo(a).	❑	❑	❑
Me peleaba con mi hermano(a) menor.	❑	❑	❑

3 ¿Te regañaron tus padres alguna vez?
¿Por qué?

Porque...	Sí	No
critiqué a mi hermano(a) menor.	❏	❏
gasté toda mi paga semanal.	❏	❏
hice travesuras.	❏	❏
me burlé de mi hermano(a).	❏	❏
me quejé de cosas sin importancia.	❏	❏
no dejé en paz a mis padres.	❏	❏

4 Mis padres me premiaban cuando...

	Nunca	A veces	Siempre
cumplía con las reglas de la casa.	❏	❏	❏
hacía la tarea.	❏	❏	❏
les hacía caso a los mayores.	❏	❏	❏
me portaba bien.	❏	❏	❏
sacaba buenas notas.	❏	❏	❏

5 ¿Qué tareas domésticas te gustaba más hacer cuando eras niño(a)? Indica tu preferencia.

_____ ayudar a preparar la comida

_____ cuidar a mis hermanos menores

_____ hacer la cama

_____ hacer mandados

_____ lavar el coche

_____ lavar los platos

_____ sacar al perro

_____ sacar la basura

5

REALIDADES

¿TIENES ALGÚN RECUERDO FAMILIAR ESPECIAL?

"¡El día de mi primera comunión fue maravilloso! Mis padres, mis abuelos, mis primos y mis tíos **ESPAÑA** estuvieron conmigo. Mis amigos y yo les dábamos de comer a las palomas en el parque cuando mi tío Paco sacó esta foto. En la fiesta, cantamos y bailamos mucho."

"Me encantaba pasar las vacaciones con mis abuelos. Yo era muy perezoso y no me gustaba hacer tareas domésticas. **TEXAS** Cuando estaba en casa de mis abuelos no ayudaba a preparar la comida, no hacía la cama, no ordenaba mi cuarto, no hacía mandados, ¡no hacía nada!... ¡Era un paraíso!"

¿SABES QUE...?

En algunos países hispanos los niños y niñas reciben apodos (*nicknames*) de cariño, como la nena, el bebé, el peque, la chacha. En algunos casos, estos apodos duran toda la vida. ¿Conoces apodos cariñosos de familia? Pregunta a tus compañeros.

"Cuando tenía unos diez años, mis padres me llevaron a pasar unos días a la playa de Santa Marta. Fui con toda mi familia, ¡incluso llevamos al perro! Jugamos y nadamos en el mar todo el día."

COLOMBIA

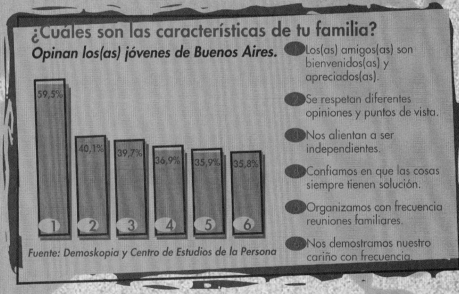

¿Cuáles son las características de tu familia?

Opinan los(as) jóvenes de Buenos Aires.

- 59,5%
- 40,1%
- 39,7%
- 36,9%
- 35,9%
- 35,8%

1. Los(as) amigos(as) son bienvenidos(as) y apreciados(as).
2. Se respetan diferentes opiniones y puntos de vista.
3. Nos alientan a ser independientes.
4. Confiamos en que las cosas siempre tienen solución.
5. Organizamos con frecuencia reuniones familiares.
6. Nos demostramos nuestro cariño con frecuencia.

Fuente: Demoskopia y Centro de Estudios de la Persona

Y TÚ, ¿QUÉ PIENSAS?

1. Los abuelos son una parte esencial de la familia hispana. Muchas veces, los abuelos viven con los hijos y los nietos, y ayudan a cuidar a los niños. ¿Qué piensas de esta costumbre?

2. Salir de vacaciones es una actividad colectiva en varios países hispanos. Tíos, primos y abuelos pueden pasar juntos unas vacaciones maravillosas. ¿Cómo son tus vacaciones ideales?

3. Lee las opiniones de los jóvenes argentinos sobre sus familias. ¿Estás de acuerdo con sus opiniones?

PALABRAS EN ACCIÓN

¿TRANQUILOS O TRAVIESOS?

 **¿Cómo eran de niños?**

Con tu compañero(a), describan cómo eran de niños y cómo son ahora.

alegre	generoso(a)	perezoso(a)
cómico(a)	hablador(a)	rebelde
egoísta	imaginativo(a)	travieso(a)

PARA TU REFERENCIA

todavía *still*

ya no
*no longer,
not anymore*

— *De niña, yo era muy traviesa y rebelde. Ahora ya no soy traviesa.*
— *Yo no. De niño, yo era muy generoso. Todavía soy así.*

2 **Querido nieto...**

Lee la siguiente carta que una abuela le escribió a su nieto Miguelito. Con tu compañero(a), describan qué tipo de niño creen que es Miguelito.

— *Miguelito es travieso pero saca buenas notas.*
— *Sí, y se lleva bien con sus amigos en la escuela.*

20 de septiembre

Querido Miguelito:

Tu papá me cuenta que no te llevas bien con tu hermana y que no la dejas en paz. ¿Por qué eres así, cariño? Miguelito, ¿por qué te burlas de tu primo Roberto? No debes ofenderlo. La próxima vez que me llame tu mamá, quiero saber que te portas bien y cumples las reglas de la casa. Tu papá también dice que sacas buenas notas y que tienes muchos amigos. ¡Qué bueno!

Besos y abrazos

Tu abuelita

3 ¿La familia ideal?

Con dos compañeros(as), decidan qué características de la siguiente lista son las más importantes en una familia.

Alentar a los hijos a ser independientes	Organizar reuniones familiares
Demostrar cariño con frecuencia	Apreciar a los(as) amigos(as)
Confiar en que las cosas tienen solución	Respetar diferentes opiniones

— *La familia ideal organiza fiestas con los amigos cada mes.*
— *Yo creo que es más importante demostrar cariño con frecuencia.*

4 Muy diferentes

De niños, tú y tu compañero(a) eran muy diferentes. Tú te portabas bien. Tu compañero(a) se portaba mal. Describan cómo eran.

— *Yo siempre hacía caso a los adultos y pedía permiso para salir.*
— *Pues yo me quejaba de cosas sin importancia.*

5 Nuestro horario semanal

1. Habla con tu compañero(a) de las tareas de cada persona de esta familia. ¿Quién tiene las más fáciles? ¿Y las más difíciles?

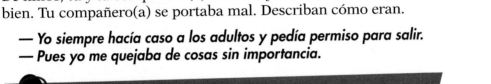

	MAMÁ	PAPÁ	MARTA	ANA	LUIS
lunes	cocinar	sacar al perro	lavar los platos	sacar la basura	lavar la ropa
martes	sacar al perro	planchar la ropa	lavar los platos		cocinar
miércoles	cocinar		sacar la basura	lavar los platos	sacar al perro
jueves		sacar al perro	cocinar	sacar al perro	lavar los platos
viernes	pasar la aspiradora	sacar la basura	cocinar	lavar los platos	sacar al perro
sábado	cocinar	lavar los platos	sacar al perro	sacar la basura	hacer mandados

2. Ahora hablen de sus tareas domésticas. ¿Tienen mucho en común?

— *Yo saco al perro cada día.*
— *Yo lavo los platos los lunes y los martes.*

9

¿CÓMO ERA TU FAMILIA? ¿QUÉ HACÍA?

El día 15 de agosto siempre íbamos a comer a un restaurante para celebrar el cumpleaños de mi abuela. Me encantaba ir porque veía a mis primos y porque había comida muy rica.

Cuando yo tenía diez años mi familia y yo vivíamos en Medellín. Los domingos, mi familia organizaba partidos de fútbol. Mi equipo siempre ganaba.

Para describir a tu familia y qué hacían, usa el imperfecto.

1. You use the imperfect tense to talk about habitual past actions, that is, things you used to do regularly.

> *Todos los días jugaba con los vecinos. Me divertía mucho.*

Note in the above example that there are no stem changes in the imperfect tense.

2. Here are the endings of regular *-ar* verbs.

Ayudar: ayudaba, ayudabas, ayudaba, ayudábamos, ayudabais, ayudaban

3. Regular *-er* and *-ir* verbs have the same endings.

Comer: comía, comías, comía, comíamos, comíais, comían
Vivir: vivía, vivías, vivía, vivíamos, vivíais, vivían

4. The verbs *ir*, *ser*, and *ver* are irregular in the imperfect:

Ir: iba, ibas, iba, íbamos, ibais, iban
Ser: era, eras, era, éramos, erais, eran
Ver: veía, veías, veía, veíamos, veíais, veían

5. The imperfect of the verb *haber* (singular and plural) is *había*.

1 Costumbres familiares

¿Qué costumbres familiares recuerdas de cuando eras niño(a)?
¿Cuáles eran las que te gustaban más? ¿Y las que te gustaban menos?
Usa los siguientes verbos u otros.

acampar	hacer	salir
bañarse	ir	ver
celebrar	jugar	viajar
comer	reír	visitar

*Cuando era niño, todos los veranos acampábamos cerca de un
lago muy grande. A mí me encantaba acampar y bañarme en el
lago. Lo único que no me gustaba era cuando mi hermano
mayor contaba cuentos de terror por la noche, ¡me asustaba y
luego no podía dormir!*

2 ¡Qué costumbre más extraña!

Con tu compañero(a), escojan la costumbre de la Actividad 1 que más
les guste y cámbienla: háganla cómica y extraña (o inventen una).

*Cuando era niña vivía en los Andes. Todos los días nos
levantábamos a las tres de la mañana y comíamos
cuarenta manzanas cada uno. Luego íbamos a nadar a la fuente
y a tomar el sol...*

3 Vamos a ver el partido

De niño(a), ¿cuál era tu deporte favorito? ¿Ibas con tu familia a ver
competiciones de este deporte o lo veías por
televisión? Compara tus respuestas con las
de tu compañero(a). ¿Tienen mucho en
común?

PARA COMUNICARNOS MEJOR

¿HICISTE ALGO ESPECIAL CON TU FAMILIA?

El mes pasado fui al bautizo del hijo de mi hermana mayor. Fue una ceremonia muy bonita. Mi sobrino no lloró en ningún momento. Después, hicimos una merienda en el parque y mi prima y yo dimos un largo paseo.

La familia Barrio Flores tiene el placer de anunciarles el nacimiento de su hijo Marcelo Antonio

el día 5 de septiembre a las 4:00 de la tarde en el Hospital Santa Fe

El jueves mis abuelos me invitaron a ir a la playa. Cuando llegamos, vi a unos chicos que tomaban clases de buceo. Mi abuelo habló con el instructor y, ¡al día siguiente tomé una clase! Me divertí mucho.

Para decir qué hiciste, usa el pretérito.

1. Unlike the imperfect tense, you use the preterite tense to talk about actions that were completed at specific moments in the past, for example: *ayer por la mañana, anoche, hace una semana*.

   Ayer por la tarde corté el césped.

2. Here are the endings for regular *-ar*, *-er*, and *-ir* verbs. Note that *-er* and *-ir* verbs have the same endings.

   Cuidar: cuidé, cuidaste, cuidó, cuidamos, cuidasteis, cuidaron

   Obedecer: obedecí, obedeciste, obedeció, obedecimos, obedecisteis, obedecieron

   Salir: salí, saliste, salió, salimos, salisteis, salieron

3. Stem–changing verbs that end in *-ir* keep the stem change in the preterite, but only in the third person singular and plural.

   Pedir (i): pedí, pediste, pidió, pedimos, pedisteis, pidieron

   Dormir (u): dormí, dormiste, durmió, dormimos, dormisteis, durmieron

4. Note the following spelling changes in the *yo* form of the preterite of *-ar* verbs ending in *-car*, *-zar*, or *-gar*.

sacar: saqué   *empezar: empecé*   *jugar: jugué*

5. The verbs *dar*, *ir*, and *ser* are irregular in the preterite.

Dar: di, diste, dio, dimos, disteis, dieron

Ir/ser: fui, fuiste, fue, fuimos, fuisteis, fueron

> *Anoche Ana dio una fiesta. Fui con mis hermanas. ¡Fue muy divertida!*

1 ¡Saludos desde España!

Lee esta carta que una estudiante de español le escribió a su profesora. Cuéntale a tu compañero(a) todo lo que hizo y qué le pareció.

> Estimada Srta. Laura:
>
> ¡Saludos desde España! Mi padre tenía que venir en un viaje de negocios y me invitó a acompañarlo. ¡España es increíble! Volamos primero a Madrid y después a Granada, donde mi papá tenía que trabajar. Ayer conocí al hijo de un colega de mi padre y me invitó a ir a esquiar a Sierra Nevada. Va a ser fenomenal porque dicen que ayer cayó mucha nieve.
>
> Un saludo afectuoso de
> Melanie Washington

2 Esta vez fue diferente

Piensa en una ocasión en que un pariente se portó de una manera diferente de la habitual. Usa el imperfecto para hablar de cómo era habitualmente y el pretérito para hablar de esa ocasión en particular.

> *De niño, mi hermano era muy tranquilo; nunca tenía problemas. Pero un día se peleó con un chico porque se rió de él. Cuando llegó a casa con una herida en la rodilla, mi mamá se asustó. Ésa fue la única vez que mi hermano se peleó.*

3 Anécdotas familiares

Cada familia tiene anécdotas especiales. ¿Cuáles son las tuyas? Compártelas con tu compañero(a). Puede ser una anécdota cómica o peligrosa, o un sueño especial.

> *Todos los años, antes de empezar las clases tengo pesadillas. Recuerdo especialmente una. En el sueño, yo dormía tranquilamente cuando empezaron a moverse los muebles. Corrí hacia la ventana y vi a mis vecinos en pijama gritando: ¡Un terremoto! De repente, mi papá entró en el cuarto y me despertó. ¡No era un sueño!*

ᴘARA COMUNICARNOS MEJOR

Mi familia y yo hicimos un viaje a Puerto Rico para visitar a mis tíos. Mi amigo Raúl también vino con nosotros. Al principio sus padres dijeron que no podía ir pero al final le dieron permiso. Estuvimos allí tres semanas. ¡Fue fantástico! Cuando volvimos, traje muchos regalos para mis amigos. Mi papá sacó esta foto en el aeropuerto de San Juan.

Para hablar de tus recuerdos, usa verbos irregulares en el pretérito.

The following verbs have irregular stems in the preterite. Most of them have the same endings: *-e*, *-iste*, *-o*, *-imos*, *-isteis*, *-ieron*.

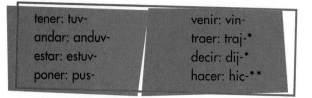

tener: tuv-	venir: vin-
andar: anduv-	traer: traj-*
estar: estuv-	decir: dij-*
poner: pus-	hacer: hic-**

*The **ustedes/ellos/ellas** ending for **traer** and **decir** is **-eron**: **trajeron, dijeron**.
** The **usted/él/ella** form of **hacer** is **hizo**.

1 ¡Felicidades!

Lee esta invitación a una boda que tuvo lugar en Madrid, España. Imagina que es la boda de tu primo y que tú asististe. Cuéntale a un(a) amigo(a) cómo fue y qué pasó.

Javier Rivera, mi primo, se casó con Rosa Granados. La boda tuvo lugar en... Vinieron más de 200 invitados. Después...

Los señores Granados y Rivera tienen el placer de invitarles a la boda de sus hijos:

Rosa y Javier

el día 21 de julio a las 11:00 horas, en la iglesia de Santa Catalina

2 De visita

Las siguientes personas visitaron a unos parientes que viven lejos. ¿Qué cosas tuvieron que comprar para el viaje? Cuando llegaron, ¿qué ropa o equipo llevaron para hacer sus actividades?

Héctor: Fue a Portillo, Chile, a visitar a sus abuelos. Fue de excursión a los Andes. —> Para ir de excursión, se puso botas, calcetines, pantalones cortos y... Tuvo que comprar protector solar y...

1. Yo: Fui a Bolivia a acampar en uno de los parques nacionales con mi primo que vive en Oruro.

2. Los hermanos Quintero: Viajaron a Puerto Rico a visitar a sus tíos. Hicieron esquí acuático.

3 Entrevista

Entrevista a tu compañero(a) para saber en qué partes del país (¡o del mundo!) viven sus parientes o amigos. Usa las siguientes preguntas como guía y después dile a la clase lo que aprendiste.

Elena hizo un viaje a El Salvador para visitar a su tía Dora. Estuvo allí en diciembre. Anduvieron por el bosque y vieron muchos pájaros exóticos. ¡Dijo que fue increíble!

1. ¿Hiciste alguna vez un viaje para visitar a un familiar o un(a) amigo(a)?

2. ¿Adónde fuiste? ¿Cuándo?

3. ¿Cuánto tiempo estuviste allí?

4. ¿Qué viste?

5. ¿Con quiénes fuiste?

6. ¿Qué hiciste allí?

7. ¿Qué regalos trajiste?

Mapa para llegar a la casa de la tía Dora

(Nº 1713)
CALLE MIRAFLORES
CALLE RIEGO
CALLE 1 de MAYO
AVENIDA DIAGONAL

¿TIENES PROBLEMAS FAMILIARES?

Cuando tienes problemas familiares...

- ¿Prefieres no contárselos a nadie?

- ¿Hablas con tus padres? ¿Con tus amigos?
  ¿Con un(a) consejero(a)?

- ¿Escribiste alguna vez a una revista
  para pedir consejo?

NOTA CULTURAL · LITERATURA EPISTOLAR

La literatura *epistolar*, o literatura en forma de carta, es una
gran tradición hispana. Consiste en cartas que escribe una
persona o la correspondencia entre diversos personajes.
Usualmente son conversaciones confidenciales que entretienen
al lector.°

Las cartas reflejan° la vida interior de una persona y los temas
varían mucho: la religión, el amor,° la política y las
preocupaciones personales.

NUESTROS AMIGOS LOS COGNADOS

Leer en español puede ser más fácil si reconoces los cognados
(palabras que son similares en español e inglés). Algunos
cognados son muy fáciles de reconocer, como por ejemplo
"intenciones". Hay otros que tienes que estudiar con más
cuidado: ¿reconoces la palabra "libertad"? A veces tienes que
cambiar varias letras para reconocer los cognados. ¿Entiendes
las palabras "confianza", "incapaz" y "delicadeza"? Sí, significan
confidence, incapable y *delicacy.* Busca los cognados en las cartas
de las páginas 18 y 19.

el amor *love*
el lector *reader*
reflejan *reflect*

SOLUCIÓN: ¿UNA CONSEJERA?

A continuación vas a leer las cartas que dos muchachas le escribieron a una consejera de una revista para jóvenes. Antes de leerlas, di si crees que las siguientes personas le escribirían° una carta a una consejera.

Un chico que envidia° a un amigo.

Una chica que quiere vender su bicicleta.

Una chica cuyo novio coquetea° con otras.

Un chico que busca un trabajo de jornada parcial.

cuyo novio coquetea *whose boyfriend flirts*
escribirían *would write*
envidiar *to be jealous*

Correo
CONFIDENCIAL

"¡Qué horror... SOY LA DEL MEDIO!"°

Pregunta: Sufro° mucho y mi familia es la única culpable°. Somos tres hermanas, yo soy la del medio, y todos les prestan más atención a ellas que a mí. A la pequeña (de 15 años) la ven como la niña graciosa, incapaz de enfrentarse° a la vida. A la mayor (de 20) la encuentran elegante y bonita. Pero a mí no me hacen caso. No soy fea; soy alegre, practico deportes y saco buenas notas, pero esta situación me está creando complejos°. Ya no quiero ni salir de la casa, porque ellas siempre son el foco de atención°. Oriéntame, por favor, ya no aguanto más. Esto es una injusticia.

Raquel S., El Salvador

Respuesta: Cuando una persona se siente atrapada°, termina atrapada... y tú no tienes por qué experimentar° esa sensación de rechazo°. Está claro que tus hermanas tienen su personalidad y tú la tuya. Quizás una es más atractiva y la otra es más simpática, pero eso no es razón para sentirte menospreciada°. Al igual que ellas, tienes magníficas cualidades que puedes resaltar°. Como dices en tu carta, eres alegre, practicas deportes y, lo más importante, tus notas son excelentes. Demuéstrales a todos tus capacidades y deja de° vivir a la sombra° de tus hermanas... Y recuerda: en un sándwich, ¡la mejor parte siempre es la del medio! Mucha suerte.

"Mi mamá no confía en mí."

Pregunta: Me gusta un chico muy lindo y yo también le gusto. Él tiene buenas intenciones, pero nunca podemos hablar porque mi mamá me controla totalmente. ¡No me deja° ni usar el teléfono! Además, nunca me permite salir con él; es muy desconfiada. Tengo ganas de verlo, pero ella no me deja. Dime cómo puedo convencerla° de que tengo derecho° a un poco de libertad.

Yolanda Z., Honduras

Respuesta: No hay nada malo en que te guste un chico y eso todas las mamás lo saben. Pero, por lo general, casi todas las madres tienden a sobreproteger° a sus hijas. Para conseguir que te dé un poco de libertad, háblale de tus sentimientos y gánate su confianza. Te recomiendo que no pelees, ni vayas en contra de su voluntad°. Invita al chico a tu casa para que lo conozca, y así se va a convencer° de que es una buena persona. Si no te atreves°, también lo puede conocer por medio de° una amiga. Insiste, con delicadeza, hasta que lo acepte.

atrapada *trapped*	**en contra de su voluntad** *against her will*	**resaltar** *emphasize*
complejos *complexes*		**se va a convencer** *she will become convinced*
convencerla *convince her*	**experimentar** *experience*	
culpable *guilty*	**el medio** *middle*	**sobreproteger** *to overprotect*
deja de *stop*	**menospreciada** *underestimated*	**sufro** *(I) suffer*
el derecho *right*	**no me deja** *(she) doesn't allow me*	**te atreves** *dare*
enfrentarse *to face*	**por medio de** *through*	**vivir a la sombra de** *living in the shadow of*
el foco de atención *the center of attention*	**rechazo** *rejection*	

¿COMPRENDISTE BIEN?

A. Indica si las siguientes oraciones se refieren a la carta de Yolanda (Y), a la de Raquel (R) o a las dos (D).

Esta chica...

tiene un problema con su mamá.

quiere conocer mejor a un chico que le gusta.

tiene problemas con sus hermanas.

es muy buena estudiante.

no tiene ganas de salir de la casa.

quiere que su mamá la comprenda.

cree que su familia la ignora.

B. ¿Qué te parecen los consejos que les da la consejera a estas chicas? Indica si son buenos (B), regulares (R) o malos (M).

- Consejos para Raquel:

  1. Tú no tienes por qué experimentar esa sensación de rechazo.

  2. Está claro que tus hermanas tienen su personalidad y tú la tuya, pero ésa no es razón para sentirte menospreciada.

  3. Tienes magníficas cualidades que puedes resaltar.

  4. Demuéstrales a todos tus capacidades y deja de vivir a la sombra de tus hermanas.

  5. En un sándwich, ¡la mejor parte siempre es la del medio!

- Consejos para Yolanda:

  6. No hay nada malo en que te guste un chico y eso todas las mamás lo saben.

  7. Casi todas las madres tienden a sobreproteger a sus hijas.

  8. Para conseguir que te dé un poco de libertad, háblale de tus sentimientos y gana su confianza.

  9. Te recomiendo que no pelees, ni vayas en contra de su voluntad.

  10. Invita al chico a tu casa para que lo conozca y así se va a convencer de que es una buena persona.

  11. Si no te atreves, también lo puede conocer por medio de una amiga. Insiste, con delicadeza, hasta que lo acepte.

TE TOCA A TI

- ¿Estás de acuerdo con las respuestas de la consejera? Si no, con tu compañero(a), escribe una carta a una de las chicas (o a ambas) con consejos más apropiados.

- ¿Tú o algunos de tus amigos o familiares tienen problemas similares a los de Yolanda y Raquel? Explica las similitudes y diferencias.

MÚSICA

Hablemos el mismo idioma

El idioma es un elemento cultural esencial: el idioma crea un sentimiento de comunidad. La cantante cubano-americana, Gloria Estefan, cree en la importancia del idioma español. En la canción "Hablemos el mismo idioma", habla del español como algo que une° a todos los latinos. Aquí tenemos unos versos de esta canción. ¿Crees que el idioma es lo que une más a la gente? ¿Qué otras cosas unen a la gente?

Hablemos el mismo idioma.
dame la mano. mi hermano.

No importa de° dónde seas.
todos somos hermanos.
tú ves.

Que no existan las
diferencias entre nosotros.
hispanos.

En esta vida hay que
trabajar para lograr° lo que
queremos. latinos.

Las palabras se hacen fronteras° cuando
no se hablan del corazón. si tú ves.

No importa raza ni religión.
somos hermanos en el corazón°
pero que fuerza° tenemos. los latinos.
si nos mantenemos unidos°.

¿SABES QUE...?

¿Te gustan las canciones de Gloria Estefan? ¿Quieres saber más acerca de ella? Gloria Estefan tiene una página electrónica en Internet.

HISTORIA

Evita

Una de las mujeres latinoamericanas que tuvo gran influencia política en el siglo XX fue Eva Duarte de Perón, esposa de Juan Perón, presidente de Argentina elegido° en 1946. Evita, como la llamaba la gente, fue una mujer muy querida° por el pueblo argentino. Durante la presidencia de su esposo, fue directora de la Fundación Eva Perón —una institución de carácter social— y organizó la rama° femenina del partido° peronista.

¿Conoces a otras mujeres de gran influencia política en sus países? ¿Quiénes son?

ARTE

Esculturas sobre la maternidad

El escultor costarricense Francisco Zúñiga es famoso por sus esculturas de mujeres, especialmente de madres. Las figuras femeninas de Zúñiga reflejan el arte indígena de Costa Rica y de México, país donde vivió durante muchos años. Algunas de sus esculturas son: *Mujer con dos hijos*, hecha en bronce; *La abuela sentada*, hecha también en bronce; y la escultura *Maternidad*, hecha en piedra y que se ve en la foto.

¿Te gusta esta escultura? ¿Por qué?

el corazón *heart*
de donde seas *where you're from*
elegido *elected*
la fuerza *strength*
lograr *achieve*
nos mantenemos unidos
  we stay united

el partido *party*
querida *loved*
la rama *branch*
se hacen fronteras
  make borders
une *unites*

PROBLEMAS Y SOLUCIONES

1. EL MEJOR PREMIO

Escoge un buen premio para cada amigo(a) que se portó bien este año. Luego, compara tus premios con los de tus compañeros(as).

un libro	unos discos compactos	un videojuego
una radio	lentes de sol	un reloj

Juan no gastó su paga semanal y su premio es una bicicleta.

1. Alicia tenía problemas en la escuela, pero este año sacó buenas notas.

2. Pedro se portó bien y les hizo caso a sus padres.

3. Andrea no pedía permiso para salir, pero el año pasado sí pidió permiso para salir con sus amigos.

4. Felipe era muy rebelde, pero este año cumplió con las reglas de la casa.

2. ¿SABES DAR BUENOS CONSEJOS?

Piensa en un problema que tienes o tuviste con un miembro de tu familia. En una hoja de papel, escribe el problema. Intercambia tu hoja con la de un(a) compañero(a). Tu compañero(a) te aconsejará y tú aconsejarás a tu compañero(a).

3. ¿LA AMISTAD O LA FAMILIA?

Les hemos hecho una pregunta a tres adolescentes hispanos que viven en Estados Unidos. Lee las respuestas de estos jóvenes y después escribe uno o dos párrafos sobre el papel que tu familia y tus amigos tienen en tu vida.

PARA TU REFERENCIA

la amistad *friendship*

En mi opinión...
In my opinion . . .

Yo creo que...
I think that . . .

Lo que debes hacer es...
What you should do is . . .

¿Por qué no tratas de...?
Why don't you try . . . ?

Sería una buena idea...
It would be a good idea . . .

¿AMISTAD O FAMILIA?

¿Qué crees que es más importante para los adolescentes, los amigos o la familia?

Nombre: Héctor

Nacionalidad: ecuatoriano

Edad: 18 años

Respuesta: Para mis amigos de Estados Unidos, parece que los amigos son más importantes que la familia. Lo que piensan los amigos es más importante que lo que piensa la familia. Para mí es diferente. La familia es la base de la vida. Mis amigos son muy importantes, pero la familia lo es todo.

Nombre: Luz María

Nacionalidad: boliviana

Edad: 17 años

Respuesta: Yo invito mucho a mis amigos de Estados Unidos a mi casa y les encanta. Una de mis amigas fue conmigo a pasar el verano en Bolivia y le encantó. Dice que las familias de allá son más unidas que las de Estados Unidos.

Nombre: Ángela

Nacionalidad: uruguaya

Edad: 16 años

Respuesta: Yo creo que para ellos los dos son importantes. Por ejemplo, a veces van a la playa con toda la familia. Hacen un picnic, juegan juntos, nadan. Otras veces van a la playa con sus amigos, toman el sol, bailan y hacen un asado.

25

¿QUÉ SABES AHORA?

PARA CONVERSAR

Estás cuidando a los niños de una familia que vive en tu vecindario. Los niños se portaron bien hasta que sus padres se fueron. En ese momento ¡se convirtieron en unos traviesos! Ahora la mamá te llama por teléfono para saber cómo van las cosas. Dile todas las travesuras que hicieron. ¿Quién de la clase puede representar a los niños más traviesos?

PARA ESCRIBIR

Tienes 25 años y ¡ya eres famoso(a)! Eres tan famoso(a) que una revista quiere publicar un artículo sobre ti. Antes de la entrevista, te mandan una lista de preguntas que quieren hacerte. Éstas son las primeras preguntas que te hacen. Contéstalas por escrito.

- ¿Cómo eras de niño(a)?
- ¿Qué te gustaba hacer?
- ¿Qué cosas detestabas hacer?
- ¿Cómo era tu familia? ¿Y tus amigos(as)?
- ¿Eras buen(a) estudiante?
- ¿Querías ser famoso(a) algún día?

PARA DESCRIBIR

Piensa en una ocasión en la que te divertiste mucho con un miembro de tu familia. Describe la ocasión a tu compañero(a), pero ¡exagera los detalles!

Fuimos al cine en el planeta Júpiter. Después de comprar las entradas, encontré cien mil dólares debajo de mi asiento. La película fue muy aburrida (duró casi cien horas) y mi prima cantó ópera durante la película para no dormirse...

VOCABULARIO TEMÁTICO

¿Cómo eras?
What were you like?

alegre *cheerful*

atrevido(a) *daring*

cómico(a) *funny*

egoísta *selfish*

hablador(a) *talkative*

listo(a) *bright*

malhumorado(a) *bad-tempered*

perezoso(a) *lazy*

rebelde *rebellious*

respetuoso(a) *respectful*

serio(a) *serious*

travieso(a) *mischievous*

Relaciones con la familia
Family relationships

aguantar a... *to stand . . .*

alentar a ... *to encourage . . .*

confiar en que... *to have confidence in . . .*

demostrar cariño *to show affection*

llevarse bien(mal) con...
  to have a good(bad) relationship with . . .

respetar diferentes opiniones
  to respect different opinions

tener problemas con...
  to have problems with . . .

Comportamientos
Behaviors

burlarse *to make fun*

criticar *to criticize*

cumplir con las reglas *to obey the rules*

gastar la paga semanal
  to spend the weekly allowance

hacer caso *to pay attention*

hacer travesuras *to play pranks*

no dejar en paz *to bother*

ofender *to offend*

quejarse *to complain*

Las tareas domésticas
Household chores

cortar el césped *to mow the lawn*

hacer la cama *to make the bed*

hacer mandados *to do errands*

ordenar el cuarto *to clean one's room*

pasar la aspiradora *to vacuum*

sacar al perro *to walk the dog*

Expresiones y palabras

¿Cómo serían? *How would they be?*

apreciado(a) *appreciated*

los mayores *adults, elders*

el nieto/la nieta *grandson/granddaughter*

los nietos *grandchildren*

premiar *to reward*

regañar *to scold*

Conozcamos MÉXICO

¿Te gustaría conocer México sin salir de tu casa? A continuación te ofrecemos información útil sobre dónde ir y qué hacer en México. ¡Buen viaje!

DATOS IMPORTANTES

Nombre oficial:	Estados Unidos de México
Geografía:	Es muy variada. Montañas en la costa este y oeste; desierto al norte y selva al sur. Ciudad de México está a 2.255 m. (7.400 ft.) de altura.
Clima:	Las estaciones más lluviosas son el verano y principios de otoño.
Zona horaria:	Hay tres, pero la mayor parte de México está en la misma zona horaria que la zona central de Estados Unidos.
Idiomas:	Español. También hay unas 125 lenguas indígenas: maya en la zona de Yucatán y otomí en la zona central de México, entre otras.
Ciudades principales:	Ciudad de México (capital), Guadalajara, Monterrey, Oaxaca y Puebla
Moneda:	nuevo peso

ADÓNDE IR Y QUÉ VER

CIUDAD DE MÉXICO

◎ En la **Plaza de Coyoacán** puedes comprar artesanías, comer en el mercado y escuchar música.

◎ **El Zócalo** es la plaza principal, donde se encuentran la Catedral y el Palacio Nacional.

◎ En el **Parque de Chapultepec** puedes pasear, hacer un picnic y visitar los museos más importantes de México.

◎ Pasea en barca por los canales y jardines flotantes de **Xochimilco**.

FIESTAS

◎ **El Día de los Muertos,** 1 y 2 de noviembre: Celebración religiosa para recordar a los muertos con flores, música y comida.

◎ **Las Posadas,** 16 al 24 de diciembre: Son procesiones celebradas durante nueve días antes de la Navidad con piñatas, comida y baile. Conmemoran la búsqueda de la Virgen María y San José de un lugar donde pasar la noche en Belén.

COMIDA

◎ **Tacos, enchiladas, mole y quesadillas**

◎ **Nopales,** ensalada de cactus, aguacate, cebolla y cilantro

◎ **Chongos zamoranos,** dulce de leche y canela

Cuenta la leyenda de la bandera mexicana con tus propias palabras.

ACTIVIDADES Y DEPORTES

◎ En el **Parque de Chapultepec** puedes alquilar bicicletas, botes, patines, jugar al baloncesto y al fútbol.

◎ Puedes ir a **volar chiringas** en los campos de la universidad.

SU GENTE

En Mexico hay entre 3 y 4 millones de personas de orígen indígena. Pertenecen a unos 50 grupos distintos y hablan diferentes lenguas. La mayoría de los mexicanos son descendientes de indígenas y españoles.

GUADALAJARA

En la **Plaza de la Liberación** están la Catedral, el Palacio de Gobierno (que tiene un mural de Orozco), el Teatro Degollado y el Museo Regional.

El **Mercado Libertad** es uno de los más grandes de México. Allí encontrarás artesanías, sarapes, guitarras y joyas.

Pasea por el hermoso **centro de Guadalajara** en calandria (carruaje de caballos).

COMIDA

Birria, carne de cerdo con salsa de tomate, ajo, cebollas y chile

Tostadas raspadas, tortilla de maíz muy fina con pollo, frijoles, salsa de tomate y orégano

Nanches, dulce hecho de nanches, una fruta de la región

Chicle, la región es famosa por sus chicles naturales, hechos en diferentes formas.

ACTIVIDADES Y DEPORTES

El **Ballet Folklórico de la Universidad de Guadalajara** es uno de los mejores del país.

Puedes ir a escuchar música a la **Plazuela de los Mariachis.**

Los jóvenes de Guadalajara la pasan bien en los **cafés** y **discotecas** cerca de la **Plaza del Sol.**

Escucha música mariachi y adivina los instrumentos que tocan.

OAXACA

El **Mercado de Abastos** es un mercado enorme donde puedes comprar hermosas artesanías mexicanas.

Al norte del **Zócalo** está la Catedral de Oaxaca y al sur el Palacio de Gobierno.

La **Iglesia de Santo Domingo** es una de las más bonitas de México.

El **Museo Rufino Tamayo** tiene obras de arte prehispánico de la colección privada de Rufino Tamayo, es muy interesante.

FIESTAS

La Guelaguetza es un festival con bailes y vestidos regionales de Oaxaca (el primer y tercer lunes de julio).

COMIDA

- **Tlayudas,** tortillas muy grandes con mole y frijoles
- **Mole negro,** salsa picante típica de Oaxaca

ACTIVIDADES Y DEPORTES

- Visita las zonas arqueológicas de Mitla y del Monte Albán, cerca de Oaxaca.
- Si te gustan las estrellas, ve al **Planetario de Oaxaca.**
- El **Hipótesis Café,** es un café con música en vivo. Los clientes pueden tocar las guitarras del café cuando no hay actuaciones.
- Hay eventos gratis todas las noches: cine, teatro y conciertos... Consulta la **Guía Cultural de Oaxaca.**
- Hay muchísimas **discotecas** abiertas toda la noche y cafés para tomar jugos de frutas tropicales.

> Busca el significado de estos nombres: Oaxaca, Tenochtitlán, Teotihuacán y Xochicalco.

CANCÚN

- Cancún tiene las **playas** más bonitas de México. Allí puedes tomar el sol, nadar, bucear, hacer esquí acuático, parasailing, alquilar un bote... ¡de todo!
- **Tulum** es una zona arqueológica junto al mar, cerca de Cancún.

FIESTAS

- Hay **corridas de toros** todo el año, los miércoles a las 3:30.

SU HISTORIA

1200 a.C. — 1400 d.C	1521	1821	1846-1848	1910-1920	1929-1996
Civilización olmeca, maya, zapoteca, teotihuacana, tolteca y azteca	Hernán Cortés conquista Tenochtitlán.	Se independiza de España.	Conflicto entre México y Estados Unidos: México cede a EE.UU. lo que hoy son los estados del suroeste.	La Revolución Mexicana	El partido PRI gobierna México.

DÓNDE ALOJARTE

Albergues: La mayoría de los albergues están lejos de la ciudad y sus precios son razonables.

Lugares para acampar: No hay muchos lugares para acampar, pero sí hay parques para caravanas y remolques cerca de las autopistas.

Hoteles: En general son baratos. Los más baratos (con o sin baño) están cerca del zócalo. Pide que te muestren la habitación antes de aceptarla.

MEDIOS DE TRANSPORTE

Tren: Intenta evitar los trenes; tardan el doble que los autobuses y no te llevan a todas las ciudades y pueblos.

Autobús: Es el medio de transporte más barato y el único para viajar a pueblos pequeños. Los autobuses de primera clase son bastante cómodos y rápidos y cuestan casi lo mismo que los de segunda clase.

Metro: La única ciudad que tiene metro es Ciudad de México.

Usa el Internet para visitar las ruinas de las civilizaciones antiguas de México. Dibuja un diagrama para organizar la información.

COMPRAS

◎ Los **mercados de artesanías** son baratos y puedes encontrar cerámica, joyas de plata y artículos de cuero. Otra posibilidad son las tiendas de FONART, donde también venden artesanías.

◎ Busca **sarapes** y ponchos de algodón o lana de muchos colores y diseños.

◎ Si te gustan los **dulces,** compra dulces típicos de México, como el mazapán, las palanquetas, las alegrías, las charamuscas y las obleas.

Describe, en detalle, alguna pieza de artesanía mexicana que hayas visto.

INFORMACIÓN ESPECIAL

◉ Es importante que en México bebas sólo **agua embotellada.**

◉ En México puedes obtener descuentos con tu **Tarjeta de Estudiante.**

◉ La mayoría de las **tiendas** abren de 9:00 a 2:00 y de 4:00 a 8:00.

En caso de no encontrar agua embotellada, ¿qué puedes hacer con el agua para poder beberla?

DIRECCIONES Y NÚMEROS DE TELÉFONO IMPORTANTES

▣ **Consulado de México** 2827 16th Street NW, Washington, DC 20036. Tel: (202) 736-1000.

▣ **Council on International Educational Exchange** (CIEE) 205 E 42nd St., New York, NY 10017. Tel: (212) 822-2600.

▣ **Council Travel** es una agencia de viajes para estudiantes. Te ayudarán a buscar pasaje y alojamiento barato. También puedes comprar aquí tu tarjeta de estudiante. La dirección es: 205 E 42nd St. New York, NY 10017. Tel. (212) 822-2700.

▣ **Embajada de México** 1911 Pennsylvania Ave., NW, Washington DC 20006. Tel: (202) 728-1600.

▣ **Oficina de Turismo de México** 405 Park Avenue #1401, New York, NY 10022. Tel: (212) 838-2949

CAPÍTULO 2

AMOR Y AMISTAD

NO HAY NADA MEJOR, ¿VERDAD?

Un grupo de amigos disfruta un partido de fútbol.

Objetivos

COMUNICACIÓN
- cómo son tus amigos(as)
- tus relaciones con tus amigos(as)

CULTURA
- qué es el tango
- una canción a la patria puertorriqueña
- el día de San Jorge en Cataluña

VOCABULARIO TEMÁTICO
- lo que deben y no deben hacer los/las amigos(as)
- tus amistades
- cómo reacciona la gente

ESTRUCTURA
- tu niñez: el pretérito y el imperfecto
- cosas y personas: el pronombre de objeto directo
- las relaciones entre tú y tus amigos(as): los verbos recíprocos

LECTURA
- varios poemas sobre el amor y la amistad

REDACCIÓN
- un álbum de fotos
- una carta a un(a) amigo(a)
- el desenlace de un relato de amor
- una nota para reconciliarte con un amigo

CONVERSEMOS

¿QUÉ BUSCAS EN UN(A) AMIGO(A)?

Habla con tu compañero(a).

1 ¿Qué hacen los(as) buenos(as) amigos(as)?

	Sí	No
Desconfían el uno del otro.	☐	☐
No se ven con frecuencia.	☐	☐
Se ayudan.	☐	☐
Se comprenden.	☐	☐
Se cuentan secretos.	☐	☐
Se llaman por teléfono.	☐	☐
Se echan de menos.	☐	☐

2 De niño(a), ¿cómo era tu mejor amigo?

	Sí	No
celoso(a)	☐	☐
chismoso(a)	☐	☐
comprensivo(a)	☐	☐
comunicativo(a)	☐	☐
considerado(a)	☐	☐
entusiasta	☐	☐
entrometido(a)	☐	☐
generoso(a)	☐	☐
honesto(a)	☐	☐
sincero(a)	☐	☐
tímido(a)	☐	☐

3 ¿Te molesta cuando tus amigos...

	Sí	No
te ignoran?	☐	☐
cuentan tus secretos a los demás?	☐	☐
te ocultan cosas?	☐	☐
te hacen hacer cosas que no quieres?	☐	☐
toman bebidas alcohólicas?	☐	☐
tienen celos?	☐	☐

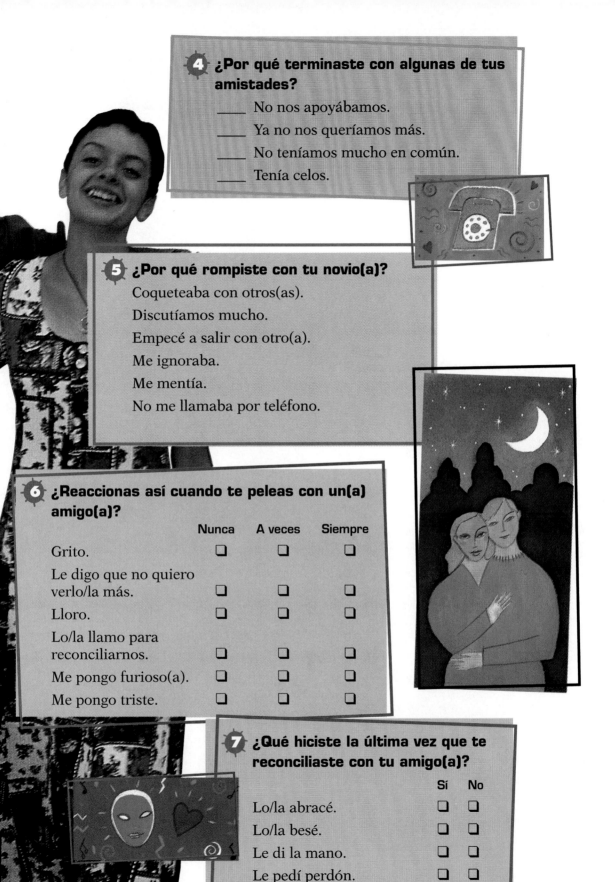

4 **¿Por qué terminaste con algunas de tus amistades?**

_____ No nos apoyábamos.

_____ Ya no nos queríamos más.

_____ No teníamos mucho en común.

_____ Tenía celos.

5 **¿Por qué rompiste con tu novio(a)?**

Coqueteaba con otros(as).

Discutíamos mucho.

Empecé a salir con otro(a).

Me ignoraba.

Me mentía.

No me llamaba por teléfono.

6 **¿Reaccionas así cuando te peleas con un(a) amigo(a)?**

	Nunca	A veces	Siempre
Grito.	❏	❏	❏
Le digo que no quiero verlo/la más.	❏	❏	❏
Lloro.	❏	❏	❏
Lo/la llamo para reconciliarnos.	❏	❏	❏
Me pongo furioso(a).	❏	❏	❏
Me pongo triste.	❏	❏	❏

7 **¿Qué hiciste la última vez que te reconciliaste con tu amigo(a)?**

	Sí	No
Lo/la abracé.	❏	❏
Lo/la besé.	❏	❏
Le di la mano.	❏	❏
Le pedí perdón.	❏	❏

REALIDADES

"La amistad es lo más bonito del mundo. Yo trato a mis amigos como a mis **COLOMBIA** hermanos: les cuento cosas, confío en ellos... Compartimos muchas cosas y siempre estamos juntos."

"Después de una larga caminata, no **COSTA RICA** hay nada mejor que sentarnos junto a una hoguera a compartir nuestras preocupaciones, ideales y sueños."

DICHOS Y REFRANES

Hay varios refranes acerca de la amistad en el mundo de habla hispana. Los chilenos dicen: "**Al amigo y al caballo no hay que cansarlos**" (*Don't abuse a friend or a horse*). ¿Conoces tú algún refrán sobre la amistad?

"A nosotros los jóvenes nos gusta pasear por la plaza con un(a) amigo(a) de confianza. Así descubrimos lo mucho que tenemos en común. En esta foto estamos conversando en la Plaza Colón."

PUERTO RICO

¿Cómo debe ser un(a) buen(a) amigo(a)?
Opinan los jóvenes de Buenos Aires, Argentina.

1 de confianza
2 divertido(a)
3 solidario(a)
4 respetuoso(a)
5 imaginativo(a)

86% — 1
64% — 2
50% — 3
42% — 4
41% — 5

Fuente: Demoskopia y Centro de Estudios de la Persona

Y TÚ, ¿QUÉ PIENSAS?

1. Es común en algunos países de habla hispana que los(as) amigos(as) de confianza se llamen hermanos(as). ¿Cómo se llaman unos a otros los amigos en tu comunidad?

2. Los chicos y chicas hispanos se reúnen generalmente en lugares públicos: la plaza, el parque, el café... Y a ti, ¿dónde te gusta reunirte con tus amigos?

3. ¿Le cuentas tus problemas a tu mejor amigo(a)? ¿Te cuenta él/ella sus problemas?

4. Un amigo(a) de confianza es muy importante para los jóvenes argentinos. Para ti, ¿cómo debe ser un(a) buen(a) amigo(a)?

39

Palabras en Acción

1 Se conocen

Acabas de conocer a dos personas que se portaron de la siguiente manera. ¿Con cuál de ellas llegarás a tener una buena amistad, con la persona A o con la persona B? Explica por qué.

Persona A	Persona B
Te hizo muchas preguntas.	Te prestó atención.
Te invitó al cine.	Habló mucho de su familia.
No te contó nada de sí mismo(a).	No quiso gastar mucho dinero.
Se fue a casa muy temprano.	Se rió mucho.

2 En un mundo ideal

A. Con tu compañero(a), describe una amistad ideal. ¿Cómo son los amigos? ¿Qué deben hacer? ¿Qué no deben hacer?

— *Yo creo que un(a) amigo(a) deber ser honesto(a).*

— *Yo creo que los amigos deben apoyarse.*

— *Los buenos amigos no deben pelearse.*

B. Ahora, con tu compañero(a) describe al/a la novio(a) ideal.

— *Los novios deben pasar mucho tiempo juntos y no decirse mentiras...*

— *No estoy de acuerdo. Yo creo que deben ser independientes.*

Con tu compañero(a), describe una relación amistosa imaginaria.
Usen las siguientes preguntas como guía.

1. ¿Cómo se conocieron?

2. ¿Cómo era él/ella?

3. ¿Desconfiaban el uno del otro? ¿Se contaban secretos?

4. ¿Discutían a menudo? ¿Por qué?

5. ¿Se ocultaban cosas?

4 ¡Aconséjame, por favor!

Las siguientes son cartas que unos chicos y chicas enviaron a una
revista hispana para jóvenes. Con tu compañero(a), selecciona una
carta y den un buen consejo.

*Amalia debe ser más comunicativa. No debe desconfiar de sus
amigas...*

PARA TU REFERENCIA	
agobiado	*overwhelmed*
demasiado	*too much*
los escalofríos	*chills*
exigen	*(they) demand*
el rechazo	*rejection*
siga sus pasos	*follow his steps*

Correo CONFIDENCIAL

1 "Le tengo pánico al rechazo".
Julio, de 16 años:
"Esto no se lo digo a nadie... pero me dan escalofríos cuando tengo que invitar a una chica a salir. Le tengo pánico al rechazo. ¿Qué me aconsejas?"

2 "Coquetea con otras".
Amalia, de 17 años:
"Peleo mucho con mi novio y siempre es por lo mismo: creo que coquetea con otras. Además nunca queremos hacer las mismas cosas.
¿Será que no tenemos nada en común?"

3 "Exigen demasiado de mí".
Héctor, de 16 años:
"Siento que todos exigen demasiado de mí. Me siento agobiado por las presiones de mi familia, mis amigos y mi novia. Papá quiere que siga sus pasos, mis amigos esperan que sea perfecto y además, mi novia quiere que sea el chico ideal. Quiero tener la libertad de ser quien soy... ¿Qué hago?"

4 "No comprendo a los chicos".
Paulina, de 16 años:
"Me peleo mucho con mi amiga Teresa. Estoy empezando a pensar una de dos cosas: que todas las amigas son iguales o que la del problema soy yo. ¿Que crees que debo hacer?"

PARA COMUNICARNOS MEJOR

DE NIÑO(A), ¿TE DIVERTÍAS?

MARINELAND

SUPER SHOWS

El mejor espectáculo de delfines y focas del mundo. Un sorprendente show de papagayos. Un parque lleno de atracciones: tiburones, peces tropicales, pingüinos, flamencos, monos, acuario, casa tropical, jardín polinesio, parque infantil, barco pirata, piscina de bolas, cafetería, autoservicio y playa.

Costa d'en Blanes, Calvié, Mallorca
Tel: 67 51 25

Una vez, mis amigos y yo íbamos a ir al zoológico pero al final decidimos ir a Marineland. Vimos delfines, loros y pingüinos.

Cuando era niña, celebrábamos las fiestas de mi pueblo. Había música, baile y comida. Llevábamos vestidos tradicionales, cantábamos y bailábamos.

Era verano y mis amigos y yo estábamos en el parque de atracciones. Cuando saqué esta foto, mis amigos estaban montados en la montaña rusa.

Para hablar de tu niñez, usa el pretérito y el imperfecto.

1. Use the imperfect to:
- set a scene and describe a background.

    Era una noche de junio y llovía mucho.

- talk about things you used to do or the way things used to be.

    A mi amiga y a mí nos gustaba hablar por teléfono.

- describe emotions and physical states in the past.

    Aquella noche tenía mucho sueño.

- talk about past intentions.

    Quería cenar temprano.

2. Use the preterite to describe a sudden occurrence.

    De pronto, empezó a nevar.

3. In summary, think of the imperfect as a video camera: it records the background over time. Think of the preterite as a photographic camera: it captures a split second of time.

42

1 Mi espectáculo favorito

Cuando eras niño(a), ¿cuál era tu espectáculo favorito? Descríbelo usando las siguientes preguntas.

1. ¿Cuál era?
2. ¿Dónde se hacía?
3. ¿De qué trataba?
4. ¿Ibas a verlo a menudo?

2 Nunca lo olvidaré

Piensa en un momento importante de tu niñez. Di lo que pasó y describe los detalles: el día, el lugar, cómo te sentías, con quién estabas, etc.

Nunca voy a olvidar cuando fui al circo por primera vez. El circo estaba en la Plaza de Toros Monumental. Yo tenía seis años. Iba con mi mamá y mis hermanos. Estaba muy emocionado...

Cuando llegamos, el circo estaba lleno. Primero salieron los payasos, ¡qué divertidos! Después vinieron los tigres; a mí me asustaron. Lo mejor fueron los payasos... Ese día decidí ser payaso.

3 ¿Qué pasó?

Piensa en una ocasión en que las cosas no resultaron como querías. Explica lo que pasó.

Recuerdo una vez que mi tío Félix me invitó a un espectáculo para niños. Pero cuando llegamos ya no había más entradas. ¡Qué lástima!

43

17 de octubre

Querido diario:

Javier me invitó a salir otra vez. Yo acepté su invitación. Vamos a ir a una fiesta en casa de sus primos. Me dijo que venía a buscarme a las nueve.

18 de octubre

Querido diario:

Javier vino a buscarme en su coche nuevo. Cuando llegamos a la fiesta, me presentó a sus primos, pero yo ya los conocía, pues están en mi clase de inglés. Al principio, Javier parecía tímido, pero su primo le dijo: "¡Invítala a bailar!" y estuvimos bailando toda la noche. ¡Nunca me había divertido tanto!

19 de octubre

Querido diario:

¡Qué día! Javier no me llamó. Me gustaría saber por qué. Yo me muero por llamarlo.

Para referirte a personas y cosas, usa el pronombre del objeto directo.

1. Direct objects answer the questions "what" or "whom." To avoid repeating direct object nouns, you can use direct object pronouns.

   Guillermo es mi amigo. ¿Lo conoces?

2. You place a direct object pronoun before a conjugated verb or attached to an infinitive, command form, or present participle *(gerundio)*.

   ¡Qué bonitos aretes ! ¿Dónde los compraste?

   ¿Te gustan los monos? Cuando era niña, iba a verlos todos los domingos al zoológico.

Por favor, ayúdame a escoger un regalo para Luis.

¿Dónde está el gato? Toda la familia está buscándolo.

3. Here is a chart of all the direct object pronouns.

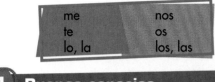

me	nos
te	os
lo, la	los, las

1 Buenos consejos

Un amigo quiere comprarle un regalo a una chica pero no sabe adónde ir. Con tu compañero(a), aconséjalo.

— *Lo debes comprar en la librería Argos.*
— *No, cómpralo en la librería Vega, es más barato.*

1. libro de poemas
2. un perfume
3. unas flores
4. unos aretes

2 Alguien especial

Piensa en una persona que te gusta. ¿Cómo la conociste? ¿Cuánto hace que la conoces? ¿La ves a menudo? ¿La llamas por teléfono?

La chica que me gusta se llama Sara. La conocí en la escuela hace dos años. Ahora no la veo mucho porque vive en otra ciudad, pero la llamo por teléfono todas las semanas y nos vemos durante las vacaciones.

3 Confesiones

¿Tienes un amor secreto? Escribe una carta a un amigo(a) contándole todos los detalles.

Querida Bea:
Este verano conocí a un chico maravilloso. Me enamoré de él la primera vez que lo vi... Él vive en Argentina. Es el novio de mi prima, y yo la respeto mucho. ¿Qué me aconsejas?

¿SE LLEVAN BIEN?

Barcelona

Querida Marisol:
Te envío esta postal para contarte que mi
hermana se peleó con su amiga y, aunque
se ven, todos los días en el parque, no se
hablan ¡Qué tontería!
   Su amistad no es como la nuestra,
porque aunque nosotras a veces nos
peleamos, nos respetamos y nos contamos
todo.
   Te echo de menos y espero
verte pronto.

   Un beso,
   Elisa

Marisol González
Calle Montalbán, 3
28014 Madrid

Barcelona
28 ABR
España

Para hablar de las relaciones entre tú y tus amigos(as), usa los verbos recíprocos.

1. Use the reciprocal pronouns *se* and ***nos*** with certain verbs to tell what people do for one another.

Antonio y Andrea se respetan.	Antonio and Andrea respect each other.
Miguel y yo nos escribimos con frecuencia.	Miguel and I write each other often.

2. In the case of an infinitive, you may place the reciprocal pronouns either before the conjugated verb or attached to the infinitive.

Íbamos a vernos esta noche.
Nos íbamos a ver esta noche.

Usa uno de los verbos de la lista para describir cada una de las siguientes relaciones.

ayudarse	contarse	hablarse
comprenderse	echarse de menos	quererse
conocerse	escribirse	verse

Marisol le manda cartas a Elisa cuando viaja.
Elisa le manda postales. —> Marisol y Elisa se escriben.

1. José llama por teléfono a Gabriela todas las noches.

2. Andrea le enseña inglés a Noemí y Noemí practica español con Andrea.

3. Hace ocho meses que Rosa y Ricardo son novios.

4. El novio de Ana se fue a Lima el mes pasado.

5. Siempre le cuento mis problemas a mi amiga. Ella también me cuenta sus cosas.

¿Cómo se llevan tus amigos con otras personas? Habla de cinco personas que conoces usando los siguientes verbos.

ayudarse/¿cómo? —> Nora y su novio se ayudan con las tareas. Ella lo ayuda con la tarea de español y él la ayuda con la de biología.

1. llamarse por teléfono/¿a qué hora?

2. hablarse/¿de qué?

3. verse/¿dónde?

4. escribirse/¿cuándo?

5. respetarse/¿por qué?

Piensa en una persona con quien tienes —o tenías— una amistad especial. Describe esa relación.

Cuando era niña, tenía una amiga especial. Nos veíamos cada día. Nos contábamos secretos...

Mi mejor amigo y yo nos conocemos totalmente. A veces nos peleamos, pero nos comprendemos muy bien.

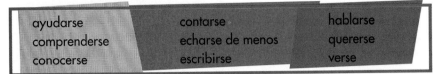

¿CÓMO EXPRESAS EL CARIÑO?°

El cariño puede expresarse de muchas maneras diferentes...

- ¿Cómo lo expresas tú? ¿Y tus amistades? ¿Y tus familiares?

- ¿Cómo expresan el cariño los niños? ¿Y los adultos?

- ¿Crees que es más importante expresar el cariño con palabras o con acciones?

NOTA CULTURAL LA POESÍA,° UNA EXPRESIÓN DE CARIÑO

En la cultura hispana, la poesía se introduce a una edad muy temprana. Desde niños, los hispanos aprenden a expresar sus sentimientos con poesía. Las emociones, las ilusiones, el cariño° y los desencantos° se expresan en poemas.

La escuela promueve° la creación poética a través de° concursos y de periódicos estudiantiles donde los estudiantes publican sus poemas. La poesía está presente en la letra° de canciones populares y en los suplementos culturales de los periódicos.

PARA DISFRUTAR LA POESÍA

Para valorar la poesía, puede ser útil leerla en voz alta para oír el sonido° de las palabras, sobre todo si los versos del poema riman.° También es importante visualizar las imágenes que el poeta evoca.

a través de *through*	**la poesía** *poetry*
el cariño *affection*	**promueve** *encourages*
el corazón *heart*	**riman** *rhyme*
los desencantos *disappointments*	**el sonido** *sound*
los funcionarios *officials*	**la sonrisa** *smile*
la letra *lyrics*	

UNA OJEADA — Y TÚ, ¿QUÉ PIENSAS DE LA POESÍA?

Ahora ya sabes qué significa la poesía para los jóvenes hispanos. Y para tí, ¿qué significa? ¿Te gusta la poesía? ¿Has escrito un poema alguna vez?

Las siguientes palabras referentes al amor y a la amistad aparecen en los poemas que leerás a continuación. ¿Qué otras palabras puedes encontrar?

¿Qué palabras usarías tú para describir la amistad y el amor?

la pupila	una sonrisa°	un beso
una mirada	el cielo	el corazón°

49

EL AMOR Y LA AMISTAD EN LA POESÍA

¡CONOZCAMOS A LOS AUTORES!

Gustavo Adolfo Bécquer (España, 1836-1870) fue el último de los grandes poetas románticos. Su poesía se caracteriza por su sencillez.° También escribió prosa.

José Martí (Cuba, 1853-1895), además de escribir poesía, fue un patriota que luchó incansablemente° por la independencia de Cuba.

Gabriela Mistral (Chile, 1889-1957) recibió el premio Nobel de Literatura en 1945. Su obra poética incluye temas como el amor, la niñez y la maternidad. Fue primero maestra° de escuela y luego representante diplomática de su país.

Alfonsina Storni (Argentina, 1892-1938) alcanzó° fama como poeta en el mundo literario del Buenos Aires de los años veinte. Escribió poemas de amor y obras de teatro para niños.

Amado Nervo (México, 1870-1919), vivió durante la revolución mexicana (1910-1917). Para Nervo el amor era un camino a Dios.

Enrique Wernicke (Argentina, 1915-1968), entre otras obras, escribió un libro de poesía titulado *Palabras para un amigo: Canciones de puertas adentro.*

alcanzó *reached*	**luchó incansablemente** *fought tirelessly*
arranca *tears out*	**la maestra** *teacher*
las cañas *reeds*	**me vuelvo** *I become*
el cardo *thistle (a prickly plant)*	**la ortiga** *nettle (a plant that stings)*
clavas *fix*	**por** *in exchange for*
desconocerán *will not recognize*	**el rocío** *dew*
diera *I would give*	**la sencillez** *simplicity*
la faz *face*	**los suspiros** *sighs*
franca *sincere*	**la ternura** *tenderness*
la hierba *grass*	**la vergüenza** *shame*
las lágrimas *tears*	

Rimas

XXI

¿Qué es poesía? —dices mientras clavas°
en mi pupila tu pupila azul—.
¿Qué es poesía? ¿Y tú me lo preguntas?
Poesía... eres tú.

XXIII

Por° una mirada, un mundo;
por una sonrisa, un cielo,
por un beso..., ¡yo no sé
qué te diera° por un beso!

XXVIII

Los suspiros° son aire y van al aire.
Las lágrimas° son agua y van al mar.
Dime, mujer: cuando el amor se
olvida, ¿sabes tú dónde va?

—*Gustavo Adolfo Bécquer*

Vergüenza°

Si tú me miras, yo me vuelvo° hermosa
como la hierba° a que bajó el rocío°
y desconocerán° mi faz° gloriosa
las altas cañas° cuando baje al río.
(...)
Es noche y baja a la hierba el rocío;
mírame largo y habla con ternura,°
¡que ya mañana al descender al río
la que besaste llevará hermosura!

—*Gabriela Mistral*

Versos SENCILLOS

Cultivo una rosa blanca,
en julio como en enero,
para el amigo sincero
que me da su mano franca.°

Y para el cruel que me arranca°
el corazón con que vivo,
cardo° ni ortiga° cultivo:
cultivo la rosa blanca.

—*José Martí*

Hombre PEQUEÑITO

Hombre pequeñito, hombre pequeñito,
suelta° a tu canario que quiere volar...
yo soy el canario, hombre pequeñito,
déjame saltar.

Estuve en tu jaula,° hombre pequeñito,
hombre pequeñito que jaula me das.
Digo pequeñito porque no entiendes,
ni me entenderás.

Tampoco te entiendo, pero mientras
tanto
ábreme la jaula, que quiero escapar;
hombre pequeñito, te amé media hora,
no me pidas más.

—Alfonsina Storni

¿Qué más° ME DA?

¡Con ella, todo; sin ella, nada!
Para qué viajes, cielos,° paisajes.
¡Qué importan soles en la jornada!°
Qué más me da° la ciudad loca, la mar
rizada,°
el valle plácido, la cima° helada,
¡si ya conmigo mi amor no está!
Qué más me da...

—Amado Nervo

Sin TÍTULO

Amigo, estoy triste, triste.

Hacía ya mucho tiempo
que no me sentía tan caído.°

No sé qué me pasa esta noche.
De todos lados, de mis recuerdos,
de mis papeles viejos, hasta de mis
canciones me llegan voces tristes.
¡Como si estuvieran agachadas estas horas!°

Amigo, ¡no me dejes así!
¡Pega un grito, muévete!°

Sé que en un gesto tuyo° hay fuerza
para cambiar esta posición de mi destino.

—Enrique Wernicke

la aspereza *roughness*
la bondad *goodness*
los cielos *skies, heavens*
la cima *peak*
¡Como si estuvieran agachadas estas horas!
  As if these hours were lifeless!
la enemistad *antagonism*

la esperanza *hope*
gesto tuyo *a gesture of yours*
la jaula *cage*
la jornada *day*
el odio *hate*
la pérdida *loss*
rizada *rippling*

suelta *let loose*
tan caído *so depressed*
¡Pega un grito, muévete!
  Hurry up and call me!
Qué más me da
  What does it matter to me?

¿COMPRENDISTE BIEN?

A. De los seis poemas presentados, ¿cuáles hablan del amor y cuáles de la amistad?

B. Lee en voz alta los poemas. ¿Cuáles riman? Escribe las palabras que riman en cada poema.

C. Identifica el poema.

1. La poeta se transforma porque se siente amada.
2. El/La poeta ha compartido sus sentimientos más íntimos con un(a) amigo(a).
3. El poeta ve a su amada como símbolo de la poesía misma.
4. La poeta habla de la enemistad° entre hombres y mujeres.
5. El poeta dice que uno debe tratar a los demás, tanto a los amigos como a los enemigos, con bondad.°
6. El poeta lamenta la pérdida° del amor.
7. La poeta expresa el delirio del amor.
8. Sin su amada, la vida no tiene importancia para el poeta.

D. ¿Qué expresan estos poemas? Usa las siguientes palabras u otras.

la compasión	la inocencia	la pasión	la sinceridad
el deseo	la incomprensión	la pérdida	la tristeza
la esperanza°	la melancolía	el perdón	

Para mí, la rima XXIII de Bécquer expresa el deseo y...

E. En varios de estos poemas, los poetas evocan imágenes de la naturaleza para hablar del amor. Con tu compañero(a), hagan una lista de esas imágenes.

F. ¿Qué simbolizan las siguientes imágenes?

1. la rosa blanca
2. el cardo y la ortiga
3. el canario
4. la jaula

a. la aspereza,° el odio°
b. la amistad, la sinceridad
c. la libertad
d. la incomprensión

TE TOCA A TI

- Escoge las imágenes que más te gustan. ¿Qué efecto te producen?
- ¿Te identificas con algunos de estos poemas? ¿Con cuáles?
- Escribe un poema sobre amor o la amistad.

BAILE

Tango de mi amor

El tango nació de la variedad cultural de Buenos Aires, donde vivían inmigrantes de todas partes del mundo. El tango es mucho más que un baile en el que se entrelazan las parejas. Muchos tangos hablan de las penurias de la vida draria en una gran ciudad. El instrumento que más vida da al tango es el bando neón, una especie de acordeón pequeño.

El tango se hizo famoso en Europa y Estados Unidos a principios de siglo. Entre los grandes cantantes de tango están Carlos Gordel y Libertad Lamarque.

Muchos argentinos dicen que el tango guarda° un secreto. ¿Quieres saber cuál es? ¡Aprende a bailar tango y lo sabiás!

ESTUDIOS SOCIALES

¡Borinquén,° te quiero!

El amor al país natal está en el corazón de todos los hispanos, especialmente los que fueron a vivir a otro país. Los puertorriqueños son ciudadanos estadounidenses y pueden viajar libremente entre Puerto Rico y Estados Unidos. Muchos de ellos viven lejos de Puerto Rico y a menudo recuerdan con cariño a su isla en poemas como el siguiente.

Puerto Rico es un vergel°
donde hay bonitas flores
que con sus ricos olores°
perfuman su amanecer;°
con dulzura y con placer
dan alegría al viajero
que con sus cantos sinceros
se dirigen a los campos
llenos de amor y de encanto
gritan: ¡Borinquén, te quiero!

Castillo del Morro en Puerto Rico

CELEBRACIONES

El día de la rosa

En Cataluña, España, el 23 de abril (el día de San Jorge) se celebra el Día de la Rosa y el Libro. Esta tradición recuerda la leyenda° de San Jorge, que salvó a una princesa de las garras° de un dragón. En agradecimiento por haber salvado su vida, la princesa le regaló a San Jorge una rosa roja.

Ahora, el día de San Jorge los chicos regalan una rosa roja a sus novias. A cambio de la rosa, las chicas regalan un libro a sus novios.

el amanecer *sunrise*
Borinquén *Puerto Rico*
las garras *claws*
guarda *keeps*

la leyenda *the legend*
los olores *aromas*
Primera Guerra Mundial *World War I*
el vergel *garden*

RECUERDOS

1. ¡QUÉ BUENOS RECUERDOS TENGO!

Piensa en una ocasión en la que te divertiste mucho con tus compañeros, amigos o familiares. Por ejemplo, una fiesta, un partido, un baile, un viaje o una excursión. ¿Tienes fotos, u otros recuerdos, de esa ocasión? Prepara un álbum con todo lo que tengas. Luego, escribe un párrafo para foto.

El año pasado mis amigas me prepararon una fiesta sorpresa para mi cumpleaños. La verdad es que me sorprendieron mucho.

Esta es la tarjeta de cumpleaños que Mario me mandó. ¡No voy a decirles lo que me escribió!

Mis padres me regalaron dos entradas para un concierto de Gloria Estefan. Fue fantástico. Lo malo es que sólo pude invitar a un amigo.

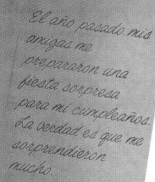

¡FELIZ CUMPLEAÑOS!

Admite 1

Gloria Estefan

2. CARTA A MI AMIGO(A).

Escribe una carta a tu amigo(a) en la que le dices que aprecias mucho su amistad.

3. ¿UN FINAL FELIZ?

Completa el siguiente relato de amor. Usa las preguntas que aparecen al final del relato.

Pedro y Rosa se conocieron en un café. A Pedro le gustaba tomar helado de chocolate y a Rosa, de fresa.

Sin embargo, Pedro y Rosa confiaban el uno en el otro. Se querían mucho.

Esa noche discutieron mucho y...

Pero un día, ella se puso furiosa, porque se enteró de que él coqueteaba con otras.

Preguntas:

- ¿Que tipo de relación tienen Pedro y Rosa?
- ¿Llegarán a casarse?

¿Qué sabes ahora?

BUENOS AMIGOS

PARA CONVERSAR

Tu mamá o tu papá tiene una impresión negativa de uno(a) de tus amigos(as). Explícale por qué no tiene razón. Defiende a tu amigo(a). Interpreta los personajes con un(a) compañero(a) de clase.

Papá: Mira, no me gusta tu nueva amiga Sandra. No me gustan las jóvenes que son egoístas.

Hija: No es cierto. Tienes una impresión negativa de Sandra. Es una amiga muy considerada.

PARA ESCRIBIR

Hace varios días te peleaste con tu amigo(a) o un miembro de tu familia porque hizo algo que te molestó. Aunque todavía estás enojado(a), echas de menos a esa persona y quieres reconciliarte. Escribe una nota explicándole cómo te sientes.

PARA DESCRIBIR

Describe cómo era tu lugar favorito de cuendo eras niño. Usa las siguientes preguntas como guía.

1. ¿Cómo era?
2. ¿Dónde estaba?
3. ¿Qué había allí?
4. ¿Qué hacías allí?

VOCABULARIO TEMÁTICO

Entre amigos
Among friends

apoyarse *to support each other*

contarse secretos *to tell each other secrets*

coquetear *to flirt*

darse la mano *to shake hands*

mentir *to lie*

discutir *to argue*

ignorar *to ignore*

ocultar cosas *to conceal things*

perdonarse *to forgive each other*

quererse *to love each other*

reconciliarse *to make up*

reunirse *to get together*

romper una amistad
to break off a friendship

tener celos *to be jealous*

tener mucho en común
to have a lot in common

verse *to meet each other*

¿Cómo es tu amigo(a)?
What's your friend like?

celoso(a) *jealous*

chismoso(a) *gossipy*

comprensivo(a) *understanding*

considerado(a) *considerate*

de confianza *trustworthy*

entrometido(a) *nosy*

entusiasta *enthusiastic*

generoso(a) *generous*

honesto(a) *honest*

imaginativo(a) *imaginative*

sincero(a) *sincere*

solidario(a) *supportive*

tímido(a) *shy*

Reacciones
Reactions

gritar *to shout*

llorar *to cry*

ponerse furioso(a) *to get furious*

ponerse triste *to get sad*

Expresiones y palabras

¿Te molesta cuando ...?
Does it bother you when . . . ?

la amistad *friendship*

el amor *love*

el cariño *affection*

confiar en alguien *to trust someone*

desconfiar de alguien *to mistrust someone*

la niñez *childhood*

los sentimientos *feelings*

GUÍA DE VIAJES

Conozcamos PUERTO RICO

DATOS IMPORTANTES

Nombre oficial:	Estado Libre Asociado de Puerto Rico
Geografía:	Isla montañosa de 8.897 km². Es la más pequeña de las Grandes Antillas y está situada en el Océano Atlántico.
Clima:	Es tropical y muy agradable (entre 78° F y 85° F).
Zona horaria:	Hora en la costa este de EE.UU. + 1 hora en invierno
Idiomas:	español e inglés
Ciudades principales:	San Juan (capital), Bayamón, Ponce, Mayagüez y Arecibo
Moneda:	Dólar estadounidense

ADÓNDE IR Y QUÉ VER

SAN JUAN

◎ Camina por **el Viejo San Juan** y admira la hermosa arquitectura colonial de los siglos XVI y XVII.

◎ Ve al **Teatro Tapia**, uno de los teatros más antiguos de las Américas, a escuchar un concierto o ver una obra de teatro.

◎ Si quieres viajar al pasado, visita **El Morro,** un fuerte construido por los españoles para proteger la Bahía de San Juan.

◎ En el **Museo de Arte Contemporáneo** y el **Museo de la Universidad de Puerto Rico**, puedes ver obras de artistas puertorriqueños.

FIESTAS

◎ La música de Puerto Rico es **la salsa** y cualquier día del año hay fiesta en todas partes, especialmente por la noche, en las plazas y salones de baile.

◎ El festival **Le Lo Lai** es un programa de espectáculos de música y danza que tienen lugar durante todo el año en diferentes hoteles y discotecas de la ciudad. Puedes encontrar información en la Compañía de Turismo.

COMIDA

◎ Lo mejor de la comida puertorriqueña lo vas a encontrar en las pequeñas fondas. Son muy baratas y están por todas partes. Un buen plato de **arroz con habichuelas, un bistec criollo, tostones** (green plantains) y ensalada es lo mejor que puedes pedir.

ACTIVIDADES Y DEPORTES

◎ San Juan tiene más **vida nocturna** que cualquier otra isla del Caribe. Encontrarás de todo: discotecas, teatros, cines, cafés... Lee la revista *Qué Pasa*, para buscar la información.

SU GENTE

Los puertorriqueños son descendientes de indígenas, españoles y africanos.

> Escucha una canción de salsa. Luego, haz una lista de las ocasiones en que te gustaría escucharla. Comparte tu lista con tu compañero(a).

CERCA DE SAN JUAN

◎ **El Yunque**, es un maravilloso bosque tropical, situado en las montañas más altas de la isla. Caen más de 100.000 billones de galones de agua al año.

◎ Puedes ir a las **playas de Luquillo**, **San Miguel**, **Convento**, **Fajardo** y muchas más. Todas son fantásticas.

◎ Toma el ferry para ir a **Culebra**, una pequeña isla con playas de arena blanca.

◎ **Loíza** es el centro de la cultura africana en Puerto Rico. Es muy interesante observar la fusión con las otras dos culturas: la española y la indígena.

> Compara la caída de agua anual de El Yunque con la del lugar donde tú vives. Comparte la información con un(a) compañero(a).

FIESTAS

◎ En **Loíza**, el 25 de julio empieza la **Fiesta de Santiago Apóstol**. Es una semana de celebraciones de origen africano. Los desfiles son fantásticos, por su música y sus disfraces ceremoniales.

COMIDA

◎ Prueba las variedades de **pescado** y **verduras** de la isla. Ésta es una zona pesquera y agrícola.

◎ Las **empanadillas** rellenas con pescado, cangrejo o langosta son deliciosas.

SU HISTORIA

? - 1493	1493	1835 - 1867	1898	1950	1993
Se llama Borinquen y está habitada por indígenas arahuacos y taínos.	Cristóbal Colón llega y la llama Isla de San Juan Bautista.	Hay tres intentos independentistas, derrotados por la colonia.	La guerra hispano-norteamericana: la Paz de París establece la cesión de Puerto Rico a EE.UU.	Puerto Rico se convierte en estado libre asociado.	Con un referéndum, Puerto Rico decide seguir siendo estado libre asociado.

LA REGIÓN OESTE

◎ **Mayagüez** es la ciudad principal de la región más fértil de la isla. Admira los campos de caña de azúcar, de piña, papaya y otras frutas tropicales.

◎ Los **Jardines del Instituto Agrícola** tienen la mayor colección de plantas tropicales del mundo.

◎ Visita **Boquerón**, la reserva natural y la playa más bella de Puerto Rico.

◎ En **La Parguera** está la bahía fosforecente, considerada la más bonita y mágica del mundo, porque millones de microorganismos se encienden cuando tocas el agua.

Escribe un cuento fantástico sobre La Parguera y sus luces fosforescentes.

COMIDA

◎ **Arroz con guinea**, con frijoles y amarillos son la especialidad de esta región.

ACTIVIDADES Y DEPORTES

◎ Camina por el pintoresco pueblo de **San Germán**, al sur de Mayagüez. Los domingos siempre hay gente en la plaza tocando salsa.

LA REGIÓN SUR

◎ Dicen que **Ponce es** "la perla del sur" porque es muy elegante. Visítala.

◎ El **Museo de Arte de Ponce** es uno de los mejores museos de la isla.

◎ El **Centro ceremonial indígena de Tibes** es el cementerio taíno más antiguo del Caribe.

Repasa el poema de la página 54. Luego, escribe un poema similar sobre donde tú vives.

COMIDA

◎ Los **tostones y el mofongo** están hechos con plátanos verdes fritos y ajo.

◎ El **lechón asao** es un cerdo pequeño, asado y delicioso.

◎ El **asopao** es el plato más típico. Es un cocido con pollo o pescado.

ACTIVIDADES Y DEPORTES

◎ En cualquier época del año puedes bucear, hacer tabla a vela, esquí acuático, surf y nadar en una de las playas paradisíacas de Puerto Rico. Lleva el esnórquel y la máscara de bucear. Tienes que ver las maravillas submarinas.

DÓNDE ALOJARTE

Las casas de huéspedes: Encontrarás una gran selección en todas las ciudades. Son pequeñas y baratas. Algunas tienen piscina.

Los paradores: Esto es algo especial de Puerto Rico. Son las casas de antiguas haciendas de azúcar y de café, convertidas en hoteles. Están patrocinados por el gobierno y, por lo tanto, no son tan caros.

MEDIOS DE TRANSPORTE

Autobús: Es el medio de transporte más barato para viajar a las playas y a los pueblos pequeños. En general, los autobuses son cómodos y rápidos.

Ferry: Para ir a Vieques y a Culebra, dos islitas de Puerto Rico, toma el ferry en Fajardo. Sale dos veces al día y es muy barato.

COMPRAS

◎ Compra **un par de maracas** en Loíza. Están hechas y pintadas a mano. Son un regalo perfecto. Además, te divertirás mucho aprendiendo a tocarlas.

◎ También en Loíza puedes comprar **las máscaras ceremoniales** que usan en las fiestas de Santiago Apóstol.

◎ **La joyería** en oro y plata es relativamente barata. Hay muchas tiendas en el viejo San Juan donde puedes comprarla.

◎ En el Viejo San Juan puedes comprar **artículos de cuero** y otras **artesanías:** como cinturones, carteras o collares hechos con semillas de muchos colores.

◎ Una **guayabera** sería el perfecto regalo para tu padre o tu abuelo. Es la camisa típica, hecha de algodón y decorada con bordados. Son ideales para el calor.

> Selecciona algo de la lista de compras de arriba. Descríbelo a tu compañero(a) de clase. A ver si puede adivinar lo que "has comprado".

DIRECCIONES Y NÚMEROS DE TELÉFONO IMPORTANTES

▣ **Compañía de Turismo de Puerto Rico** Paseo La Princesa, Viejo San Juan. Tel: (809) 721-2400 En EE.UU. (800) 223-6530.

▣ La **Compañía de Desarrollo Recreativo**, tel: (809) 722-1551 y la **Asociación de Deportes y Recreación**, tel: (809) 721-2800, te darán información sobre lugares de campamento.

¡A VIAJAR!

¡VAMOS A CONOCER EL MUNDO!

De vacaciones en las montañas.

Objetivos

COMUNICACIÓN
- los viajes que sueñas hacer y los que ya has hecho

CULTURA
- cómo se comunicaban los incas
- cómo son los parques naturales en Costa Rica
- un cuadro de Ernesto Pujol

VOCABULARIO TEMÁTICO
- los lugares que te gustaría visitar
- las cosas que harás en tus vacaciones

ESTRUCTURA
- lo que harás: el futuro
- las cosas que has hecho: el pretérito perfecto
- lo que debe hacer alguien: el imperativo de Ud./Uds.

LECTURA
- dos cuentos de un escritor argentino sobre diferentes tipos de viajeros

REDACCIÓN
- una carta sobre las vacaciones de tus sueños
- un párrafo sobre unas vacaciones en las que todo salió mal
- un itinerario para visitar una cuidad hispana
- una carta para invitar a tu amigo a un viaje

CONVERSEMOS

Habla con tu compañero(a).

1 ¿Qué parte(s) de Estados Unidos te gustaría conocer?

	Sí	No	Ya la/los conozco
la costa este	❑	❑	❑
la costa oeste	❑	❑	❑
los estados centrales	❑	❑	❑
los estados del sur	❑	❑	❑
los estados del norte	❑	❑	❑

2 ¿Has soñado alguna vez con viajar al extranjero? Indica tu preferencia (1 a 8).

África

América Central

América del Sur

Asia

Australia

Europa

las islas del Caribe

el Oriente Medio

3 ¿Dónde te gustaría quedarte?

	Sí	Tal vez	No
en un albergue juvenil	❑	❑	❑
en un hotel barato	❑	❑	❑
en un hotel de lujo	❑	❑	❑
en un parador	❑	❑	❑
en una pensión	❑	❑	❑
en una posada	❑	❑	❑

4 ¿Qué harás durante tus vacaciones?

	Seguro	Tal vez	Nunca
Acamparé.	❏	❏	❏
Iré a pescar.	❏	❏	❏
Nadaré.	❏	❏	❏
Navegaré los rápidos.	❏	❏	❏
Sacaré fotos.	❏	❏	❏
Visitaré zonas arqueológicas.	❏	❏	❏
Haré			
alpinismo.	❏	❏	❏
caminatas.	❏	❏	❏
ciclismo.	❏	❏	❏
ecoturismo.	❏	❏	❏
paracaidismo.	❏	❏	❏

5 Tus amigos(as) van de viaje a Colorado. ¿Qué consejos les das?

	Sí	No
¡Ahorren dinero!	❏	❏
¡Compren cheques de viajero!	❏	❏
¡Compren un equipo de bucear!	❏	❏
¡Hagan las maletas!	❏	❏
¡Averigüen si hay tarifas estudiantiles!	❏	❏
¡Lean libros y guías de viaje!	❏	❏
¡Saquen el pasaporte!	❏	❏

REALIDADES

Si le gusta la naturaleza, vaya a Costa Rica y disfrute del ecoturismo. En el bosque del volcán Arenal podrá acampar, **COSTA RICA** subir por las laderas y sacar fotos de animales y plantas silvestres. Costa Rica es famosa por sus reservas ecológicas.

Descubra las antiguas culturas de América. Visite las zonas arqueológicas de México. Están por todas partes, ¡hasta en el metro de Ciudad de **MÉXICO** México! No deje de visitar las ruinas del Templo Mayor y de Teotihuacán, y conozca las culturas precolombinas.

DICHOS Y REFRANES

En algunos países de América Latina es común un refrán que dice: **A la tierra que fueras, haz lo que vieras.** En inglés hay una expresión similar: *When in Rome, do as Romans do.* ¿Qué piensas del refrán? ¿Es un buen consejo? ¿Por qué?

Vaya a las playas de Puerto Rico, la perla del Caribe. Allí podrá nadar, bucear, pescar, navegar, hacer ciclismo y paracaidismo.

PUERTO RICO

Pasará unas vacaciones fabulosas bajo el sol de Puerto Rico.

1. La ecología unida al turismo es algo reciente. ¿Qué significa para ti el ecoturismo? ¿Crees que es importante? ¿Por qué?

2. La cultura moderna de países como Perú, Bolivia, Ecuador, Guatemala y México, tiene mucho de las culturas indígenas que han vivido (o viven) allí. ¿Conoces en Estados Unidos algún estado que tenga influencia indígena? Explica cuál.

3. La cultura de los países hispanos del Caribe tiene una gran influencia africana. ¿Conoces la rica herencia africana de los Estados Unidos? Menciona dos ejemplos.

4. Pocos jóvenes uruguayos van al extranjero durante las vacaciones de verano. La mayoría pasan el verano en sus casas. ¿Crees que ocurre lo mismo en Estados Unidos? Explica tu respuesta y compárala con las de tus compañeros.

5. El 30% de los jóvenes uruguayos no tiene vacaciones de verano. La mayoría trabaja o no tiene dinero. ¿Has tenido tú que trabajar o estudiar en el verano?

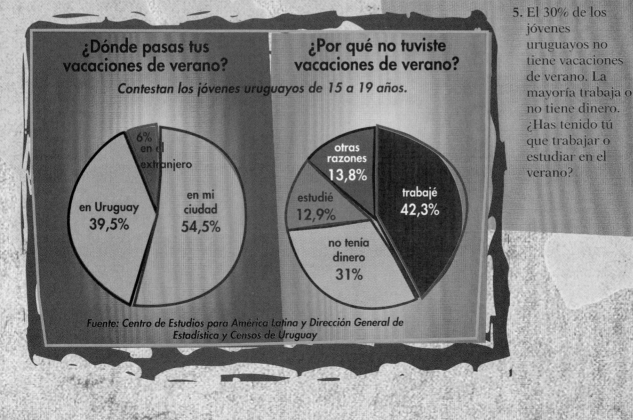

¿Dónde pasas tus vacaciones de verano?

Contestan los jóvenes uruguayos de 15 a 19 años.

6% en el extranjero

en Uruguay 39,5%

en mi ciudad 54,5%

¿Por qué no tuviste vacaciones de verano?

otras razones 13,8%

estudié 12,9%

trabajé 42,3%

no tenía dinero 31%

Fuente: Centro de Estudios para América Latina y Dirección General de Estadística y Censos de Uruguay

PALABRAS EN ACCIÓN

DE VACACIONES, ¿LA PLAYA O LAS MONTAÑAS?

1 Las vacaciones de verano

¿Adónde te gustaría ir el próximo verano? Habla con tu compañero(a) sobre los lugares que les gustaría visitar y dónde les gustaría quedarse.

— *¿Adónde te gustaría ir de vacaciones el próximo verano?*
— *Me gustaría ir a una isla del Caribe y quedarme en un hotel barato.*

En Estados Unidos:

    la costa este
    la costa oeste
    los estados del sur
    los estados centrales
    los estados del norte

En el extranjero:

    África
    América Central
    América del Sur
    Asia
    Australia
    Europa
    el Oriente Medio
    las islas del Caribe

1. albergue juvenil

2. hotel barato

3. hotel de lujo

4. parador

5. pensión

6. posada

¿Cuáles de las siguientes actividades te gusta hacer? ¿Y a tu compañero(a)? Comparen sus preferencias.

— *A mí me gusta acampar y hacer alpinismo porque me encanta la naturaleza.*

— *Yo prefiero navegar los rápidos porque me fascina el agua.*

acampar	navegar los rápidos	hacer alpinismo
pescar	hacer paracaidismo	hacer caminatas
nadar	hacer ciclismo	visitar zonas arqueológicas

Ya sabes adónde ir de viaje pero tu compañero(a) está un poco nervioso(a). Contesta sus preguntas.

— *¿Ya hiciste las reservaciones?*

— *No, las voy a hacer mañana. (Sí, las hice esta mañana.)*

1. hacer reservaciones
2. cambiar dinero
3. comprar cheques de viajero
4. hacer las maletas
5. sacar el pasaporte
6. leer libros y guías
7. comprar el equipo de bucear

Tú y tu compañero(a) tienen que escribir un anuncio para promocionar el turismo en la región donde viven. Escriban el anuncio usando las expresiones de la lista y el vocabulario de esta página.

visite	conozca	descubra
tome fotos	venga	no deje de

Descubra las maravillas naturales de la Península Olímpica, cerca de Seattle. Vea sus bosques, montañas y lagos. Navegue sus ríos...

Las mejores playas del mundo

Esquíe en los Andes

PARA COMUNICARNOS MEJOR

¿ADÓNDE IRÁS? ¿QUÉ HARÁS?

Mis padres me darán permiso para ir a Costa Rica con Julia. Visitaremos a sus abuelos, que viven en la costa atlántica. Tomaremos el sol, nadaremos y haremos esquí acuático.

Para hablar de lo que harás, usa el tiempo futuro.

1. You have already learned that you can use the future tense to talk about future actions and events.

Mis hermanos viajarán a Guatemala.	**My brothers will travel to Guatemala.**

2. To form the future tense of regular verbs, add the following endings to the infinitive: *-é, -ás, -á, -emos, -éis, -án.* Here is the future tense of **hablar.**

hablar**é**	hablar**emos**
hablar**ás**	hablar**éis**
hablar**á**	hablar**án**

3. The following verbs have irregular stems in the future tense:

decir: **dir-**	poner: **pondr-**	salir: **saldr-**
haber(hay): **habr-**	querer: **querr-**	tener: **tendr-**
hacer: **har-**	saber: **sabr-**	venir: **vendr-**
poder: **podr-**		

The verb form **hay** is also irregular in the future: **habrá**.

> *Habrá mucha gente mañana.*   There will be a lot of people
>   tomorrow.

1 El próximo verano

¿Qué vas a hacer el próximo verano? ¿Adónde irás? Pregunta a tu compañero(a) sobre sus planes. Cuéntale a la clase lo que te dijo.

> *Este verano iré a Ecuador a visitar a mis primos. Mi compañera de clases aprenderá a navegar los rápidos.*

2 Vacaciones en Venezuela

Tú y tu compañero(a) están de vacaciones en Venezuela. Primero, decidan qué van a hacer. Después lean estos anuncios y escojan en qué tienda comprarán el equipo necesario para cada actividad.

> *Pescaremos y*   —> *Compraremos*
> *bucearemos.*   *el equipo en Deportes*
>   *Tiburón.*

acampar	navegar los rápidos
hacer ciclismo	hacer esquí acuático
pescar	bucear

3 Personalidades y actividades

A menudo la forma de ser de una persona indica qué tipo de actividades le gusta hacer. Adivina qué hará durante las vacaciones una persona que es:

1. muy activa
2. perezosa
3. imaginativa
4. tímida
5. seria

> *Una persona muy activa hará paracaidismo y navegará los rápidos.*

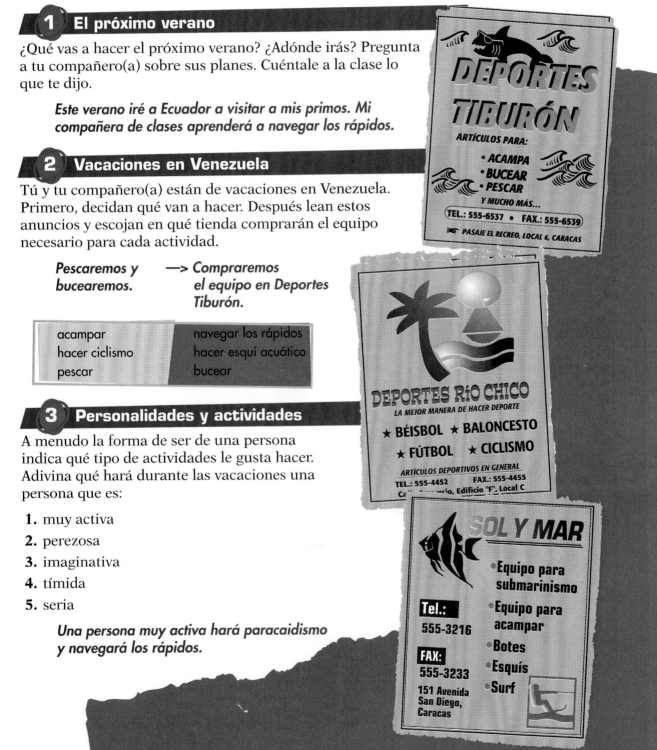

DEPORTES TIBURÓN

ARTÍCULOS PARA:
- ACAMPA
- BUCEAR
- PESCAR
Y MUCHO MÁS...

TEL.: 555-6537 • FAX.: 555-6539

PASAJE EL RECREO, LOCAL 6, CARACAS

DEPORTES RÍO CHICO
LA MEJOR MANERA DE HACER DEPORTE

★ BÉISBOL ★ BALONCESTO
★ FÚTBOL ★ CICLISMO

ARTÍCULOS DEPORTIVOS EN GENERAL
TEL.: 555-4452   FAX.: 555-4455
Ca... ...rcio, Edificio "F", Local C

SOL Y MAR

Tel.: 555-3216

FAX: 555-3233

151 Avenida San Diego, Caracas

- Equipo para submarinismo
- Equipo para acampar
- Botes
- Esquís
- Surf

Mis tíos me han invitado a Argentina durante las vacaciones de julio. Hemos decidido ir a la montaña porque este año ha caído mucha nieve. ¡Por fin voy a aprender a esquiar! Mis padres ya han reservado el pasaje y yo he sacado el pasaporte. ¡Y mi primo me ha prestado su equipo de esquiar!

Para hablar de las cosas que has hecho, usa el pretérito perfecto *(present perfect tense).*

1. You use the present perfect tense to talk about things that you or others have done.

Hemos visitado Perú. We have visited Peru.
¿Ya has estado allí? Have you already been there?

2. To form this tense, you use two words. The first word is a present tense form of the verb ***haber***.

he	hemos
has	habéis
ha	han

3. The second word —the past participle— indicates the action. To form the past participle of regular **-ar** verbs, add **-ado** to the stem of the verb. To form the past participle of regular **-er** and **-ir** verbs, add **-ido** to the stem of the verb.

hablar: hablado	*(spoken)*
comer: comido	*(eaten)*
compartir: compartido	*(shared)*

4. The following verbs have irregular past participles.

abrir: abierto	*(opened)*
decir: dicho	*(said)*
escribir: escrito	*(written)*
hacer: hecho	*(done)*
morir: muerto	*(died)*
poner: puesto	*(put)*
romper: roto	*(broken)*
ver: visto	*(seen)*
volver: vuelto	*(returned)*

1 Soy un viajero

¿Has viajado mucho o poco? Piensa en los tres viajes más interesantes que has hecho y descríbelos. Si tienes fotos de esos viajes, tráelas a la clase.

> *He ido a la República Dominicana varias veces. He aprendido a bucear y mis primos me han enseñado a bailar merengue.*

2 Hogar, dulce hogar

Imagínate que has viajado mucho y conoces muchas partes del mundo. ¿Dónde has decidido quedarte a vivir? ¿Qué has hecho allí?

> *He decidido vivir en el sur de Nicaragua. He navegado por el río San Juan y he sacado muchas fotos.*

3 De viaje por...

Tú y tu compañero(a) han hecho un viaje a un país hispano. Hablen de las siguientes cosas: el nombre del país que han visitado, las ciudades que han visto y las actividades que han hecho.

> *Hemos pasado diez días en Ciudad de México. Hemos subido a la Pirámide del Sol en Teotihuacán y hemos visto el Ballet Folklórico de México. También hemos ido a Coyoacán, donde hemos visitado el Museo de Frida Kahlo. Pero lo más importante es que hemos hecho muy buenos amigos.*

PARA COMUNICARNOS MEJOR

¡VISITEN MI PAÍS!

Conozca Perú.
Le fascinará!

Empiece su viaje en Lima, capital del país. Descubra el sabor colonial de la "Ciudad de los Reyes". Luego, visite Cuzco, antigua capital incaica. No deje de visitar Machu Picchu, una de las maravillas del mundo. Explore la selva amazónica.

¡Visítenos!
¡Lo esperamos!

Para decirle a alguien lo que debe hacer, usa el imperativo de *Ud.* o *Uds.*

1. You use formal (*Ud./Uds.*) commands to tell a person or persons you address formally what to do or what not to do. To form these commands, add *-e(n)* to the stem of the *yo* form of *-ar* verbs. Add *-a(n)* to the stem of the *yo* form of *-er* and *-ir* verbs.

Señorita, no olvide la cámara.

Antes de viajar, lea libros sobre el país. Haga reservas.

Señores, suban al autobús.

2. Make spelling changes to verbs with the following endings:

-car —> que(n)	*No saque(n) fotos.*
-gar —> gue(n)	*Llegue(n) al autobús a tiempo.*
-zar —> ce(n)	*Empiece(n) la lectura.*

3. When you use direct and indirect object pronouns, or reflexive pronouns with a command, attach them to the end of the command and add an accent mark, if needed. If the command is negative, the pronouns precede the command.

Mándeme una postal, pero no me compre un regalo.

Visiten el parque de diversiones y diviértanse.

4. The following verbs have irregular command forms:

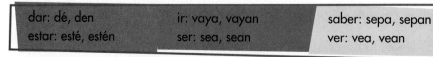

dar: dé, den	ir: vaya, vayan	saber: sepa, sepan
estar: esté, estén	ser: sea, sean	ver: vea, vean

78

¡Bienvenidos a Estados Unidos!

Unos estudiantes latinoamericanos piensan viajar a Estados Unidos. Con tu compañero(a) prepárenles un itinerario interesante. ¿Qué lugares deben visitar? ¿Qué deben hacer? ¿Qué no deben hacer? Usen los siguientes verbos.

admirar	ir	usar
comprar	pasear	ver
conocer	sacar fotos	viajar
divertirse	subir	visitar

Visiten Nueva York, una ciudad maravillosa. Admiren los rascacielos. Diviértanse en un teatro de Broadway. Viajen en metro por toda la ciudad...

 Agente de viajes

Trabajas con tu compañero(a) en una agencia de viajes de un país latinoamericano. Escriban en un folleto las actividades que los turistas pueden hacer allí. Usen el folleto de la página anterior como modelo.

3 ¿En qué puedo ayudarles?

Tú y tu compañero(a) trabajan en un centro de información turística. ¿Qué consejos les dan a estos turistas?

1. Los Sres. Gallastegui quieren comprar libros sobre ecoturismo.

2. La Srta. Blanco quiere acampar.

3. Raúl y Ernesto quieren ir a un lago a nadar.

4. Elena y Carmen quieren visitar la selva.

La Sra. Estévez quiere conocer el desierto. —> Vaya a California. Conozca el desierto de Mojave. No olvide su cámara de video.

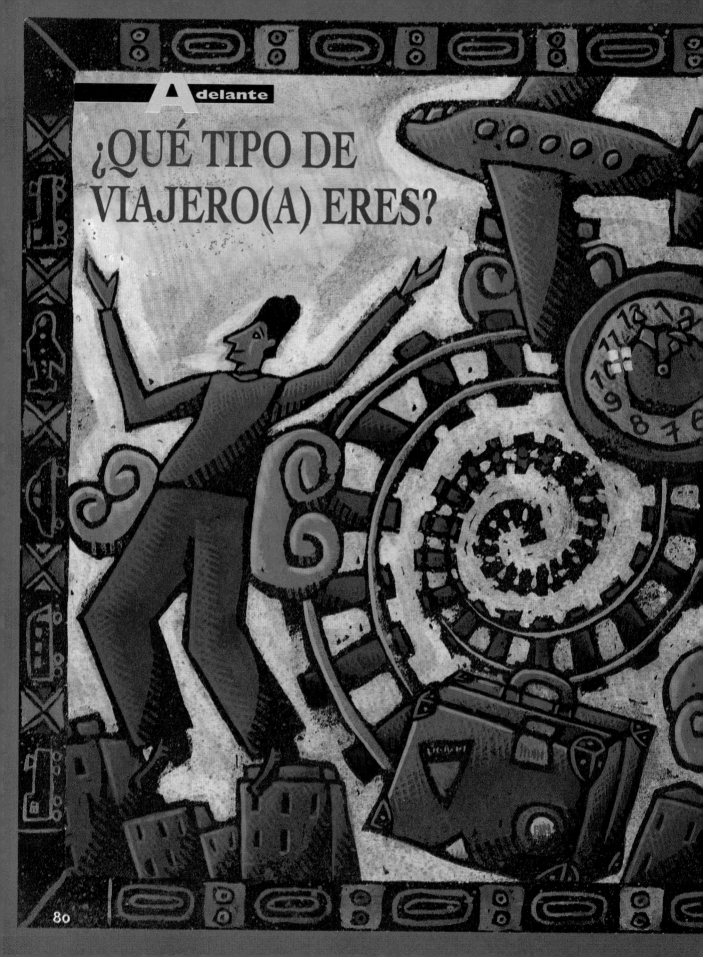

¿QUÉ TIPO DE VIAJERO(A) ERES?

A mucha gente le gusta viajar...

- Cuando viajas, ¿cómo te portas?

- ¿Eres un(a) viajero(a) activo(a)? ¿Curioso(a)? ¿Nervioso(a)?

- ¿Qué te gusta hacer cuando vas de viaje? ¿Compras muchos recuerdos? ¿Escribes un diario?

NOTA CULTURAL — LA LITERATURA DE VIAJES

Las crónicas° de viajes son muy importantes en la literatura española. La exploración y la conquista de América fueron los temas principales de las crónicas del Nuevo Mundo. Cristóbal Colón escribió la *Carta del descubrimiento* y Hernán Cortés *Cartas de relación*.

Los libros de viajes de autores modernos no relatan° grandes hechos,° sino impresiones personales. El escritor argentino Julio Cortázar escribió crónicas de países europeos y americanos, como por ejemplo en su libro *Los autonautas de la cosmopista*. El escritor mexicano Jorge Ibargüengoitia escribió varios libros de artículos humorísticos de sus viajes, como *Viajes en la América ignota* e *Instrucciones para vivir en México*.

LA ALEGORÍA COMO TÉCNICA LITERARIA

Los cuentos que vas a leer forman parte del libro de cuentos *Historia de cronopios y de famas*. En ellos, el autor nos presenta una visión fantástica de cómo se portan algunas personas cuando viajan. Las acciones de estos viajeros son alegóricas. La alegoría es una técnica literaria en la que objetos, personajes o eventos representan ideas abstractas.

¡CONOZCAMOS AL AUTOR!

Julio Cortázar (Argentina, 1914-1984), es uno de los cuentistas° más conocidos de América Latina. Nació en Bruselas y se educó en Buenos Aires. Entre sus libros de cuentos se destacan° *Bestiario* (1951) y *Final de juego* (1956). También escribió varias novelas. Lo que más predomina en su obra son su gran imaginación y sentido del humor.

UNA OJEADA — ¿QUÉ NOMBRES RECIBEN LOS VIAJEROS?

En el cuento "Viajes" se habla de tres grupos de viajeros. Echa una ojeada rápida y busca sus nombres.

los cuentistas *short-story writers*
las crónicas *chronicles*

los hechos *events*
relatan *narrate*

se destacan *stand out*

VIAJES Y RECUERDOS

VIAJES

Cuando los famas salen de viaje, sus costumbres al pernoctar° en una ciudad son las siguientes: Un fama va al hotel y averigua cautelosamente° los precios, la calidad de las sábanas° y el color de las alfombras. El segundo se traslada a la comisaría° y labra un acta° declarando los muebles e inmuebles° de los tres, así como el inventario del contenido de sus valijas.° El tercer fama va al hospital y copia las listas de los médicos de guardia° y sus especialidades.

Terminadas estas diligencias, los viajeros se reúnen en la plaza mayor de la ciudad, se comunican sus observaciones, y entran en el café a beber un aperitivo. Pero antes se toman de las manos° y danzan en ronda. Esta danza recibe el nombre de "Alegría de los famas".

Cuando los cronopios van de viaje, encuentran los hoteles llenos, los trenes ya se han marchado,° llueve a gritos, y los taxis no quieren llevarlos o les cobran precios altísimos. Los cronopios no se desaniman° porque creen firmemente que estas cosas les ocurren a todos, y a la hora de dormir se dicen unos a otros: "La hermosa ciudad, la hermosísima ciudad". Y sueñan toda la noche que en la ciudad hay grandes fiestas y que ellos están invitados. Al otro día se levantan contentísimos, y así es como viajan los cronopios.

Las esperanzas, sedentarias, se dejan viajar por las cosas y los hombres, y son como las estatuas que hay que ir a ver porque ellas no se molestan.°

CONSERVACIÓN DE LOS RECUERDOS

Los famas para conservar sus recuerdos proceden a embalsamarlos° en la siguiente forma: Luego de fijado el recuerdo° con pelos y señales,° lo envuelven° de pies a cabeza en una sábana negra y lo colocan° parado contra la pared de la sala, con un cartelito que dice: "Excursión a Quilmes",° o: "Frank Sinatra".

Los cronopios, en cambio, esos seres desordenados y tibios,° dejan los recuerdos sueltos° por la casa, entre alegres gritos, y ellos andan por el medio y cuando pasa corriendo uno, lo acarician con suavidad,° y le dicen: "No vayas a lastimarte", y también: "Cuidado con los escalones°." Es por eso que las casas de los famas son ordenadas y silenciosas, mientras en las de los cronopios hay gran bulla° y puertas que golpean.° Los vecinos se quejan siempre de los cronopios, y los famas mueven la cabeza comprensivamente y van a ver si las etiquetas° están todas en su sitio.

acarician con suavidad *caress tenderly*
la bulla *commotion*
cautelosamente *cautiously*
colocan *(they) place/put*
la comisaría *police station*
con pelos y señales *thoroughly*
de guardia *on duty*
embalsamar *to embalm*
envuelven *(they) wrap*
los escalones *steps*
las etiquetas *labels*
golpear *slam*
labra un acta *files a report*

luego de fijado el recuerdo *After scrutinizing the souvenir*
los muebles e inmuebles *goods and property*
no se molestan *don't feel bothered*
no se desaniman *don't get discouraged*
pernoctar *to spend the night*
Quilmes *suburb of Buenos Aires*
las sábanas *sheets*
se han marchado *have left already*
se toman de las manos *(they) hold hands*
sueltos *scattered*
tibios *indifferent*
las valijas *suitcases*

¿COMPRENDISTE BIEN?

A. En tu opinión, ¿cuáles de las siguientes palabras describen a cada grupo de viajeros?

cautelosos°	optimistas	organizados
ingenuos°	indiferentes	sedentarios

B. Contesta las siguientes preguntas.

1. ¿Qué hace un fama cuando va a un hotel?
2. ¿Qué hacen los famas en la plaza mayor de la ciudad?
3. ¿Qué problemas encuentran los cronopios en la ciudad?
4. ¿Cómo son las esperanzas?
5. ¿Cómo son las casas de los cronopios?
6. ¿Qué hacen los cronopios cuando pasa corriendo un recuerdo?

C. Indica si las siguientes oraciones son ciertas (C), falsas (F) o si los cuentos no lo dicen (ND).

1. Los cronopios son malhumorados.
2. Parece que los famas son hipocondríacos.°
3. En las casas de los cronopios hay mucho desorden.
4. Las esperanzas nunca están cansadas.
5. En sus viajes, los cronopios asisten a fiestas.
6. Cuando los famas salen a comer, nunca dejan propina.°

D. Aquí tienes otras cosas que hacen nuestros viajeros. ¿A qué grupo se refiere cada oración?

1. Se fascinan ante cualquier monumento.
2. Sueñan despiertos.°

cautelosos *cautious*   ingenuos *naive*
hipocondríacos   la propina *tip*
   hypochondriacs   sueñan despiertos *daydream*

3. En cada foto que sacan anotan el lugar, el día y la hora en que la sacaron.

4. Siempre discuten con los empleados de los hoteles, restaurantes y las tiendas.

5. Buscan información sobre los lugares que van a visitar.

6. Insisten en tener un itinerario fijo° para cada día de su viaje.

E. Ya sabes bastante bien cómo son los famas y cronopios. Adivina quiénes harían lo siguiente.

1. ponerse ropa extravagante

2. limpiar la casa todos los días

3. ir a la ópera

4. usar ropa de colores oscuros°

5. no dejar jugar a los hijos en la calle cuando llueve

6. perder° el mismo tren dos veces en un día y no enojarse

fijo *set*   perder *miss*
oscuros *dark*

TE TOCA A TI

- ¿Con cuál de estos grupos de viajeros te gustaría viajar? ¿Por qué?

- ¿Te gustaron estos cuentos? ¿Qué detalles te gustaron más?

- Piensa en otras dos o tres cosas que hacen los famas o los cronopios. Usa la Actividad D como modelo.

- Con tu compañero(a), inventa un tipo de viajero. Pónganle un nombre, indiquen cómo son y qué cosas hacen.

HISTORIA

Mensajeros° de larga distancia

Hace 600 años, los incas construyeron caminos por los que todavía podemos caminar. Estos caminos atraviesan° una geografía difícil: valles profundos, montañas cubiertas° de nieve y ríos turbulentos.

Los incas usaban estos caminos para mandar mensajes desde Cuzco, la capital, a otras partes del imperio. Había *chasquis* (mensajeros) en diferentes partes de los caminos. Cada chasqui corría unas tres millas y se encontraba con otro chasqui, a quien le daba el mensaje; el nuevo chasqui corría hasta encontrarse con otro mensajero y así sucesivamente. Los incas podían mandar mensajes a 1.000 millas de distancia en muy poco tiempo.

¿Qué piensas de este sistema de comunicación?

ARTE

Recuerdos de un viaje

Muchos estadounidenses son descendientes de inmigrantes latinoamericanos que llegaron a este país hace varias generaciones. Pero hay otros hispanos que llegaron hace poco tiempo y que todavía recuerdan el viaje desde su país de origen a Estados Unidos. Un ejemplo es el artista Ernesto Pujol, que nació en Cuba, se crió° en Puerto Rico y ahora vive en Nueva York. En una de sus pinturas —*Maletas, café con leche, cunas, ropita*— el artista nos habla del significado° de este viaje para él.

¿Qué crees que significan las tazas de café con leche pintadas en las maletas?

¿Qué crees que llevan dentro de sus maletas las personas que emigran de un país a otro?

ECOLOGÍA

¡Hagamos ecoturismo!

El Parque Internacional La Amistad es la
reserva natural más grande de Costa Rica.
Se llama internacional porque una parte
del parque pertenece° a Panamá. La
variedad de altitudes y climas de la zona
ha producido una gran diversidad de
hábitats y especies. En el parque viven
cinco tipos de felinos: el jaguar, el puma,
el margay, el ocelote y el jaguarundí. También
habitan más de 200 especies de reptiles y anfibios y
más de 500 especies de aves.°

Hay muchos otros parques y reservas naturales en Costa
Rica. Visitantes del mundo entero° van a este país todos
los años para admirar su belleza° natural. Las visitas de estos
turistas ayudan a la economía del país y contribuyen a la
protección de la naturaleza tropical.

¿Te gustaría visitar los parques naturales de Costa Rica?

¿Por qué?

atraviesan *cross*
las aves *birds*
la belleza *beauty*
cubiertas *covered*
entero *entire*
los mensajeros *messengers*
pertenece a *belongs to*
se crió *was raised*
el significado *meaning*

87

¿LA PASASTE BIEN?

1. UNA EXPERIENCIA INOLVIDABLE

Vas a hacer las vacaciones de tus sueños. Describe el viaje que has planeado a tu amigo(a) en una carta. Dile adónde y cuándo viajarás, con quién irás y lo que harás allí. Cuéntale los preparativos que has hecho y los que tendrás que hacer antes del viaje.

2. ¡QUÉ DESASTRE!

Ahora describe unas vacaciones (reales o imaginarias) en las que todo salió mal. ¿Perdiste el dinero, las maletas o el pasaporte? ¿Tuviste un accidente? ¿Te peleaste con tus compañeros o con tu familia? Vamos a ver quién puede describir la peor experiencia de vacaciones.

> *Cuando mi amigo Tomás me invitó a ir a acampar un fin de semana en el bosque, pensé: "¡Qué divertido!" Pero no fue así. No dormí en toda la noche porque hacía mucho frío. Luego, llovió toda la mañana y no pudimos salir de la tienda de campaña. Por la tarde fuimos a nadar al lago, pero el agua estaba muy fría. Así que me enfermé y estuve una semana en cama.*

3. AQUÍ TIENEN SU ITINERARIO...

Con tu compañero(a), escojan una ciudad de un país hispano y busquen información sobre esa ciudad. Luego, preparen una visita de un día para sus compañeros. Para obtener información sobre la ciudad, consulten libros, enciclopedias, mapas y guías turísticas. Si pueden, visiten una agencia de viajes. Usen la siguiente guía como modelo. Incluyan recomendaciones usando el imperativo de Ud. y Uds.

El Museo del Prado es uno de los museos más importantes del mundo. ¡Visítenlo!

Madrid

VISITA ARTÍSTICA

Diaria (excepto lunes) **9:00 a.m.**
Salida de la terminal de autobuses Pullmantur

Precio: 4.300 ptas.
(Duración: 4 hrs. aprox.)

Viajaremos por las principales calles de Madrid: Calle Mayor, Puerta del Sol, Carrera de San Jerónimo, Plaza de las Cortes y Neptuno, hasta llegar al MUSEO DEL PRADO, uno de los museos más importantes del mundo. Después continuaremos hacia el PALACIO REAL, uno de los palacios mejor conservados de Europa. Visitaremos los salones con sus magníficas colecciones de pinturas, relojes, muebles, tapices y porcelana. Al final de la visita regresaremos a la terminal de autobuses.

¿QUÉ SABES AHORA?

DIRECCIONES/INSTRUCCIONES

PARA CONVERSAR

Piensa en un lugar turístico de Estados Unidos. ¡No le digas el nombre del lugar a tu compañero(a)! Explícale dónde está ese lugar y qué podrá hacer allí. Indica qué preparativos tendrá qué hacer. Tu compañero(a) tiene que adivinar el nombre del lugar.

> — *Este lugar turístico está en el sur de Florida y tiene influencia hispana.*
> — *¿Qué haré en ese lugar?*
> — *Tomarás el sol en la playa y comerás arroz con frijoles en la Calle Ocho.*
> — *¿Qué preparativos tendré que hacer?*
> — *Tendrás que hacer reservaciones muy pronto porque mucha gente va allí.*
> — *¿Miami?*

PARA ESCRIBIR

Vas a ir de viaje con tu familia durante las próximas vacaciones y tus padres te han dado permiso para invitar a un(a) amigo(a). Escríbele una carta. Dile adónde irán, lo que harán en el viaje, la ropa que debe llevar, etc.

> **Ana:**
> *¿Te gustaría pasar unas vacaciones con mi familia? Vamos a ir a Uruguay. Visitaremos los bosques y las playas. Tendrás que sacar tu pasaporte.*

PARA DESCRIBIR

En este capítulo has hablado de los viajes que has hecho y de los que harás en el futuro. Pero, ¿cómo crees que serán los viajes en el siglo XXII? ¿Qué medios de transporte usará la gente? ¿Crees que se podrá ir de vacaciones a otros planetas? Escribe tus opiniones y después compártelas con la clase.

VOCABULARIO TEMÁTICO

Regiones de Estados Unidos
United States Regions

la costa este *the East Coast*
la costa oeste *the West Coast*
los estados centrales *the Midwest*
los estados del sur *the South*
los estados del norte *the North*

Partes del mundo
Parts of the World

África *Africa*
América Central *Central America*
América del Sur *South America*
Asia *Asia*
Australia *Australia*
Europa *Europe*
las islas del Caribe *the Caribbean islands*
el Oriente Medio *the Middle East*

Lugares donde quedarse
Places to stay

albergue juvenil *youth hostel*
hotel barato *inexpensive hotel*
hotel de lujo *luxury hotel*
parador *State hotel*
pensión *boardinghouse*
posada *guest house, inn*

¿Qué vas a hacer allí?
What will you do there?

Voy a hacer... *I'm going to go . . .*
   alpinismo *mountain climbing*
   caminatas *trekking*
   ciclismo *biking*
   ecoturismo *on nature trips*
   paracaidismo *sky diving*
visitar las zonas arqueológicas
   to visit archeological sites

Para preparar todo
To have everything ready

ahorrar dinero *to save money*
averiguar si hay tarifas estudiantiles
   find out about student rates

Para promocionar el turismo en tu región
To promote tourism in your region

descubrir *to discover*
no dejar de... *don't miss . . .*

Expresiones y palabras

fascinar *to fascinate*
lo mismo *the same*
ocurrir *to happen*
silvestre *wild*
los sueños *dreams*

Conozcamos ESPAÑA

Aquí tienes información sobre este fascinante país del otro lado del Atlántico, para cuando lo visites.

DATOS IMPORTANTES

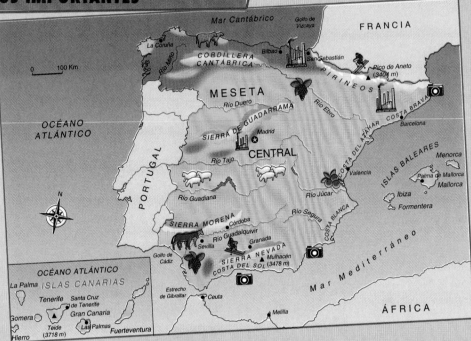

Nombre oficial:	Reino de España
Clima:	Llueve mucho en el norte. En verano, hace mucho calor en el sur.
Zona horaria:	Hora en la costa este de EE.UU. + 6 horas
Idiomas:	Español, en todas las comunidades. Gallego, en Galicia. Vascuence, en el País Vasco y Navarra. Catalán, en Cataluña, Valencia e Islas Baleares.
Moneda:	Peseta

SU HISTORIA

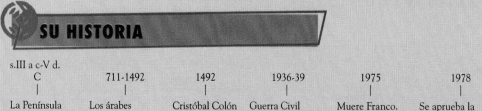

s.III a c-V d. C	711-1492	1492	1936-39	1975	1978	1986
La Península Ibérica fue parte del Imperio Romano.	Los árabes invadieron y habitaron la Península Ibérica.	Cristóbal Colón inicia la expedición a las Américas.	Guerra Civil Española. Ganó el bando del General Francisco Franco.	Muere Franco. Don Juan Carlos de Borbón es el rey de España.	Se aprueba la Constitución. España se convierte en una monarquía constitucional.	España entra en la Comunidad Económica Europea, hoy llamada Unión Europea.

MADRID

◎ El **Museo del Prado** tiene una gran colección de obras de arte.

◎ En el **Parque del Retiro** puedes pasear o hacer un picnic.

◎ El **Palacio Real** es uno de los palacios más grandes de Europa.

◎ **El Rastro** es el mercado de pulgas más conocido de España.

◎ La **Plaza Mayor** tiene cafés al aire libre para tomar un refresco y conversar.

FIESTAS

◎ El **Carnaval** se celebra en febrero, con fiestas en la calle, bailes y desfiles.

◎ La **Fiesta de San Isidro,** el patrón de Madrid, se celebra en mayo.

COMIDA

◎ **Cocido madrileño**, con garbanzos y carne

◎ **Chocolate con churros,** para el desayuno

◎ **Tortilla de patatas,** con huevos, patatas y cebolla

> Investiga lo que queda del Imperio Romano en España.

ACTIVIDADES Y DEPORTES

◎ En verano, el **Ayuntamiento de Madrid** organiza conciertos, proyecciones de películas y obras de teatro gratis en las plazas de la ciudad.

◎ Ve a un partido de **fútbol** de uno de los equipos madrileños: el Real Madrid, el Atlético de Madrid o el Rayo Vallecano.

> Usa el Internet para dar un paseo por las galerías del Museo del Prado. Apunta tus impresiones.

BARCELONA

◎ Pasea y compra flores en las **Ramblas**, una de los paseos más bonitos del mundo.

◎ Visita el viejo **Barrio Gótico**, de calles estrechas y cafés populares.

◎ No olvides los edificios modernistas de **Gaudí**, como la **Sagrada Familia** o el **Parque Güell.**

FIESTAS

◎ Las **Fiestas de la Mercé** se celebran en septiembre. Hay conciertos, bailes y concursos.

◎ Durante las **Fiestas de Gracia**, en agosto, hay un concurso de decoración de calles muy bonito.

COMIDA

- **Butifarra con secas**, salchicha a la parrilla con frijoles blancos
- **Escudella**, sopa de verduras y carne
- **Crema catalana,** postre con huevos, azúcar y canela

ACTIVIDADES Y DEPORTES

- Algunas **discotecas** abren de 7:00 a 10:00 para los adolescentes.

- Toma el metro y ve a la **playa de la Barceloneta.** Allí puedes bañarte, tomar el sol, alquilar una tabla a vela, una bicicleta o unos patines.

- Puedes ir a **esquiar** a los **Pirineos.**

> Muestra una foto de la Sagrada Familia de Gaudí a tus compañeros de clase. ¿Cuáles son sus reacciones y comentarios?

SEVILLA

- **La Giralda** es una torre árabe de la catedral de Sevilla con una vista magnífica de la ciudad.

- Pasea por el **Barrio de Santa Cruz,** el antiguo barrio judío de Sevilla.

- En el **Museo Arqueológico** se muestran restos romanos encontrados en Sevilla.

- **El Alcázar** es un antiguo palacio árabe del siglo IX.

FIESTAS

- La **Semana Santa** se celebra en marzo o abril. Hay bellas procesiones.

- Durante la **Feria de Abril,** en abril, hay corridas de toros, desfiles y bailes.

- La **Romería del Rocío** es una peregrinación religiosa desde Sevilla al pueblo del Rocío (a 80 km).

COMIDA

- **Gazpacho,** sopa fría de tomate y verduras
- **Pescaditos fritos**
- **Tapas,** platos pequeños de comida variada

> Busca una receta de gazpacho y prepáralo para tu familia.

ACTIVIDADES Y DEPORTES

- Ve a una actuación de baile y canto **flamenco,** típico de Andalucía.

- De abril a octubre hay corridas todos los domingos en la **Plaza de Toros de La Maestranza.**

SAN SEBASTIÁN (DONOSTI)

- Pasea y báñate en la **Playa de la Concha.**
- Sube al **Monte Igueldo** para tener una vista fantástica del mar y la ciudad.
- Pasea por la **Parte Vieja,** cerca del **Monte Urgull**, para comer unos pinchos (tapas).

FIESTAS

- Su fiesta mayor, la **Semana Grande,** se celebra en agosto.
- En el **Festival de Jazz,** en julio, tocan los mejores músicos del mundo.
- El famoso **Festival Internacional de Cine** tiene lugar en septiembre.

COMIDA

- **Bacalao al pil pil,** pescado cocinado con ajo y otros ingredientes
- **Chipirones** (calamares) **en su tinta**
- Queso de Idiazábal

ACTIVIDADES Y DEPORTES

- En la **Playa de la Concha** puedes alquilar tablas a vela y kayaks.
- Alquila un bote de remos y ve a la **Isla de Santa Clara** a hacer un picnic.
- Pásala bien en el parque de diversiones del **Monte Igueldo.**

> Averigua cuál es la historia de la boina de los vascos.

DÓNDE ALOJARTE

Albergues: España tiene muchos albergues baratos abiertos todo el año. Si quieres ir a un albergue necesitas un carnet de alberguista.

Colegios mayores: Están abiertos a turistas durante el verano.

Lugares para acampar: En España muchas familias pasan las vacaciones en áreas de camping. Es una forma divertida y barata de alojarse.

Otros lugares baratos para alojarse son las casas de huéspedes, los hostales, las pensiones y las fondas.

MEDIOS DE TRANSPORTE

Tren: Los trenes son limpios y conectan la mayoría de las ciudades. La compañía nacional de trenes se llama RENFE. Ofrecen descuentos para extranjeros y jubilados y miembros de familia numerosa. Viajar en "días azules" es más barato.

Autobús: Es el medio de transporte más barato y el único para viajar a pueblos pequeños. En general, los autobuses son cómodos y rápidos.

Metro: Las únicas ciudades que tienen metro son Madrid, Barcelona, Valencia y Bilbao. El metro es seguro, limpio y cómodo.

Moto: Es el medio de transporte preferido de la mayoría de los jóvenes.

Usa varios colores para diseñar un plato comemorativo para tu graduación de la escuela. Imagina que lo va a hacer un ceramista de Talavera de la Reina. Descríbeselo a la clase.

COMPRAS

◎ **Mercados al aire libre:** Para comprar cosas baratas, ve un domingo a alguno de los mercados al aire libre de un pueblo o una ciudad de España.

◎ **Zapatos:** España es famosa por sus zapatos, de muy buena calidad y diseño.

◎ **Cerámica:** La más famosa es la de Sevilla, La Bisbal y Talavera de la Reina.

◎ **Artículos de cuero:** Compra un cinturón o un bolso en Córdoba.

INFORMACIÓN ESPECIAL

◎ En España, puedes obtener descuentos en museos, teatros, hoteles, trenes, pasajes de avión y mucho más con un **Carnet de Estudiante.** El carnet más común es el ISIC (International Student Identification Card), que también ofrece un seguro médico y de accidentes.

◎ La mayoría de las **tiendas** abren de 9:00 a 2:00 y de 5:00 a 8:00. Los **grandes almacenes** abren de 9:00 a 9:00.

◎ En Europa la **corriente eléctrica** es de 220 voltios. Necesitarás un adaptador y un transformador para usar tus aparatos eléctricos.

DIRECCIONES Y NÚMEROS DE TELÉFONO IMPORTANTES

▣ **Consulado de España en Nueva York,** 150 E 58th St., 30th Floor, New York, NY 10155. Tel: (212) 355-4080.

▣ **Council on International Educational Exchange (CIEE)** 205 E 42nd St., New York, NY 10017. Tel: (212) 822-2600.

▣ **Council Travel** es una agencia de viajes para estudiantes. Te ayudarán a buscar pasaje y alojamiento barato. También puedes comprar tu tarjeta de estudiante aquí. La dirección es: 205 E 42nd St, New York, NY 10017 Tel. (212) 822-2700.

▣ **Embajada de España,** 2375 Pennsylvania Ave., NW, Washington, DC 20037-1736. Tel: (202) 452-0100

▣ **Oficina de Turismo de España,** 666 Fifth Avenue, 35th Floor, New York, NY 10022. Tel: (212) 265-8822

¿Quieres un carnet de estudiante? Escribe una carta al lugar apropiado de la lista de DIRECCIONES Y NÚMEROS DE TELÉFONO IMPORTANTES solicitándola.

CAPÍTULO 4

¡SALUD Y EJERCICIO!

MENTE SANA EN CUERPO SANO

GES

Cada mañana corro con mis amigas.

Objetivos

COMUNICACIÓN
- las enfermedades y los accidentes que has tenido
- lo que debes hacer para llevar una vida sana

CULTURA
- tenistas hispanas
- frutos de América
- cirujanos incas

VOCABULARIO TEMÁTICO
- enfermedades y accidentes
- una vida sana

ESTRUCTURA
- lo que es importante que hagan otras personas: el subjuntivo
- tus deseos, expectativas o sentimientos sobre acciones o eventos: el presente y el pretérito perfecto de subjuntivo
- lo que debe o no debe hacer tu amigo(a): el imperativo de *tú*

LECTURA
- un cuento de un escritor uruguayo sobre una misteriosa enfermedad

REDACCIÓN
- una nota para un amigo
- el guión para un documental
- un cuento sobre algo extraordinario y sorprendente

CONVERSEMOS

Habla con tu compañero(a).

1 ¿Te enfermas a menudo? ¿Qué síntomas tienes?
Tengo…

	Nunca	A veces	A menudo
alergias	❏	❏	❏
catarro	❏	❏	❏
fiebre	❏	❏	❏
dolor de cabeza	❏	❏	❏
dolor de garganta	❏	❏	❏
una infección en el oído	❏	❏	❏
náuseas	❏	❏	❏
tos	❏	❏	❏

2 ¿Tuviste un accidente alguna vez? ¿Qué te pasó?

	Nunca	Una vez	Más de una vez
Choqué con el coche.	❏	❏	❏
Me caí y me rompí el brazo.	❏	❏	❏
Me corté el dedo.	❏	❏	❏
Me golpeé la cabeza y me desmayé.	❏	❏	❏
Me lastimé la rodilla.	❏	❏	❏
Me resbalé y me torcí la muñeca.	❏	❏	❏
Me rompí un diente.	❏	❏	❏

3 ¿Qué hizo tu médico(a) para curarte?

	Sí	No
Me enyesó el tobillo.	❏	❏
Me puso puntos.	❏	❏
Me puso una inyección.	❏	❏
Me puso una venda.	❏	❏
Me puso unas gotas en los ojos.	❏	❏
Me recetó unas pastillas.	❏	❏
Me sacó radiografías del pecho.	❏	❏

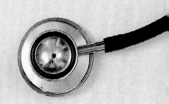

4 ¿Qué te dijo tu médico(a)?

Me dijo que…

	Sí	No
no me tocara la herida.	☐	☐
andara con muletas.	☐	☐
no fumara.	☐	☐
guardara cama.	☐	☐
tomara un jarabe.	☐	☐

5 ¿Qué actividades son importantes para ponerse en forma? Da tus consejos.

	Es importante	No es importante
Camina a la escuela o al trabajo.	☐	☐
Corre todos los días.	☐	☐
Estira los músculos antes de hacer ejercicio.	☐	☐
Haz ejercicio.	☐	☐

6 Para estar sano(a), es necesario que…

	Ya lo hago	Debo hacerlo
comas alimentos sanos.	☐	☐
evites los antojitos.	☐	☐
tengas una dieta equilibrada.	☐	☐
tomes mucha agua.	☐	☐

7 ¿Qué le dices a tu amigo(a) cuando está enfermo(a)?

	Sí	No
Espero que te recuperes pronto.	☐	☐
Me alegro de que no sea grave.	☐	☐
¡Que te mejores!	☐	☐
Siento que te encuentres mal.	☐	☐

REALIDADES

¿ES IMPORTANTE HACER EJERCICIO PARA ESTAR SANO(A)?

"En las últimas vacaciones choqué con el coche y me lastimé las piernas y los brazos. Cuando me curé, el médico me dijo: 'Es necesario que hagas ejercicio. Ve a Ojo de Agua a remar una vez por semana para estirar los músculos de las piernas y los brazos'. Ahora me siento muy bien."

COSTA RICA

PUERTO RICO

"Antes siempre tenía gripe o tos. Un día, mi papá me dijo: 'Es importante que los jóvenes hagan algo por su salud. Monta en bicicleta para tener más energía y evitar enfermedades'. Ahora me siento mejor, nunca tengo tos y me divierto con mis amigos."

DICHOS Y REFRANES

Hay un dicho muy popular en el mundo hispano que dice: **Más vale prevenir que curar.** En inglés hay uno muy parecido. ¿Sabes cuál es?

ESPAÑA

"Los problemas de la escuela me tenían muy nervioso y comía mucho. No podía evitar los antojitos. Un día, el médico me dijo: 'Es malo que tengas tanto estrés. Ponte a jugar al fútbol con tus amigos para relajarte'. ¡Qué buen consejo! Ahora me divierto mucho jugando al fútbol con mis amigos y me olvido de mis problemas."

Y TÚ, ¿QUÉ PIENSAS?

1. Montar en bicicleta es barato, ecológico y divertido. En los países hispanos muchos jóvenes montan en bicicleta. ¿Los jóvenes de tu comunidad montan en bicicleta? ¿Les gusta? ¿Por qué?

2. El fútbol es el deporte más popular en los países hispanos. Los jóvenes juegan al fútbol en todas partes: en la escuela, en la calle, en la playa y en el parque. El fútbol es la forma más común de hacer amigos. ¿Qué deporte practican los jóvenes de tu comunidad?

3. Observa con atención cuánto tiempo dedican a los deportes las chicas y los chicos de Uruguay. ¿Cuál es la mayor diferencia? ¿Qué piensas de ello?

4. Piensa en los equipos deportivos profesionales que más te gustan. ¿En cuántos de ellos hay mujeres? ¿Crees que eso explica la frecuencia con que las jóvenes hacen deporte? ¿Por qué?

¿Cuánto tiempo dedicas a los deportes?

Contestan los jóvenes uruguayos de 15 a 19 años.

nada
27,1%

varias veces por semana
41,3%

16,3%
una vez por semana

Contestan las jóvenes uruguayas de 15 a 19 años.

varias veces por semana
29%

nada
48,8%

una vez por semana
0,5%

11,7%
de vez en cuando

Fuentes: Centro de Estudios para América Latina Dirección General de Estadística y Censos de Uruguay

1 Solución: las páginas amarillas

Estás de viaje con algunos(as) compañeros(as) de clase y algunos de ellos(as) se enferman o tienen accidentes. Mira estos anuncios y escoge el nombre del lugar adonde tus compañeros(as) de viaje deben ir y el número de teléfono al que deben llamar.

1. Yolanda tiene bronquitis.

2. Juan resbaló y perdió sus lentes de contacto.

3. Sergio tiene alergias.

4. Victoria se cayó y se rompió el brazo.

5. Javier chocó con el coche y se lastimó la rodilla.

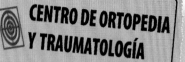

CENTRO DE ORTOPEDIA Y TRAUMATOLOGÍA

- Fracturas, enfermedades de los huesos, músculos y articulaciones
- Accidentes del deporte
- Ambulancias las 24 horas

☎ 555-9080 • 555-5080

Heriberto Frías 327, Col. Narvarte

Dr. Miguel Rodríguez Vargas

Enfermedades de los ojos en niños y adultos

★LENTES DE CONTACTO★

☎ 555-2246 ★ 555-4442

Clínica Orlich, frente al Hospital San Juan de Dios

Botiquín de primeros auxilios

2 Consecuencias

Varios estudiantes tuvieron accidentes o enfermedades. Di cómo curaron a cada uno.

enyesar	poner una inyección	recetar un jarabe
poner gotas	recetar pastillas	sacar radiografías
poner una venda	poner unos puntos	

Pedro se cayó en el pasillo y se torció la muñeca.—> Le pusieron una venda.

1. Ana se rompió un dedo jugando al voleibol.
2. Ángel se golpeó la cabeza y se desmayó.
3. Pedro tuvo una infección en el oído.
4. Enriqueta tuvo náuseas todo el día.
5. Fernando tuvo mucha fiebre.
6. Alberto se cortó un dedo.

EMERGENCIA 911

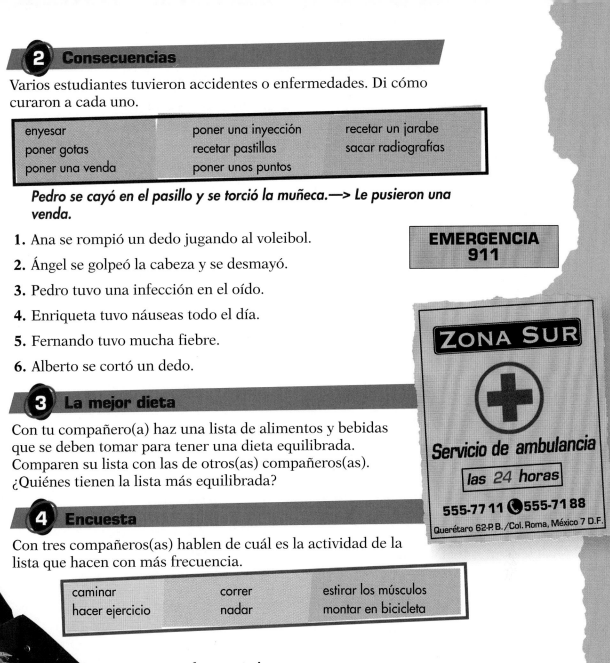

ZONA SUR

Servicio de ambulancia

las 24 horas

555-77 11 📞 555-71 88

Querétaro 62-P. B./Col. Roma, México 7 D.F.

3 La mejor dieta

Con tu compañero(a) haz una lista de alimentos y bebidas que se deben tomar para tener una dieta equilibrada. Comparen su lista con las de otros(as) compañeros(as). ¿Quiénes tienen la lista más equilibrada?

4 Encuesta

Con tres compañeros(as) hablen de cuál es la actividad de la lista que hacen con más frecuencia.

caminar	correr	estirar los músculos
hacer ejercicio	nadar	montar en bicicleta

—¿Con qué frecuencia haces ejercicio?
—Una vez por semana.

PARA COMUNICARNOS MEJOR

ES IMPORTANTE QUE COMAS BIEN

Para decir lo que es importante que hagan otras personas, usa el subjuntivo.

1. Use the present subjunctive after certain expressions to state opinions or reactions.

Es importante que comas bien	It's important that you eat well.

2. To form the subjunctive of *-ar*, *-er*, and *-ir* verbs, remove the *-o* from the *yo* form of the present tense and add the following subjunctive endings.

Infinitive	guardar	conocer	venir
yo	guard**e**	conozc**a**	veng**a**
tú	guard**es**	conozc**as**	veng**as**
él/ella	guard**e**	conozc**a**	veng**a**
nosotros(as)	guard**emos**	conozc**amos**	veng**amos**
vosotros(as)	guard**éis**	conozc**áis**	veng**áis**
ellos/ellas	guard**en**	conozc**an**	veng**an**

3. Most sentences that use the subjunctive have two parts connected by *que*. The part that begins with *que* contains the subjunctive.

   Es necesario que guardes cama.

4. Other phrases for stating opinions or reactions:

Es bueno que	**Es (im)posible que**
Es recomendable que	**Es importante que**
Es malo que	**Es necesario que**

¿Comes bien?

Hay personas que creen que comen bien, pero no lo hacen. Aquí te ofrecemos algunos consejos:

- Es importante que tengas una dieta equilibrada y que comas alimentos sanos.
- Es recomendable que desayunes bien. El desayuno es la comida más importante del día.
- Es importante que comas alimentos frescos.
- Es malo que comas muchos antojitos y dulces.
- Es necesario que tomes mucha agua y otros líquidos.
- Es mejor que no comas comida con mucha grasa.

1 Dieta y ejercicio: la combinación perfecta

Lee este artículo de una revista para jóvenes y después dale al chico/a la chica consejos, usando las siguientes frases:

Es importante que hagas ejercicio.

1. hacer ejercicio
2. comer poco
3. alimentarse bien
4. comer antojitos
5. evitar alimentos que engordan
6. tomar mucha agua

PROBLEMA: "Tengo 16 años, como poco y hago ejercicio todos los días, pero no adelgazo".

CONSEJO: Lo importante no es comer poco sino que comer cosas que no engorden. Hay personas que no comen en las comidas, pero se pasan el día comiendo antojitos que no alimentan y sí engordan. Aliméntate bien, elimina las grasas y los dulces.

2 Mi dieta/tu dieta

Haz una lista de lo que comiste y tomaste hoy y ayer. Luego, intercambia tu lista con la de tu compañero(a). En tu opinión, ¿cómo es su dieta? ¿Qué opina él(ella) de la tuya?

Para tener una buena dieta, es bueno que comas muchas frutas y verduras. No es bueno que tomes tantos refrescos porque tienen mucho azúcar...

PARA TU REFERENCIA

adelgazar
to lose weight
engorden
make you gain weight
quema
(it) burns
sino
but
elimina
eliminate

¡QUE TE MEJORES!

Gabriela

Mientras dormías te llamó tío Víctor. Dice que siente mucho que te hayas quebrado el brazo. No podrá venir a verte hasta el fin de semana, pero se alegra de que ya no estés en el hospital. También dice que espera que te hayan gustado las flores que te mandó.

Mamá

Para expresar deseos, expectativas o sentimientos sobre acciones o eventos, usa el presente del subjuntivo y el pretérito perfecto de subjuntivo.

1. Use the subjunctive to express wishes, hopes, and feelings concerning actions and events.

   Use the following phrases to express reactions to events.

Espero que...	I hope that . . .
Me molesta que...	I'm bothered that . . .
Me alegro de que...	I'm glad that . . .
Me preocupa que...	I'm worried that . . .
Siento que...	I'm sorry that . . .

2. The following verbs are irregular in the present subjunctive.

   Dar: **dé, des, dé, demos, deis, den**

   Estar: **esté, estés, esté, estemos, estéis, estén**

   Ir: **vaya, vayas, vaya, vayamos, vayáis, vayan**

   Saber: **sepa, sepas, sepa, sepamos, sepáis, sepan**

   Ser: **sea, seas, sea, seamos, seáis, sean**

   Haber (hay): **haya**

3. The *nosotros(as)* and *vosotros(as)* forms of stem-changing *-ir* verbs also have a spelling change: *sintamos, durmamos; sintáis, durmáis.*

4. To express reactions to things that would have happened in the past, use the present perfect subjunctive. Use one of the following forms of the present subjunctive of **haber** plus a past participle.

yo	haya	**comprado**	nosotros(as)	hayamos	**comprado**
tú	hayas	**comprado**	vosotros(as)	hayáis	**comprado**
el/ella	haya	**comprado**	ellos/ellas	hayan	**comprado**

Ojalá que note hayas torcido el tobillo.

I hope that you haven't twisted your ankle.

1 ¡Ojalá que no!

Las siguientes personas han tenido un accidente. Escríbeles una nota. Sigue el modelo.

Una amiga se cayó jugando al voleibol y se golpeó el brazo. (no quebrarse el brazo) —> Me alegro que no te hayas roto el brazo.

1. Tu hermano se cortó el dedo. (no tener una infección en el dedo)

2. Un amigo se golpeó la cabeza y se desmayó. (no ser grave)

3. Tu compañera tuvo un pequeño accidente con el coche. (no tener que guardar cama)

4. Tu primo se rompió un diente. (no doler mucho)

5. Tu abuela se torció el tobillo jugando al tenis. (no tener que andar con muletas)

2 Mis mejores deseos

Algunos amigos(as) no se encuentran bien. Con tu compañero(a) habla de ellos(as). Expresen sus deseos de que se recuperen pronto, usando **ojalá** o expresiones como **me alegro** y **espero**.

— *Mi amiga Sara se enfermó: tenía fiebre y náuseas. Me alegro mucho que haya ido a ver al médico.*
— *Espero que pueda volver a la escuela pronto.*

3 Me preocupa que...

Varias personas hacen cosas malas para su salud. Usa expresiones como **siento**, **me molesta** y **me preocupa** para decir lo que opinas.

Me preocupa que mi hermana fume. No es bueno para su salud.

médico de cabecera *family doctor*

Para comunicarnos mejor

Para decir lo que debe o no debe hacer tu amigo(a), usa el imperativo de _tú_.

1. The affirmative **_tú_** command form of regular verbs is the same as the **_él/ella/Ud._** present tense form.

   Practica deportes. Come bien. Vive mejor.

2. The following verbs have irregular affirmative **_tú_** command forms.

poner: pon	venir: ven
hacer: haz	tener: ten
ir: ve	decir: di
ser: sé	salir: sal

¿Cómo? ¿No haces ejercicio? ¡No esperes más! ¡Hazlo hoy mismo y mejora tu vida!

- Evita el estrés.
- Ten más energía.
- Estira los músculos.
- Pierde esos kilos de más.

¡Ven a conocer nuestro centro!

¡Ponte en forma!

Gimnasio Andrómeda
Avenida Caseros 4164 1263 Buenos Aires

3. Form the negative **_tú_** command the same way you form the subjunctive. For **_-ar_** verbs, drop the **_-o_** of the **_yo_** form and add **_-es_**. For **_-er_** and **_-ir_** verbs, drop the **_-o_** of the **_yo_** form and add **_-as_**.

   tomar: No tomes bebidas alcohólicas.   caerse: No te caigas.
   pedir: No pidas otra pizza.

4. Verbs that end in **_-car, -gar, -zar_** have a spelling change before the negative **_tú_** command ending.

   tocar (c–>qu): No toques la herida.   jugar (g–>gu): No juegues aquí.
   abrazar (z–>c): No me abraces.

5. Verbs with irregular negative **_tú_** command forms:

dar: no des	ir: no vayas
estar: no estés	ser: no seas

6. With negative commands, place the pronoun before the command. With affirmative commands, attach it to the end of the command.

   No me digas el nombre del gimnasio. Dime la dirección.

1 Mis metas

Sugiere una actividad de la lista para que un(a) joven logre los siguientes objetivos.

Para tener más energía, haz ejercicio.

1. Para tener más energía...   **3.** Para estirar las piernas y los brazos...

2. Para eliminar la tensión...   **4.** Para ponerse en forma...

jugar al tenis   levantar pesas   patinar

montar en bicicleta   esquiar   hacer aerobic

2 Ejercicio en el verano

Lee la pregunta que un chico le hace a su médico y completa los consejos que le da usando el imperativo con los verbos de la lista.

Pregunta: "Normalmente corro media hora al día cuando hace fresco, pero cuando hace calor sufro náuseas. ¿Cómo puedo evitarlo?"

caminar	empezar	nadar
correr	evitar	tomar

Consejos:

1. ___ por la mañana o por la tarde, cuando hace menos calor.

2. Nunca ___ después de comer.

3. ___ un vaso de agua antes de empezar.

4. ___ las mañanas bebiendo jugo de frutas.

5. Si no puedes correr, ___. La natación es muy buena.

3 ¡Presta atención!

Hoy cuidas a tu hermana menor y ella no siempre hace lo que le dices. Convierte los siguientes imperativos afirmativos en imperativos negativos.

Si haces ejercicio, toma mucha agua. (no tomar muchos refrescos) —> No tomes muchos refrescos.

1. Di la verdad. (no mentir)

2. Come frutas. (no comer tantos antojitos)

3. Por favor, juega en el patio. (no jugar en casa)

4. Sé generosa con tus amigas. (no ser egoísta)

5. ¿Te sientes mal? Ve a la cama. (no ir al parque)

¿TE GUSTAN LOS CUENTOS DE TERROR?

No a todo el mundo le gustan los cuentos de terror...

- A ti, ¿te divierten o te asustan?
- ¿Te gusta contar historias de terror?
- ¿Tienes pesadillas si ves una película de terror?

NOTA CULTURAL LA LITERATURA FANTÁSTICA

La literatura fantástica describe un mundo en el que ocurren cosas extraordinarias y sorprendentes. Este género literario se desarrolló en el siglo XIX en la literatura de lengua inglesa, entre cuyos autores se destacan Edgar Allan Poe y Gilbert Chesterton. Los temas fantásticos más comunes son los sueños, la locura, los fantasmas y la magia.

La literatura fantástica inglesa ha sido fuente de inspiración para muchos escritores hispanos. Entre ellos figuran los argentinos Silvina Ocampo, Jorge Luis Borges y Adolfo Bioy Casares, el español Ramón Gómez de la Serna y la mexicana Elena Garro.

LA PREFIGURACIÓN

Horacio Quiroga, el autor de este cuento, escribió: "No empieces a escribir sin saber desde la primera palabra adónde vas. En un cuento bien escrito las tres primeras líneas tienen casi la misma importancia que las tres últimas". Mientras lees *El almohadón de plumas*, escribe las palabras que usa el autor para crear anticipación de cómo será el final del cuento.

¡CONOZCAMOS AL AUTOR!

Horacio Quiroga (Uruguay, 1878-1937) está considerado como uno de los mejores cuentistas hispanoamericanos. Aunque vivió casi toda su vida en Buenos Aires, la capital de Argentina, también pasó algunos años en el norte de este país, en la selva tropical. De allí nació su interés por la naturaleza, el amor por la belleza y la conciencia del peligro.

UNA OJEADA ¿CIERTO O FALSO?

Echa una ojeada al cuento e indica si las siguientes oraciones son ciertas o falsas.

La protagonista es joven.

Está en el hospital.

Su marido la cuida.

Ella tiene la piel verde.

Su médico es un vampiro.

EL ALMOHADÓN DE PLUMAS°

Su luna de miel° fue un largo escalofrío.° Rubia, angelical y tímida, el carácter duro de su marido heló sus soñadas niñerías de novia. Ella lo quería mucho, sin embargo, aunque a veces con un ligero estremecimiento° cuando volviendo de noche juntos por la calle, echaba una furtiva mirada a la alta estatura de Jordán, mudo desde hacía una hora. Él, por su parte, la amaba profundamente, sin darlo a conocer.

Durante tres meses —se habían casado en abril—, vivieron una dicha° especial. Sin duda hubiera ella deseado menos severidad en ese rígido cielo de amor; más expansiva e incauta ternura°; pero el impasible semblante de su marido la contenía siempre.

La casa en que vivían influía no poco en sus estremecimientos. La blancura del patio silencioso —frisos°, columnas y estatuas de mármol— producía una otoñal impresión de palacio encantado. Dentro, el brillo glacial del estuco, sin el más leve rasguño° en las altas paredes, afirmaba aquella sensación de desapacible° frío. Al cruzar de una pieza a otra, los pasos hallaban eco en toda la casa, como si un largo abandono hubiera sensibilizado su resonancia°.

En ese extraño nido° de amor, Alicia pasó todo el otoño. Había concluido, no obstante, por echar un velo sobre sus antiguos sueños, y aún vivía dormida en la casa hostil, sin querer pensar en nada hasta que llegaba su marido.

No es raro que adelgazara.° Tuvo un ligero ataque de influenza que se arrastró insidiosamente° días y días; Alicia no se reponía nunca. Al fin una tarde pudo salir al jardín apoyada en el brazo de su marido. Miraba indiferente a uno y otro lado. De pronto Jordán, con honda ternura, le pasó muy lento la mano por la cabeza, y Alicia rompió en seguida en

adelgazara *should loose weight*	**hubiera sensibilizado su resonancia**
el almohadón de plumas *feather*	*had made the echos more acute*
pillow	**incauta ternura** *naive tenderness*
desapacible *unpleasant*	**la luna de miel** *honeymoon*
la dicha *happiness*	**el nido** *nest*
el escalofrío *shiver*	**el rasguño** *scratch*
el estremecimiento *shiver*	**rompió... en sollozos** *began sobbing*
los frisos *friezes (architectural feature)*	**se arrastró insidiosamente** *it kept on going*

sollozos°, echándole los brazos al cuello. Lloró largamente todo su espanto callado°, redoblando el llanto a la más leve caricia° de Jordán. Luego los sollozos fueron retardándose, y aún quedó largo rato escondida en su cuello, sin moverse ni pronunciar palabra.

Fue ése el último día que Alicia estuvo levantada. Al día siguiente amaneció desvanecida°. El médico de Jordán la examinó con suma atención, ordenándole calma y descanso absolutos.

— No sé —le dijo a Jordán en la puerta de la calle—. Tiene una gran debilidad° que no me explico. Y sin vómitos, nada... si mañana se despierta como hoy, llámeme en seguida.

Al día siguiente Alicia amanecía peor. Hubo consulta. Constatóse una anemia de marcha agudísima, completamente inexplicable. Alicia no tuvo más desmayos, pero se iba visiblemente a la muerte. Todo el día el dormitorio estaba con las luces prendidas y en pleno silencio. Pasábanse horas sin que se oyera el menor ruido. Alicia dormitaba. Jordán vivía casi en la sala, también con toda la luz encendida. Paseábase sin cesar de un extremo a otro, con incansable obstinación. La alfombra ahogaba° sus pasos. A ratos° entraba en el dormitorio y proseguía su mudo vaivén° a lo largo de la cama, deteniéndose un instante en cada extremo a mirar a su mujer.

Pronto Alicia comenzó a tener alucinaciones, confusas y flotantes al principio, y que descendieron luego a ras de suelo°. La joven, con los ojos desmesuradamente abiertos, no hacía sino mirar la alfombra a uno y otro lado del respaldo de la cama. Una noche quedó de repente con los ojos fijos. Al rato abrió la boca para gritar, y sus narices y labios se perlaron de sudor°.

— ¡Jordán! ¡Jordán! —clamó, rígida de espanto, sin dejar de mirar la alfombra. Jordán corrió al dormitorio, y al verlo aparecer Alicia lanzó un alarido° de horror.

—¡Soy yo, Alicia, soy yo!

Alicia lo miró con extravío°, miró la alfombra, volvió a mirarlo, y después de largo rato de estupefacta confrontación, volvió en sí°.

Sonrió y tomó entre las suyas la mano de su marido, acariciándola° por media hora temblando.

Entre sus alucinaciones más porfiadas, hubo un antropoide° apoyado en la alfombra sobre los dedos, que tenía fijos en ella los ojos.

a ras de suelo *down to the floor*	**la debilidad** *weakness*
a ratos *sometimes*	**el espanto callado** *hushed horror*
acariciándola *stroking it*	**el extravío** *madness*
ahogaba *stifled*	**se perlaron de sudor** *beaded with*
el alarido *cry, shout*	*sweat*
amaneció desvanecida *awoke faint*	**el vaivén** *walking back and forth*
el antropoide *ape-like creature*	**volvió en sí** *came to*
la caricia *caress*	

Los médicos volvieron inútilmente. Había allí delante de ellos una vida que se acababa, desangrándose día a día, hora a hora, sin saber absolutamente cómo. En la última consulta Alicia yacía en estupor mientras ellos la pulsaban, pasándose de uno a otro la muñeca inerte. La observaron largo rato en silencio, y siguieron al comedor.

—Pst... —se encogió de hombros desalentado° el médico de cabecera.— Es un caso inexplicable... Poco hay que hacer...

—¡Sólo eso me faltaba! —resopló Jordán. Y tamborileó° bruscamente sobre la mesa. Alicia fue extinguiéndose en subdelirio de anemia, agravado de tarde, pero que remitía siempre en las primeras horas. Durante el día no avanzaba su enfermedad, pero cada mañana amanecía lívida, en síncope° casi. Parecía que únicamente de noche se le fuera la vida en nuevas oleadas° de sangre. Tenía siempre al despertar la sensación de estar desplomada en la cama con un millón de kilos encima. Desde el tercer día este hundimiento° no la abandonó más. Apenas podía mover la cabeza. No quiso que le tocaran la cama, ni aun que le arreglaran el almohadón. Sus terrores crepusculares° avanzaban ahora en forma de monstruos que se arrastraban hasta la cama, y trepaban dificultosamente por la colcha.°

Perdió luego el conocimiento.° Los dos días finales deliró sin cesar a media voz. Las luces continuaban fúnebremente encendidas en el dormitorio y la sala. En el silencio agónico de la casa no se oía más que el delirio monótono que salía de la cama, y el sordo retumbo° de los eternos pasos de Jordán.

Alicia murió al fin. La sirvienta, cuando entró después a deshacer la cama, sola ya, miró un rato extrañada el almohadón.

—¡Señor! —llamó a Jordán en voz baja.
—En el almohadón hay manchas que parecen de sangre.

Jordán se acercó rápidamente y se dobló sobre aquél. Efectivamente, sobre la funda, a ambos lados del hueco que había dejado la cabeza de Alicia, se veían manchitas oscuras.

los bandós *temples*
los cabellos se le erizaban *his hair stood on end*
chupándole la sangre *sucking her blood*
la colcha *bedspread*
cortó funda y envoltura de un tajo
  slashed open the pillowcase
crepusculares *twilight*
desalentado *discouraged*
el fondo *bottom*
había... vaciado *had drained*
hinchado *swollen*
hundimiento *sinking feeling*
las oleadas *waves*

las patas velludas *hairy legs*
perdió el conocimiento *lost consciousness*
las picaduras *punctures*
la remoción *moving*
el retumbo *thud*
se le pronunciaba *could be seen*
las sienes *temples*
sigilosamente *stealthily*
en síncope *practically unconscious*
tamborileó *drummed his fingers*
la trompa *proboscis, snout*
vertiginosa *rapid*

— Parecen picaduras° —murmuró la sirvienta después de un rato de inmóvil observación.

— Levántelo a la luz —le dijo Jordán.

La sirvienta lo levantó; pero en seguida lo dejó caer, y se quedó mirando a aquél, lívida y temblando. Sin saber por qué, Jordán sintió que los cabellos se le erizaban.°

— ¿Qué hay? —murmuró con la voz ronca.

— Pesa mucho —articuló la sirvienta, sin dejar de temblar.

Jordán lo levantó; pesaba extraordinariamente. Salieron con él, y sobre la mesa del comedor Jordán cortó funda y envoltura de un tajo.° Las plumas superiores volaron, y la sirvienta dio un grito de horror con toda la boca abierta, llevándose las manos crispadas a los bandós.° Sobre el fondo,° entre las plumas, moviendo lentamente las patas° velludas, había un animal monstruoso, una bola viviente y viscosa. Estaba tan hinchado° que apenas se° le pronunciaba la boca.

Noche a noche, desde que Alicia había caído en cama, había aplicado sigilosamente° su boca —su trompa,° mejor dicho— a las sienes° de aquélla, chupándole la sangre.° La picadura era casi imperceptible. La remoción° diaria del almohadón sin duda había impedido al principio su desarrollo; pero desde que la joven no pudo moverse, la succión fue vertiginosa.° En cinco días, en cinco noches, había el monstruo vaciado° a Alicia.

Estos parásitos de las aves, diminutos en el medio habitual, llegan a adquirir en ciertas condiciones proporciones enormes. La sangre humana parece serles particularmente favorable, y no es raro hallarlos en los almohadones de plumas.

¿COMPRENDISTE BIEN?

A. ¿Qué emociones sentiste al leer el cuento?

curiosidad	soledad
miedo	ternura
pasión	tristeza

B. Indica las oraciones del cuento en las que se dan los siguientes detalles:
   1. La descripción física y sicológica de Alicia
   2. La descripción de la casa
   3. Los síntomas de Alicia
   4. La descripción del "animal"

C. ¿Pensaste que Jordán era el culpable de la enfermedad de su esposa?

TE TOCA A TI

- En grupos, van a hacer una película basada en este cuento. Contesten las siguientes preguntas:

1. ¿Qué actores les gustarían para los papeles de Alicia y Jordán?

2. ¿Cómo se imaginan el dormitorio del cuento?

3. En cuanto a los efectos visuales, ¿cómo crearían la imagen del "animal"?

DEPORTE

Tenistas hispanas

Las mujeres hispanas se han destacado° en el tenis desde hace mucho tiempo. En 1927, la española Lili Álvarez fue la número dos en el mundo. En 1936 y 1937, la chilena Anita Lizana ganó el torneo° de Wimbledon. Hoy día hay tres hispanas entre las mejores tenistas del mundo.

Arantxa Sánchez-Vicario (España, 1971) ha ganado dos veces el torneo de Roland Garros y una vez el Open de Estados Unidos. En 1995 llegó a ser la número uno de la clasificación mundial.

Gabriela Sabatini (Argentina, 1969) llegó a ser la tercera mejor jugadora del mundo en 1988. Hoy día está entre las diez mejores. Gaby también ganó el Open de Estados Unidos en 1990 y llegó a la final del torneo de Wimbledon dos veces.

Conchita Martínez (España, 1971) fue la primera española en ganar el torneo de Wimbledon, en 1994. Se encuentra entre las cuatro mejores tenistas del mundo.

¿Has jugado alguna vez al tenis?

¿Te gustaría jugar?

Martínez

Sabatini

Sánchez-Vicario

se han destacado *have excelled*
el torneo *tournament*

SALUD

Frutos° de América

De América provienen muchos frutos que hoy se usan como alimento en todo el mundo. El tomate, la papa, el maíz, los frijoles, las calabazas,° muchas variedades de chiles y el cacao están entre las más importantes. Estos frutos tienen la ventaja de ser altamente nutritivas, requieren una preparación sencilla y son muy sabrosas.°

También provienen de América muchas frutas que hasta hace poco sólo se comían en las regiones tropicales. Gracias a las técnicas nuevas de refrigeración, algunas de estas frutas ahora se pueden conseguir° en los mercados de Estados Unidos y Canadá.

Cuando vayas al mercado fíjate en los estantes de frutas tropicales. Allí encontrarás papayas, piñas, guayabas, chirimoyas y otras más.

¿Has probado alguna de estas frutas tropicales? ¿Te gustó?

MEDICINA

Cirujanos° incas

Los médicos incas demostraron ser magníficos cirujanos. Sabían hacer desde intervenciones "sencillas", como sacar dientes, hasta operaciones más difíciles, como trepanaciones (operaciones de cráneo), que exigen una técnica muy avanzada. En esta operación, abrían el cráneo siguiendo varios métodos de perforación.

Como instrumentos, utilizaban cuchillos de sílex, conchas° de mariscos muy duras y de bordes afilados°, estiletes° y agujas de hueso y metal.

Las trepanaciones se usaban para tratar la epilepsia y curar heridas de la cabeza. Se calcula que el 65% de los operados sobrevivía.

¿Sabes lo que hace un cirujano?

el borde afilado *sharp edge*　　**conseguir** *obtain*　　　　**sabrosas** *delicious*
calabazas *pumpkins*　　　　　**los estiletes** *stylus*
el cirujano *surgeon*　　　　　**exquisita** *delicious*
las conchas *shells*　　　　　　**frutos** *agricultural products*

ESCENAS DE LA VIDA

1. ¡QUE TE MEJORES!

Tu amigo(a) se lastimó el pie. Escríbele una nota y expresa tu preocupación por su salud.

> *Querido Roberto:*
>   *Siento mucho que te lastimaras jugando al fútbol. Ojalá que te mejores pronto... Espero que...*

2. EL SECRETO PARA VIVIR UNA VIDA SANA

¿Sabes cómo vivir una vida sana? Con tu compañero(a) preparen un guión para un documental sobre el secreto para vivir una vida sana.

Hablen de la comida, el ejercicio y las buenas costumbres.

> **Narrador: Para estar sano(a), Ud. debe llevar una dieta equilibrada, comer cereales, leche, fruta, etc. Ud. debe nadar una vez por semana y dormir un buen número de horas todos los días...**

DOCUMENTAL
El secreto
guión de
Miguel Ramos

¿QUÉ SABES AHORA?

¿TE SIENTES MEJOR?

PARA CONVERSAR

Hace varios días que estás enfermo(a) y no vas a la escuela. Tienes que guardar cama una semana más. Tu compañero(a) te llama para preguntarte qué tienes, cómo te sientes y qué dice tu médico(a).

— *¿Cómo estás?*
— *Estoy muy enferma(a). Tengo tos, fiebre y una infección. El(La) médico(a) me ha dicho que...*

PARA ESCRIBIR

Escribe un cuento corto sobre algo extraordinario y sorprendente. Utiliza el método de la prefiguracion para crear anticipación sobre lo que sucede al final del cuento.

PARA DESCRIBIR

Un(a) compañero(a) estuvo enfermo y no pudo ir a clase dos días. Cuéntale lo que sucedió durante su ausencia.

Durante tu ausencia leímos un cuento de Horacio Quiroga en el que la protagonista...

VOCABULARIO TEMÁTICO

Los síntomas y las enfermedades
Symptoms and illnesses

las alergias *allergies*

el dolor de cabeza *headache*

el dolor de garganta *sore throat*

la infección en el oído *ear infection*

la herida *wound*

las náuseas *nausea*

la tos *cough*

Los accidentes *Accidents*

caerse *to fall*

chocar con el coche *to have a car accident*

cortarse *to cut (one's finger, knee, . . .)*

desmayarse *to faint*

golpearse *to hit (one's head, arm, . . .)*

lastimarse *to get injured*

resbalarse *to slip*

romperse *to break (one's arm, leg, . . .)*

torcerse *to sprain*

Remedios y tratamientos
Remedies and treatments

andar con muletas *to walk with crutches*

enyesar *to put a cast on*

guardar cama *to stay in bed*

poner gotas *to put drops*

poner una inyección *to give an injection*

poner puntos *to put stitches*

poner una venda *to put a bandage*

recetar pastillas *to prescribe pills*

recetar un jarabe
to prescribe a cough syrup

sacar radiografías *to take X-rays*

Partes del cuerpo
Parts of the body

el dedo *finger*

la muñeca *wrist*

el ojo *eye*

el oído *(inner) ear*

el pecho *chest*

el tobillo *ankle*

Actividades para estar sano(a) y en forma
Activities to stay healthy and in shape

comer alimentos sanos
to eat healthy food

evitar los antojitos *to avoid snacks*

tener una dieta equilibrada
to have a balanced diet

¿Qué le dices a una(a) amigo(a) que está enfermo(a)?
What do you say to a friend when he/she is ill?

Espero que te recuperes pronto.
I hope that you get well soon.

Me alegro que no sea grave.
I'm glad that it's not serious.

¡Que te mejores! *Get well!*

Siento que te encuentres mal.
I'm sorry that you are not well.

Conozcamos

GUATEMALA, HONDURAS Y EL SALVADOR

Viajar a Guatemala, El Salvador y Honduras puede parecer un sueño, pero algún día puede llegar a ser realidad. Aprende un poco más de estos países. Aquí tienes un poco de información sobre ellos.

DATOS IMPORTANTES

Nombres oficiales:	República de Guatemala; República de Honduras; República de El Salvador
Clima:	Tropical. La época de lluvia es de mayo a noviembre.
Zona horaria:	La misma hora que en la zona central de EE.UU.
Idioma(s):	Español en toda la región Guatemala: lenguas mayas y quichés Honduras: inglés, garifona y miskito en la costa atlántica
Moneda:	Quetzal (Guatemala); Lempira (Honduras); Colón (El Salvador)

SU GENTE

Los centroamericanos son descendientes de indígenas, españoles y africanos.
El 45% de los guatemaltecos, por ejemplo, son de origen indígena.

SU HISTORIA

GUATEMALA

?—1000	1524	1543	1821	1823-39	1838-Presente
Uno de los centros de la civilización maya	El español Pedro de Alvarado empieza la colonización.	Se establece la Capitanía General sobre toda Centroamérica.	Se independiza de España.	Forma parte de las Provincias Unidas de Centroamérica.	Ha sido gobernada por dictaduras, gobiernos militares y gobiernos democráticos.

HONDURAS

?—1000	1497	1543	1821	1824-38	1838-Presente
Uno de los centros de la civilización maya	Los españoles Yáñez Pinzón y Díaz de Solís empiezan la colonización.	Se establece la Capitanía General sobre toda Centroamérica.	Se independiza de España.	Forma parte de las Provincias Unidas de Centroamérica.	Ha sido gobernada por dictaduras, gobiernos militares y gobiernos democráticos.

EL SALVADOR

?—1500	1524	1543	1821	1824-38	1838-Presente
Habitado por frecuentes migraciones de origen maya y náhuatl.	El español Pedro de Alvarado empieza la colonización.	Se establece la Capitanía General sobre toda Centroamérica.	Se independiza de España.	Forma parte de las Provincias Unidas de Centroamérica.	Ha sido gobernada por dictaduras, (1977-79 Guerra Civil), gobiernos militares y gobiernos democráticos.

ADÓNDE IR Y QUÉ VER

GUATEMALA

◉ En la ciudad de **Guatemala,** ve al **Museo Ixchel del Traje Indígena,** y entérate sobre la tradición milenaria de hacer trajes.

◉ En **Antigua** (capital 1543-1776), ciudad de estilo colonial situada al pie del Volcán de Agua, visita la Catedral, el Convento de la Merced, la Iglesia de San Pedro y San Francisco y el Museo Colonial.

◉ En el **lago de Atitlán,** rodeado por 12 pueblos indígenas con mercados de artesanías fantásticos, alójate en **Panajachel,** un pueblo turístico muy pintoresco.

◉ En la selva tropical del **Petén,** visita las misteriosas ruinas de **Tikal,** la antigua ciudad perdida de los mayas.

Usa el Internet para visitar Tikal, la ciudad perdida de los mayas. Haz por escrito una descripción de este lugar, desde el punto de vista del explorador que la descubrió.

125

FIESTAS

◎ En **Semana Santa** en Antigua, hay procesiones con imágenes religiosas y música.

◎ En todo el país se celebra la **Quema del diablo** (7 de diciembre), en la que se hacen grandes fogatas con muebles y objetos que la gente ya no quiere.

◎ **Corpus Christi,** en Panajachel, el jueves después de Semana Santa. Es una celebración católica con mucha influencia de la tradición indígena. Hay teatro en la calle, música y bailes.

Haz una lista de objetos que tirarías en la fogata en la fiesta de la Quema del diablo. Di por qué has seleccionado cada objeto.

COMIDA

◎ **Chiles rellenos** con vegetales y carne

◎ **Tamales** con carne y salsa de tomate

◎ **Mole de plátano** con salsa de chocolate

ACTIVIDADES Y DEPORTES

◎ Si vas a **Atitlán** puedes nadar, tomar el sol, alquilar un bote de pedales o una canoa. También puedes hacer caminatas por las montañas cerca del lago.

◎ En la ciudad de Guatemala puedes ir al teatro (en inglés y español) y a la ópera en el **Teatro Iga.** En el **Conservatorio Nacional de Música** hay conciertos dos jueves al mes.

EL SALVADOR

◎ **San Salvador** es una ciudad con mucho tráfico y gente (El Salvador es uno de los países más densamente poblados del mundo). Ve al **Mercado Ex-Cuartel.** Es enorme y se especializa en artesanías de todo el país. Prepárate a regatear.

◎ Si quieres ver **pueblos pintorescos** y hacer **ecoturismo,** ve a la ciudad de Sonsonate. De allí puedes hacer excursiones de un día a:

* **Nahuizalco,** un pueblo indígena donde venden artesanías muy bonitas

* Las ruinas mayas de Tazumal

Con tu compañero(a), haz un lista de problemas que podría tener la ciudad de San Salvador por estar tan densamente poblada. Luego, toda la clase decida las soluciones posibles.

* El **Parque Nacional Cerro Verde,** con volcanes, un lago, y una gran variedad de flora y fauna silvestre

FIESTAS

◎ Entre los festivales católicos más atractivos están: la **Fiesta de Santa Ana** (en la ciudad de Santa Ana) en julio y las fiestas de Sonsonate en febrero.

◎ La **Feria de Artesanías,** en Nahuizalco (del 18 al 25 de julio) es fantástica.

COMIDA

◎ **Pupusas,** tortillas rellenas de queso, carne o vegetales

◎ **Ostras,** en uno de los restaurantes de la playa en La Libertad.

◎ **Licuados de frutas,** de mango, piña o papaya, con agua o con leche

ACTIVIDADES Y DEPORTES

◎ Puedes hacer caminatas por los senderos del **Parque Nacional Cerro Verde** hasta el pico del volcán Izalco, el volcán **Santa Ana** o el lago de Coatepeque (en un cráter volcánico).

◎ Las playas de **El Salvador** son un lugar ideal para hacer tabla a vela, surf, bucear y nadar.

◎ Uno de los atractivos son las hermosas playas del Pacífico. Hay más de 60 km de playa entre los puertos de **La Libertad** y **Acajutla,** muy cerca de la capital.

Escribe un diálogo entre tú y un vendedor(a) en el Mercado Cuartel. Regatea con él/ella el precio de un regalo que quieres comprar.

HONDURAS

◎ **Tegucigalpa** (en náhuatl, teguz=monte, galpa=plata). Los hondureños la llaman "Tegus". Es una ciudad bonita, con colinas y valles.

* Ve a la **Plaza Morazán,** un parque en el centro de la ciudad.

* Visita la **Iglesia de San Francisco,** construida en el siglo XVI, es la más antigua.

* Ve al **Museo Nacional Villa Roy,** de historia y antropología.

◎ El **Parque Nacional la Tigra** es una selva tropical en las montañas.

◎ Si quieres ver las ruinas mayas y saber más sobre esta misteriosa civilización, visita **Santa Rosa de Copán.**

◎ La costa atlántica tiene playas paradisíacas, desde **Puerto Cortés, la Ceiba** y las **Islas de la Bahía,** hasta **Trujillo.**

FIESTAS

◎ El **Carnaval de La Ceiba** es famoso por sus desfiles, disfraces, música y bailes.

◎ En todo el país se celebran **festivales católicos de santos patronos,** llenos de color y folklore. Algunos son: La Virgen de la Candelaria (2 de febrero), San Marcos (25 de abril) y La Virgen del Tránsito (15 de agosto).

Haz una lista de los platos que aparecen en esta guía, según tu preferencia. Luego di por qué te gustaría probarlos.

COMIDA

◎ **El tapado,** una sopa de pescado con papas, yuca y leche de coco.

◎ **Licuado de guanábana,** jugo de una fruta deliciosa con leche o agua.

ACTIVIDADES Y DEPORTES

◎ La isla de **Rodatán**, en las Islas de Bahía, es un lugar ideal para hacer deportes acuáticos.

◎ Hay muchos parques nacionales donde puedes hacer caminatas, y observar plantas y animales tropicales: **La Tigra, Punta Sal, Punta Izopo,** y los Jardines Botánicos de **Lancetilla y Celaque.**

DÓNDE ALOJARTE

Hoteles:
Normalmente, los hoteles están cerca del centro. Los más baratos no tienen baño en la habitación.

Centros de Obreros:
Son residencias con habitaciones gratis para los viajeros.

Lee la sección, *Dónde Alojarte*. Elige uno de los lugares y di porqué lo has escogido.

MEDIOS DE TRANSPORTE

Avión: Es bastante barato viajar en avión entre los países de América Central.

Autobús: Es el medio de transporte más accesible y barato. Los autobuses entre ciudades pequeñas son eficientes, pero más incómodos.

COMPRAS

◉ En los mercados de los pueblos de Guatemala puedes comprar **huipiles,** unas blusas con bordados.

◉ En El Salvador encontrarás **artesanías de barro y madera, sombreros y canastos.**

◉ **El Mercado de San Isidro,** en Tegucigalpa, es un mercado enorme y lleno de cosas.

◉ En la **Penitenciaría Central** de Tegus, los prisioneros hacen artesanías de madera, instrumentos musicales y hamacas de primera calidad. Puedes comprar estos productos en la tienda de la prisión.

Dibuja una página de un catálogo de artículos de la tienda de la Penitenciaría Central de Tegus. Describe cada uno.

INFORMACIÓN ESPECIAL

◉ Es aconsejable tomar sólo **agua embotellada** y evitar los refrescos con hielo.

◉ Antes de viajar a América Central, es aconsejable **seguir un tratamiento** contra la malaria y **vacunarte** contra el cólera, la fiebre tifoidea y el tétano.

DIRECCIONES Y NÚMEROS DE TELÉFONO IMPORTANTES

Consulados
Guatemala: 57 Park Ave., NY, NY 10016. Tel: (212) 686-3837
El Salvador: 1010 16th St. NW, 3rd fl., Washington, DC 20036.
Tel: (202) 331-4032
Honduras: 1612 K St. #310, NW, Washington, DC 20006.
Tel: (202) 223-0185

Embajadas
Guatemala: 220 R Street, NW, Washington, DC 20008.
Tel: (202) 745-4952
El Salvador: 2308 California St., NW, Washington, DC 20008.
Tel: (202) 265-9671
Honduras: 3007 Tilden St, NW, Washington, DC 20008.
Tel: (202) 966-7702

CAPÍTULO 5

LA BUENA MESA

¡BUEN PROVECHO!

Ésta es mi comida favorita.

Objetivos

COMUNICACIÓN
- las comidas que te gustan y las que no te gustan
- los ingredientes y la preparación de algunos platos

CULTURA
- la oda de un poeta chileno
- las terrazas que construyeron los incas
- el bodegón de un pintor español

VOCABULARIO TEMÁTICO
- qué haces cuando tienes hambre
- los utensilios, especias y condimentos que necesitas para cocinar
- dónde compras la comida y cómo la preparas

ESTRUCTURA
- lo que harías en ciertas circunstancias: el condicional
- cosas y personas: los pronombres de objeto directo e indirecto
- lo que hace la gente en general: el pronombre *se*

LECTURA
- los recuerdos de la niñez de una mujer puertorriqueña

REDACCIÓN
- te toca cocinar. ¿Qué prepararías?
- una lista de platos típicos del mundo hispano
- una descripción del tipo de restaurante que te gustaría tener
- los menús de un proveedor de comida por encargo
- un anuncio para buscar a un cocinero

CONVERSEMOS

¿ERES BUEN(A) COCINERO(A)?

Habla con tu compañero(a).

1 ¿Qué haces cuando tienes hambre?

	Siempre	A veces	Nunca
Abro una lata.	❏	❏	❏
Caliento sobras.	❏	❏	❏
Pido comida por teléfono.	❏	❏	❏
Pongo algo en el horno microondas.	❏	❏	❏
Preparo un sándwich.	❏	❏	❏
Voy a un restaurante.	❏	❏	❏

2 ¿Qué utensilios se necesitan para cocinar?

	Se necesita	No se necesita
un abrelatas	❏	❏
una cacerola	❏	❏
una cuchara	❏	❏
un cuchillo	❏	❏
una rallador	❏	❏
una fuente	❏	❏
una olla	❏	❏
una sartén	❏	❏
una taza	❏	❏
un tenedor	❏	❏

3 ¿Con qué frecuencia compras en estas tiendas?

	Todos los días	A veces	Nunca
una carnicería	❏	❏	❏
una frutería	❏	❏	❏
una heladería	❏	❏	❏
una panadería	❏	❏	❏
una pescadería	❏	❏	❏
una verdulería	❏	❏	❏
una pastelería	❏	❏	❏

4 Tu amigo(a) quiere hacer pasta. ¿Qué condimentos y especias le recomiendas?

	Se lo(la) recomiendo	No se lo(la) recomiendo
el aceite	☐	☐
el ajo	☐	☐
el chile	☐	☐
el cilantro	☐	☐
el limón	☐	☐
la mayonesa	☐	☐
la mostaza	☐	☐
el orégano	☐	☐
la pimienta	☐	☐
la sal	☐	☐
el vinagre	☐	☐

5 Tus amigos te piden ayuda para preparar una cena. ¿Qué harías?

	Sí	No	Tal vez
Aliñaría la ensalada.	☐	☐	☐
Asaría el pollo.	☐	☐	☐
Batiría los huevos.	☐	☐	☐
Cortaría las verduras.	☐	☐	☐
Freiría el pescado.	☐	☐	☐
Herviría las papas.	☐	☐	☐
Mezclaría los ingredientes.	☐	☐	☐
Pelaría la fruta.	☐	☐	☐
Picaría la cebolla.	☐	☐	☐
Rallaría el queso.	☐	☐	☐

REALIDADES

¿TE GUSTARÍA PROBAR LA COMIDA HISPANA?

PERÚ

El cebiche de pescado es una comida típica de la costa peruana. Al pescado crudo se le pone jugo de limón, cebolla picada y especias. ¡Delicioso!

DICHOS Y REFRANES

Hay muchos dichos y refranes en español que hacen referencia al pan: **Es más bueno(a) que el pan**, para decir que una persona es muy buena; y **A buen hambre no hay pan duro**, para decir que cuando tenemos mucha hambre no somos muy exigentes.

COLOMBIA

En algunos países latinoamericanos, la gente come muchos plátanos. Por ejemplo, el arroz con plátano frito es típico de países como Colombia, Venezuela, Cuba y Puerto Rico. Los colombianos también preparan otros platos con plátano.

BOLIVIA

La papa proviene de países andinos, como Perú y Bolivia. Estos dos países tienen la variedad de papas más grande del mundo. Dos platos típicos que se preparan con papas son: el *papañutú* (puré de papa en quechua, el idioma de los incas) y el *papawaykú* (papa con cáscara hervida).

¿SABES QUE...?

El tomate es un alimento americano con mucha aceptación en Europa. En Italia, se usa en platos como la pasta y la pizza. En Estados Unidos, el tomate se introdujo en Louisiana en el año 1812 y se ha hecho muy popular durante el siglo XX.

Y TÚ, ¿QUÉ PIENSAS?

1. Perú tiene una gran variedad de alimentos que provienen del mar. El cebiche peruano es famoso en los países de habla hispana y es muy simple de preparar. ¿Qué alimentos del mar te gustan o te gustaría probar?

2. Los platos preparados con plátanos son populares en Florida y Louisiana. Piensa en otra fruta que se use para cocinar. ¿Cuál es y cómo se cocina?

3. La papa es un alimento americano cultivado en muchas partes del mundo. Hay muchos otros alimentos americanos, como el maíz, el aguacate y el chile. ¿Conoces otros alimentos de origen americano? ¿Cuáles?

PALABRAS EN ACCIÓN

¿ACEITE O VINAGRE?

1 ¡Vamos a cocinar!

Hoy les toca a ustedes hacer la comida. Con tu compañero(a), decide quién va a hacer cada una de las cosas de la lista y los utensilios que van a necesitar para hacerlas.

—*Yo voy a pelar la fruta. Necesito un cuchillo.*
—*Y yo voy a aliñar la ensalada. Necesito...*

1. abrir una lata de maíz

2. aliñar la ensalada

3. asar carne

4. batir huevos

5. calentar las sobras de ayer

6. freír huevos

7. mezclar ingredientes

8. rallar queso

UTENSILIOS		
abrelatas	rallador	sartén
cacerola	fuente	taza
cuchara	olla	tenedor
cuchillo	plato	

2 Mi tienda favorita

¿Qué tiendas hay en tu vecindario? Con tu compañero(a), hablen de las tiendas que les gustan más y de las cosas que pueden comprar en ellas.

carnicería	heladería	pescadería
frutería	panadería	verdulería
pastelería		

— *Mi tienda favorita es la frutería Pereira.*
— *¿Por qué?*
— *Porque tienen los mejores plátanos y naranjas del vecindario.*

3 Alimentos

Con tu compañero(a), hagan una lista de alimentos según las siguientes categorías:

1. alimentos que se rallan   **4.** alimentos que se baten

2. alimentos que se asan   **5.** alimentos que se cortan

3. alimentos que se fríen   **6.** alimentos que se hierven

4 ¿Qué condimentos y especias usas?

Con tu compañero(a), habla de las comidas que les gustan y qué condimentos o especias usan para prepararlas. Usen el vocabulario de las listas.

— *¿Te gusta la ensalada de atún?*
— *Me encanta. ¿Qué condimentos le pones?*
— *Le pongo mayonesa y sal.*

PLATOS

arroz con pollo
ensalada de atún
papas fritas
huevos fritos
arroz con frijoles
puré de papa
plátanos fritos
tacos
espaguetis con
salsa de tomate

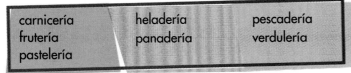

CONDIMENTOS Y ESPECIAS

aceite
ajo
chile
cilantro

limón
mayonesa
mostaza
orégano

pimienta
sal
vinagre

137

¿Le gustaría comer a las 3 de la mañana?
¿Sabe dónde podría comprar las 24 horas del día?

¡SUPERMERCADO RÍO!

Queríamos sorprenderlo y lo hemos hecho.
SUPERMERCADO RÍO, ABIERTO DÍA Y NOCHE

Para describir lo que harías en ciertas circunstancias, usa el condicional.

1. Use the conditional to tell what someone would do or what would happen in situations that have not yet occurred and may not occur. To form the conditional of regular verbs, add the following endings to the infinitive of the verb.

-ía	-íamos
-ías	-íais
-ía	-ían

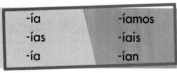

Yo pelaría las cebollas antes de cortarlas.	I would peel the onions before cutting them.

2. The following verbs have irregular stems in the conditional. Note that these verbs have the same irregular stems in the future tense.

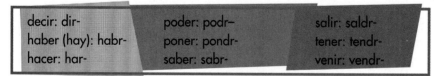

decir: dir-	poder: podr-	salir: saldr-
haber (hay): habr-	poner: pondr-	tener: tendr-
hacer: har-	saber: sabr-	venir: vendr-

Podríamos cenar en un restaurante esta noche. Yo haría la reservación, si quieres.	We could eat at a restaurant tonight. I would make a reservation if you want (me to).

1 ¡Vamos a la tienda!

Es el cumpleaños de tu hermano y quieres hacerle una fiesta. Haz una lista de las cosas que necesitarías y di adónde irías a comprarlas.

Pastel de cumpleaños —> Para comprar el pastel de cumpleaños iría a la pastelería.

1. la carnicería   **4.** la panadería

2. la verdulería   **5.** la pescadería

3. la frutería   **6.** la pastelería

2 Mi negocio

¿Qué clase de tienda de alimentos te gustaría tener? Escoge una de la siguiente lista y di qué nombre le pondrías, el tipo de alimentos que venderías y dónde estaría.

1. una heladería   **4.** un supermercado

2. una panadería   **5.** una tienda de especias

3. una pizzería   **6.** un restaurante de comida rápida

3 De compras en Venezuela

Tu familia ha alquilado una casa en Caracas. Como sólo tú hablas español, te toca comprar comida para la cena con 3.500 bolívares. ¿Qué podrías comprar en los Supermercados Unicasa?

SUPERMERCADOS UNICASA

Papas (kg) .... Bs.* 300	Tallarines (kg) .... Bs. 500
Cebollas (kg) ...... Bs. 400	Pavo (kg).............. Bs. 1,500
Yuca (kg) .... Bs. 80	Gallina (kg) .... Bs. 800
Huevos (docena).. Bs. 180	Galletas María (cajita).. Bs. 300
Aceite (litro)....... Bs. 950	Refrescos (unidad) ..... Bs. 175

*Bs. = Bolívares

El Marqués
Res. El Marqués
Avenida Sanz

Montalbán
4 Etapa 2 Av.
C.C. Caracas

Santa Lucía
Calle Dr. Espejo
Nº 60

RESTAURANTES

¡Mi Cocina!
Calle Central, tel. 532 00 14

Mi Cocina ofrece platos mexicanos auténticos, de alta calidad y a muy buen precio. Su ambiente es juvenil y los meseros son amables. Se lo recomendamos, amigo(a) lector(a). A quienes les gusta la comida picante, les recomendamos el pavo con mole poblano y las enchiladas verdes. También hay platos sin picante para aquellos que así lo prefieren.

Para hablar de cosas y personas, usa los pronombres de objeto directo e indirecto.

1. When you use a direct and an indirect object pronoun in the same sentence, you place the indirect object pronoun before the direct object pronoun.

   — *Papá, ¿me das la sal?*   Dad, will you give me the salt?
   — *Sí, te la doy.*   Yes, I'll give it to you.

   Note that both pronouns come before the conjugated verb.

   — *¿Me lees esta receta?*
   — *Sí, te la leo.*

2. The indirect object pronouns *le* and *les*, change to *se* when they precede the direct object pronouns *lo*, *la*, *los*, *las*.

   — *Mesero, ¿le trae un vaso de leche a mi hijo?*   Waiter, can you bring a glass of milk to my son?
   — *Sí, se lo traigo ahora mismo.*   Yes, I'll bring it to him right away.

3. Attach both pronouns: first the indirect one, then the direct one to infinitives, affirmative commands, and present participles.

   — *Mesero, quiero ver el menú.*   — Waiter, I want to see the menu.
      Tráigamelo, por favor.   Please bring it to me.
   — *Voy a traérselo.*   — I'll bring it to you.
      Estoy trayéndoselo ahorita.   I'm bringing it to you right away.

4. These are the direct and indirect object pronouns.

Direct		Indirect	
me	nos	me	nos
te	os	te	os
lo, la	los, las	le (se)	les (se)

1 Restaurantes para todos los gustos

Estás en Santiago de Chile. Con tu compañero(a), miren los anuncios de estos restaurantes y digan si los recomiendan o no.

> Elena es vegetariana. [Restaurante Don Patricio]
> — ¿Le recomiendas a Elena el restaurante Don Patricio?
> — No se lo recomiendo porque este restaurante se especializa en carnes.

1. A Carolina le encanta la pasta. [Rica Pasta]

2. Manuel y Verónica quieren comer empanadas chilenas. [La Buena Mesa]

3. Gabriel quiere comer bistec. [Restaurante Don Patricio]

2 ¡Mesero!

Con tu compañero(a), hagan los papeles de mesero(a) y cliente en un restaurante. El/La cliente escoge uno de los siguientes platos y el/la mesero(a) le pregunta cómo quiere que se lo prepare.

> Cliente: ¿Me trae una carne a la parrilla, por favor?
> Mesero(a): ¡Cómo no! ¿Cómo se la preparamos?
> Cliente: Tráigamela bien cocinada, por favor.

1. carne a la parrilla, ¿bien hecha?

2. una hamburguesa, ¿con queso?

3. pollo, ¿frito o asado?

4. un sándwich de atún, ¿con cebolla?

5. tacos de pollo, ¿con salsa picante?

3 Crítica de restaurante

Escribe la crítica de un restaurante que ya conoces. Habla de los platos que te gustan, el servicio, la calidad de la comida, etc. Puedes usar la crítica de "Mi Cocina" como referencia.

141

FLAN DE PIÑA

Para hacer el caramelo

Ingredientes:

1/2 taza de azúcar
1 cucharada de agua

Preparación:

Se mezcla el agua con el azúcar y se deja hervir en el molde durante unos minutos. Cuando tiene color de caramelo, se cubre el molde.

Ojo: el azúcar se pone muy caliente y puede quemar a los estudiantes.

Para hacer el flan

Ingredientes:

1 1/2 tazas de jugo de piña (en lata)
2/3 de taza de azúcar
6 huevos

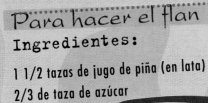

Preparación:

1. Se hierven el jugo de piña y el azúcar en una olla, de 5 a 10 minutos, y después se deja enfriar la mezcla.
2. Se baten los huevos y poco a poco se agregan a la mezcla.
3. Se pone la mezcla en el molde, se coloca el molde al baño María y se pone al horno a 325 °F durante 50 ó 60 minutos.
4. Se saca el molde del horno, se deja enfriar un poco y se pone en el refrigerador.

Para hablar de lo que hace la gente en general, usa el pronombre *se*.

1. To make a general statement about something without naming a specific subject, use *se* and the *él* or *ellos* form of the verb.

En este mercado se vende fruta.   **They sell fruit in this market.**

2. If the noun is plural, you must use a plural verb form.

En este mercado se venden frutas y verduras.

Fruits and vegetables are sold in this market.

1 Programa de cocina

Eres el(la) presentador(a) de un programa de cocina de televisión y vas a enseñar cómo se prepara la ensalada de aguacate y tomate. Completa la siguiente receta usando la forma impersonal.

INGREDIENTES

3 aguacates	perejil picado	vinagre
3 tomates pelados	sal y pimienta	aceite
1 cebolla picada	lechuga	chile en polvo

PREPARACIÓN

1. ___ (mezclar) el aceite, el vinagre, la pimienta, la sal y el chile.

2. ___ (pelar) los aguacates y ___ (cortarlos) en pedazos gruesos.

3. ___ (cortar) los tomates en pedazos.

4. ___ (poner) los pedazos de aguacate y los tomates sobre la lechuga y

   ___ (echar) el perejil y la cebolla picada.

5. ___ (servir) con la salsa de aceite y vinagre.

PARA TU REFERENCIA

agregar *to add*
colocar *to place*
gruesos *thick*
los pedazos *pieces*
polvo *powder*

2 Recetas del futuro

¿Qué crees que va a comer la gente del futuro? Con tu compañero(a), piensa en un plato. Expliquen a la clase cómo se prepara y qué ingredientes y utensilios se necesitan.

3 ¿Cómo se pone la mesa?

Habla con tu compañero(a) de cómo se pone la mesa. Usen el dibujo y el vocabulario siguiente como guía.

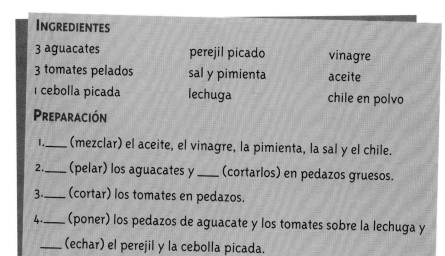

cuchara	mantel	tenedor
cucharita	plato	vaso
cuchillo	servilleta	

El cuchillo y las cucharas se ponen a la derecha del plato.

143

¿QUÉ ALIMENTOS TE GUSTABAN?

Los recuerdos de nuestra niñez están muchas veces ligados a la comida.

- ¿Qué alimentos recuerdas de tu niñez?
- ¿Te gustaban esos alimentos?
- ¿Qué recuerdos tienes cuando piensas en esos alimentos?

NOTA CULTURAL   LA AUTOBIOGRAFÍA

Varias escritoras latinas han escrito relatos autobiográficos sobre cómo es crecer y vivir en Estados Unidos. De acuerdo a estas escritoras, es como si uno estuviera en dos mundos a la vez. Un mundo es el afectivo, el de la casa, donde se habla español y se vive la cultura hispana. El otro es el mundo del trabajo, el de la calle, donde se habla inglés y se vive la cultura anglosajona. Se destacan cinco autoras: la cubana Cristina García con el libro *Soñar en cubano*, la dominicana Julia Álvarez que ha escrito *How the Garcia Sisters Lost Their Accent*, la puertorriqueña Esmeralda Santiago con su obra *Cuando era puertorriqueña*, y las mexicanas Denise Chávez que ha escrito *Face of the Angel* y Sandra Cisneros con su obra *La casa en Mango Street*.

PALABRAS Y CONTEXTO

En el relato que vas a leer hay varias palabras que no conoces. ¡No importa! No tienes que saber todas las palabras para poder comprender una lectura. Al leer, no mires palabra por palabra, mira grupos de palabras. Es posible que una palabra te ayude a comprender las otras.

¡CONOZCAMOS A LA AUTORA!

Esmeralda Santiago (Puerto Rico, 1948). Nacida en Puerto Rico, se mudó a Nueva York de niña. Se graduó en la Universidad de Harvard. Ha escrito artículos para varios periódicos y revistas norteamericanos. *Cuando era puertorriqueña* es su primer libro.

UNA OJEADA ¿FRUTA O VERDURA?

En este cuento la autora habla de la guayaba, uno de los alimentos favoritos de su niñez. Si no eres de la región del Caribe, probablemente no sabes qué es una guayaba. Echa una ojeada rápida a la lectura y determina si la guayaba es una fruta o una verdura.

CÓMO SE COME UNA

guayaba

Venden guayabas en el Shop & Save. Elijo° una del tamaño de una bola de tenis y acaricio su tallo espinoso,° su familiar textura nudosa° y dura. Esta guayaba no está lo suficientemente madura;° la cáscara° está muy verde. La huelo° y me imagino un interior rosado pálido, las semillitas° bien incrustadas en la pulpa.

La guayaba madura es amarilla, aunque algunas variedades tienen un tinte rosado. La cáscara es gruesa, dura y dulce. Su corazón es de un rosado vivo, lleno de semillas. La parte más deliciosa de la guayaba está alrededor de las semillitas. Si no sabes cómo comerte una guayaba, se te llenan los entredientes de semillas.

Cuando muerdes una guayaba madura, tus dientes deben apretar la superficie° nudosa y hundirse° en la gruesa cáscara comestible sin tocar el centro. Se necesita experiencia para hacer esto, ya que es difícil determinar cuánto más allá de la cáscara quedan las semillitas.

En ciertos años, cuando las lluvias han sido copiosas° y las noches frescas, es posible hundir el diente dentro de una guayaba y no encontrar muchas semillas. Los palos° de guayaba se doblan° hacia la tierra, sus ramas° cargadas de frutas verdes, luego amarillas, que parecen madurar de la noche a la mañana. Estas guayabas son grandes y jugosas, con pocas semillas, invitándonos a comer una más, sólo una más, porque el año que viene quizás no vendrán las lluvias.

Cuando niños, nunca esperábamos a que la guayaba se madurara. Atacábamos los palos en cuanto el peso° de las frutas arqueaba las ramas hacia la tierra.

Una guayaba verde es agria y dura. Se muerde en la parte más ancha, porque así no se resbalan° los dientes contra la cáscara. Al hincar el diente dentro de una guayaba verde, oirás la cáscara, pulpa y semillitas crujiendo° dentro de tu cerebro,° y chorritos° agrios estallarán en tu boca.

acaricio su tallo espinoso *(I) caress its spiny stem*	**copiosas** *abundant*	**madura** *ripe*
apretar la superficie *grasp the surface*	**crujiendo** *crunching*	**nudosa** *knotty*
	elijo *(I) choose*	**los palos** *the trees*
la cáscara *skin*	**en cuanto el peso** *about the weight*	**las ramas** *branches*
el cerebro *brain*	**huelo** *(I) smell*	**se doblan** *(they) bend*
los chorritos *gushes*	**hundirse** *sink in*	**se resbalan** *(they) slip*
		las semillitas *little seeds*

Descoyuntarás tu faz° en muecas,° lagrimearán° tus ojos, tus mejillas desaparecerán, a la vez que tus labios se fruncirán en una O. Pero te comes otra, y luego otra más, deleitándote° en el sonido crujiente, el sabor ácido, la sensación arenosa° del centro agraz.° Esa noche, Mami te hace tomar aceite de castor,° el cual ella dice que sabe° mejor que una guayaba verde. Entonces sabes de seguro que tú eres niña, y que ella ya dejó° de serlo.

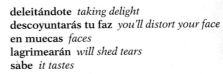

el aceite de castor *castor oil*
agraz *unripe*
arenosa *grainy*
dejó de *stopped*

deleitándote *taking delight*
descoyuntarás tu faz *you'll distort your face*
en muecas *faces*
lagrimearán *will shed tears*
sabe *it tastes*

147

Comí mi última guayaba el día que nos fuimos de
Puerto Rico. Era una guayaba grande, jugosa, la pulpa
casi roja, de olor tan intenso que no me la quería
comer por no perder el aroma que quizás jamás
volvería a capturar. Camino al aeropuerto, raspaba
la cáscara de la guayaba con los dientes
masticando° pedacitos, enrollando en mi lengua
los granitos dulces y aromáticos.

Hoy me encuentro parada° al frente de
una torre° de guayabas verdes, cada
una perfectamente redonda y dura,
cada una $1.59. La que tengo en la
mano, me seduce. Huele a las tardes
luminosas de mi niñez, a los largos
días de verano antes de que
empezaran las clases, a niñas mano en
mano cantando "ambos y dos matarile
rile rile." Pero es otoño en Nueva York, y
hace tiempo dejé de ser niña.

Devuelvo la guayaba al abrazo de sus
hermanas bajo las penetrantes luces
fluorescentes del mostrador°
decorado con frutas exóticas.
Empujo mi carrito° en la dirección
opuesta, hacia las manzanas y
peras de mi vida adulta, su
previsible madurez olvidable y
agridulce.°

¿COMPRENDISTE BIEN?

A. Esta lectura tiene diez párrafos.
Indica qué oración representa la
idea principal de cada párrafo.

   1. La autora se muda a Nueva
   York.

   2. Cómo se come una guayaba
   madura.

   3. La autora examina una guayaba verde
   en un mercado de Nueva York.

   4. Ella describe la sensación que le daba
   comer una guayaba verde.

el carrito *grocery cart*   **parada** *standing*
masticando *chewing*   **olvidable y agridulce** *forgettable and bittersweet*
el mostrador *stand*   **la torre** *tower*

5. Decide no comprar las guayabas del mercado.

6. Habla de cómo eran las guayabas en una época de lluvia.

7. Habla de cómo conseguía guayabas cuando era niña.

8. La autora describe el interior de una guayaba.

9. La autora recuerda cómo de niña se divertía cantando con sus amigas.

10. Habla de una ocasión en que comió demasiadas guayabas y tuvo que tomar una medicina.

B. Indica cuáles oraciones contienen la siguiente información.

1. la descripción del exterior de una guayaba

2. la descripción del interior de esta fruta

3. su sabor

4. la mejor manera de comerse una guayaba

5. la reacción de una persona cuando come una guayaba verde

C. Busca en el cuento palabras que describen los siguientes aspectos de la guayaba. Luego, usa esas palabras para describir otros alimentos que conoces.

1. el color

2. el aroma

3. el sabor

4. la apariencia

El color —> La guayaba madura es amarilla. Los limones también son amarillos...

D. Al final de la lectura, la autora compara sus recuerdos infantiles con su vida adulta en Nueva York. ¿Puedes encontrar esa referencia? ¿Te parece que ella era más feliz de niña que de adulta? ¿Por qué?

TE TOCA A TI

• ¿Tienes una comida favorita? Describe su aspecto, la manera de comerla y un recuerdo que tienes de ella, en dos o tres párrafos. Usa el cuento como modelo.

• Tu familia va a vivir por un tiempo en otro país. ¿Qué alimentos o comidas de Estados Unidos echarás de menos?

LITERATURA

Oda a la papa (fragmento)

Muchos escritores han usado los alimentos como tema de sus obras. Pablo Neruda (Chile, 1926-1973), ganador del premio Nobel de Literatura, en sus *Odas elementales* (1954-1975), canta al pan, al tomate, a la cebolla, a la papa... En su "Oda a la papa" Neruda habla de que la papa es de origen americano, no español.

PAPA,
te llamas,
papa
y no patata, no naciste con
barba,°
no eres castellana:
eres oscura
como
nuestra piel,
somos americanos
papa,
somos indios.
Profunda
y suave eres,
pulpa° pura, purísima

rosa blanca
enterrada,°
floreces°
allá adentro
en la tierra,
en tu lluviosa
tierra
originaria,
en las islas mojadas
de Chile tempestuoso,
en Chiloé marino,
en medio de la esmeralda que
abre
su luz verde
sobre el austral océano.

¿Podrías hacer una poesía a la comida que más te gusta?

aprovechar *to take advantage of*
barba *beard*
enterrada *buried*
floreces *it blooms*
la gota *drop*
las laderas *mountainsides*
la naturaleza muerta *still life*

pulpa *pulp*
rellenaban *(they) filled*
el Renacimiento *Renaissance*
resaltar *to bring out*
el riego *irrigation*
se puso de moda *(it) became fashionable*

ARTE

El bodegón

Un bodegón (o "naturaleza muerta°") es una pintura en la que se representan alimentos. Es importante resaltar° la forma, color y textura de las frutas y verduras, y la disposición de los elementos en el cuadro.

El bodegón comenzó a pintarse durante el Renacimiento.° La clase media deseaba decorar sus casas con objetos de arte y este tipo de pintura se puso de moda°.

Algunos pintores hispanos del siglo XX que han pintado bodegones son: Pablo Picasso, Juan Gris, Frida Kahlo y Fernando Botero.

En esta foto vemos un bodegón del pintor español Juan Gris. Esta obra se llama *Naturaleza muerta*.

¿Conoces alguna otra pintura de Juan Gris? ¿Te gusta?

AGRICULTURA

Las terrazas de Machu Picchu

Al ver una fotografía de Machu Picchu (Perú), sorprenden sus laderas° cortadas en forma de escalera. Estas terrazas fueron construidas por los incas para cultivar en los terrenos inclinados, que abundan en los Andes. Los incas construían muros de piedra, que después rellenaban° de tierra que traían del fondo de los valles. También inventaron un sistema de riego° que permitía aprovechar° el agua al máximo. El agua bajaba desde las terrazas superiores a las inferiores, sin que de esta forma se perdiera una sola gota.° El sistema de terrazas era tan eficiente como los métodos agrícolas modernos.

¿Has trabajado la tierra alguna vez? ¿En el campo? ¿En un jardín?

¿Qué comemos hoy?

1. ESTA SEMANA COMEMOS...

¿Te gustaría decidir qué van a comer esta semana en tu casa? Ahora tienes la oportunidad de hacerlo. Copia la tabla de abajo y escribe los platos que van a comer cada día. Después haz una lista de las cosas que tendrían que comprar para prepararlos.

	lunes	martes	miércoles	jueves	viernes	sábado	domingo
desayuno							
almuerzo							
cena							

2. PLATOS TÍPICOS DEL PAÍS

Con tu compañero(a), escojan un país hispano y busquen información sobre tres de sus platos típicos. Hagan una lista con los nombres de los platos, sus ingredientes y una pequeña explicación de cómo se preparan. Después muestren su lista a la clase.

3. MI RESTAURANTE

¿Has pensado en tener un restaurante? Explica qué tipo de restaurante sería: el menú que se serviría, los precios, el lugar, la decoración y el ambiente.

4. COMIDA POR ENCARGO

Eres un(a) proveedor(a) de comida por encargo°. Escribe a tus clientes indicando los platos que servirías en cada una de las siguientes ocasiones:

1. una fiesta de graduación

2. una fiesta para jóvenes

3. una fiesta de Navidad

4. una boda

el/la proveedor(a) de comida
  por encargo *caterer*

PRIMEROS PLATOS

Ensalada mixta

Ensalada de papa

Cebiche

Sopa del día

CARNES

Bistec con papas

Bistec a la pimienta

Pollo al horno

Pollo frito

PESCADOS

Pescado del día

Calamares con salsa

Atún al horno

POSTRES

Flan

Gelatina con frutas

Ensalada de frutas

Helado

¿QUÉ SABES AHORA?

¿TE GUSTARÍA TENER UN(A) COCINERO(A)?

PARA CONVERSAR

Tu compañero(a) y tú están comiendo en un restaurante. Tu compañero(a) es vegetariano(a) y tú prefieres la comida picante. Hablen sobre los platos que les gustaría comer.

> — *Me gustaría comer una ensalada de verduras y un pastel. ¿Y a ti?*
> — *Yo quiero arroz con frijoles, unos tacos de carne con salsa picante y pastel de chocolate.*

PARA ESCRIBIR

¿Te gustaría emplear a un(a) cocinero(a)? ¡Ahora tienes la oportunidad de buscarlo(a)! Escribe un anuncio en el periódico.

> *Se busca cocinero(a). Debe saber cocinar platos típicos mexicanos. Horario: martes, miércoles y jueves, de 4 de la tarde a 12 de la noche. También debe hacer las compras los sábados. Sueldo: 700 colones la hora.*

PARA DESCRIBIR

¿Recuerdas algo cómico o interesante qué pasó cuando comías en un restaurante o en tu casa? Haz una descripción detallada de lo que pasó. Usa las siguientes preguntas como guía.

- ¿Dónde estabas?

- ¿Cuándo fue?

- ¿Con quiénes estabas?

- ¿Era una ocasión especial?

- ¿Qué comida había?

- ¿Qué pasó?

- ¿Cómo reaccionó la gente?

VOCABULARIO TEMÁTICO

Cuando tienes hambre puedes...
When you are hungry you can . . .

abrir una lata *to open a food can*
calentar sobras *to warm leftovers*
pedir comida por teléfono
 to order some food by phone
poner algo en el horno microondas
 to put something in the microwave
preparar un sándwich
 to prepare a sandwich

Utensilios para cocinar
Cooking utensils

el abrelatas *can opener*
la cacerola *pot*
la cucharita *teaspoon*
el rallador *grater*
la fuente *serving dish*

Tiendas de alimentos
Food stores

la carnicería *meat market*
la frutería *fruit market*
la heladería *ice cream parlor*
la panadería *bakery*
la pastelería *pastry shop*
la pescadería *fish market*
la verdulería *vegetable market*

Condimentos y especias
Condiments and spices

el ajo *garlic*
el chile *chili*
el cilantro *cilantro*
el limón *lemon*
la mayonesa *mayonnaise*
la mostaza *mustard*
el orégano *oregano*
la pimienta *pepper*

Preparación de la comida
Food preparation

aliñar la ensalada
 to dress the salad
batir huevos *to beat eggs*
mezclar ingredientes
 to mix ingredients
pelar *to peel*
picar *to chop*
rallar *to grate*

NICARAGUA, COSTA RICA Y PANAMÁ

Un viaje a Nicaragua, Costa Rica y Panamá sería maravilloso. Tal vez sea muy pronto. Aquí tienes un poco de información para saber más sobre estos países tan ricos en cultura y belleza natural.

DATOS IMPORTANTES

Nombre oficial:	República de Nicaragua, República de Costa Rica, República de Panamá
Clima:	Tropical. La época de lluvia es de mayo a noviembre y la seca de diciembre a abril (aprox.).
Zona horaria:	La misma que la zona central de EE.UU.
Idioma(s):	Español en toda la región. Nicaragua: inglés, miskito, Sumo y Rama en la costa atlántica. Costa Rica y Panamá: inglés en la costa atlántica.
Moneda:	Córdoba (Nicaragua), colón (Costa Rica), balboa (Panamá)

Los centroamericanos son descendientes de indígenas, españoles y africanos.

El lago de Nicaragua tiene un nombre indígena. Búscalo en la enciclopedia.

SU HISTORIA

NICARAGUA

?—1500	1522	1821	1824-38	1839-Presente
Habitada por pueblos heterogéneos de las culturas chorotegas del sur y las náhuatl del norte.	El español Francisco Hernández de Córdoba inicia la colonización y funda las ciudades de León y Granada.	Se independiza de España.	Forma parte de las Provincias Unidas de Centroamérica.	Ha sido gobernada desde su independencia por dictaduras y gobiernos militares, y desde 1990, por gobiernos democráticos.

COSTA RICA

?—1500	1524	1821	1824-38	1838-Presente
Habitada por pueblos chorotegas y diquís.	El español Fernando Fernández de Córdoba inicia la conquista.	Se independiza de España.	Forma parte de las Provincias Unidas de Centroamérica.	Ha sido gobernada por gobiernos democráticos desde su independencia.

PANAMA

?—1500	1501-02	1821	1902	1902-Presente
Habitado por los pueblos indígenas chocó y chibchas.	Empiezan las primeras exploraciones españolas.	Se independiza de España y se integra a la República de Colombia.	El gobierno acuerda con Estados Unidos la construcción del Canal de Panamá. Estados Unidos toma control de la zona del canal.	Ha sido gobernado por dictaduras y gobiernos militares, y a partir de la década de los 90, por gobiernos democráticos.

ADÓNDE IR Y QUÉ VER

NICARAGUA

◎ **Managua**, destruida por un terremoto en 1972, es hoy una ciudad ruidosa y extraña. Visita las ruinas de la Catedral, el Museo Nacional y el lago **Xolotlán**.

◎ En **Granada** está el **Lago de Nicaragua**, el único lago del mundo que tiene tiburones de agua dulce. Toma un bote para visitar la **Isla de Zapatera**, un lugar sagrado de los indígenas de la región.

◎ Explora el **Volcán Cosigüina**. La laguna del cráter es de agua caliente y la flora y la fauna están sin tocar.

◎ **Bluefields** es la ciudad con el puerto más importante en la costa atlántica. Fue fundada en el siglo XVI por el pirata holandés Blauvelt. Aquí viven diferentes razas y culturas: creole, miskito, rama y garifona.

FIESTAS

◉ En **Semana Santa** hay procesiones y presentaciones teatrales de la pasión de Cristo. Las más interesantes son las de Rivas y Masaya por su gran influencia indígena.

◉ En todo el país se celebra **la Purísima** (7 de diciembre). Las familias le hacen altares a la virgen. La gente los visita y le canta a la virgen.

Compara la celebración de Semana Santa en Nicaragua con una fiesta que tú celebras.

COMIDA

◉ **Nacatamal,** masa de maíz con carne y verduras envuelto en hojas de plátano

◉ **Vigorón,** yuca cocida, chicharrón (pork skin) y ensalada de tomate con chile

◉ **Pozol tiste o chicha,** refrescos hechos de maíz

¿Qué características personales debe tener una persona que va a descender al crater volcánico del Cosigüina?

ACTIVIDADES Y DEPORTES

◉ El lago de Nicaragua es ideal para hacer **esquí acuático.**

◉ ¿Crees que puedes bajar a un cráter con sólo tus brazos y un lazo? Entonces, prepárate para una aventura en el **volcán Cosigüina.**

◉ Si vas a Bluefields puedes **bailar** toda la noche. La ciudad entera vibra con reggae, merengue y salsa.

COSTA RICA

◉ **San José** es una ciudad ideal para quedarse unos días y, desde allí, hacer viajes al Atlántico o al Pacífico. Está en el centro del país.

◉ Uno de los atractivos de este país son sus hermosas **playas** y **parques nacionales.** En el Pacífico están las playas de Jacó y Playa Hermosa, el Parque Nacional Manuel Antonio y Montezuma, y los volcanes Poás, Irazú y Arenal. En el Atlántico están las montañas de selva tropical Braulio Carrillo, con sus ríos y lagunas, y las playas de Tortuguero y Puerto Viejo.

FIESTAS

◉ El festival de la **Virgen de los Ángeles,** el 2 de agosto, es muy interesante. Hay peregrinaciones a pie que vienen de todo el país hasta la ciudad de Cartago, donde está la basílica.

COMIDA

◎ El **Casado** es un plato de arroz, frijoles, carne y verduras. Las tortillas vienen con el casado. ¡Es muy barato!

◎ El **rondón,** en la costa atlántica, es una sopa de carne o de mariscos con verduras y leche de coco.

◎ Los **licuados de frutas** son riquísimos, especialmente en el Mercado Central, en San José.

ACTIVIDADES Y DEPORTES

◎ Ve a conciertos al **Teatro Nacional** o a obras de teatro en uno de los muchos teatros experimentales de San José.

◎ En las playas de Costa Rica puedes hacer todos los **deportes acuáticos** que quieras. Y en los ríos, puedes navegar los rápidos en balsa.

◎ Los parques nacionales son ideales para **hacer caminatas** y ver la flora y fauna silvestre.

En Alajuela, Costa Rica, hay una granja de mariposas con más de 500 variedades. Describe cómo crees que sería una visita a este lugar.

PANAMÁ

◎ **Panamá** es un lugar muy importante porque es el puente entre dos océanos. En la ciudad de **Panamá,** uno de los mayores atractivos son los autobuses públicos. Están decorados con figuras de colores. Además, llevan equipos de sonido y ponen la música a todo volumen.

◎ Ve al **Casco Viejo de Panamá.** Visita la Iglesia y **Convento de Sto. Domingo** (1673) y camina por el **Paseo las Bóvedas,** de donde puedes admirar el Océano Pacífico.

◎ Por supuesto que tienes que ir al **Canal de Panamá** y ver cómo se abren las reclusas para que pasen los trasatlánticos.

FIESTAS

◎ La época de **carnaval** es en febrero. Todo el país, especialmente en la costa atlántica, está de fiesta.

◎ Las oficinas de turismo tienen información sobre todos los festivales. Pregunta por el festival del **Cristo Negro de Portobelo.**

¿Por qué crees que es tan importante el Canal de Panama? Escríbelo.

COMIDA

◎ El **sancocho,** un cocido de pollo con maíz, papas y cebollas.

◎ **Mariscos:** Con los dos océanos tan cerca, los mariscos son la comida ideal.

ACTIVIDADES Y DEPORTES

◎ **Portobelo** es fantástico para bucear porque las playas están muy cerca de los arrecifes (reefs). También puedes esquiar y alquilar botes, tanques y jet skis.

◎ El **Canal de Panamá** (50 m. de largo) es una de las grandes obras de ingeniería del mundo. Es recomendable tomar un tour por el canal por la información histórica y tecnológica que te puede dar el guía.

DÓNDE ALOJARTE

Hoteles: Normalmente los hoteles están cerca del centro. Los más baratos no tienen baño en la habitación. Pide que te muestren la habitación antes de aceptarla.

Albergues: En Costa Rica hay muchos albergues juveniles. Son muy baratos e ideales para estudiantes con poco dinero.

COMPRAS

◎ Ve al **Mercado Huembes** en **Managua**. Es enorme y venden de todo, desde un radio y joyas de coral negro, hasta cerámica pintada.

◎ En **Costa Rica** puedes encontrar muchas tiendas de artesanías de madera, de cuero, y joyería de oro y plata.

◎ Visita el pueblo indígena costarricense de **Bri-bri**. Allí encontrarás artesanías muy bonitas.

◎ En **Panamá**, en las islas del Archipiélago de San Blas en el Atlántico, viven los nativos de la tribu Kuna. Ellos hacen las **molas** que son pequeños tapices de muchos colores, hechos a mano.

> Diseña un adorno (un collar, unos pendientes, un broche, anillo o una pulsera) usando materiales de la región. Puede ser hecho de madera, jade, oro, plata, etc.

INFORMACIÓN ESPECIAL

◉ En Costa Rica hay una alternativa para el turismo. Si te interesa el **ecoturismo** puedes trabajar de voluntario o conseguir una posición de interino.

◉ La mayoría de las **tiendas** abren de 8:00 a 12:00 y de 2:00 a 6:00. Los **grandes almacenes** abren de 8:00 a 6:00.

◉ Es aconsejable tomar sólo **agua embotellada** y evitar los refrescos con hielo.

◉ Antes de viajar a América Central, es aconsejable **tomar un tratamiento** contra la malaria y **vacunarte** contra el cólera, la tifoidea y el tétano.

◉ Es mejor llevar **pantalones cortos** en la playa, no en la ciudad.

Con tu compañero(a) averigua lo que hay que hacer para sacar un pasaporte. Haz un diagrama para explicar el proceso a la clase.

DIRECCIONES Y NÚMEROS DE TELÉFONO IMPORTANTES

CONSULADOS

🔲 **Nicaragua:** 820 Second Ave., NY, NY 10017. Tel: (212) 983-1981.

🔲 **Costa Rica:** 2112 S St. NW, Washington, DC, 20008. Tel: (202) 328-6628.

🔲 **Panamá:** 1212 Ave. of the Americas NY, NY 10036. Tel: (212) 840-2450.

EMBAJADAS

🔲 **Nicaragua:** 1627 New Hampshire Ave.,Washington, DC 20009. Tel: (202) 939-6570.

🔲 **Costa Rica:** 2114 S. St. NW, Washington, DC, 20008. Tel: (202) 234-2945.

🔲 **Panamá:** 2862 McGill Terrace, NW, Washington, DC, 20008. Tel: (202) 483-1407.

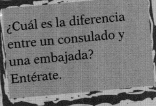

¿Cuál es la diferencia entre un consulado y una embajada? Entérate.

CAPÍTULO 6

DESPUÉS DE GRADUARME

¿QUÉ VOY A HACER?

En la universidad con mis nuevos compañeros.

Objetivos

COMUNICACIÓN
- tus planes para el futuro
- las profesiones que te interesan

CULTURA
- cómo ser futbolista profesional
- quién es Carlos Blanco
- un poema de Roque Dalton

VOCABULARIO TEMÁTICO
- lo que vas a hacer en el futuro
- las profesiones que te interesan

ESTRUCTURA
- lo que otras personas quieren que hagas: el subjuntivo
- propósito, causa, intención y dirección: *por* y *para*
- lo que crees y lo que no crees: el indicativo y el subjuntivo

LECTURA
- un artículo de una revista hispana sobre los trabajos del futuro

REDACCIÓN
- una carta de recomendación para un(a) amigo(a)
- un anuncio para buscar trabajo
- una breve autobiografía
- una carta de agradecimiento

¿QUÉ PLANES TIENES PARA EL FUTURO?

Habla con tu compañero(a).

1 **Cuando te gradúes, ¿qué quieres hacer? ¿Te gustaría...?**

	Sí	No sé	No
ganar mucho dinero	☐	☐	☐
ir a la universidad	☐	☐	☐
elegir una profesión	☐	☐	☐
tener tu propio negocio	☐	☐	☐
trabajar un año y luego estudiar	☐	☐	☐
viajar y conocer el mundo	☐	☐	☐

2 **¿Qué debes hacer antes de matricularte en la universidad?**

	Ya lo hice	Todavía no
averiguar qué cursos se ofrecen	☐	☐
decidir si quieres estudiar cerca o lejos de tu casa	☐	☐
escoger una universidad	☐	☐
pensar en tu situación económica	☐	☐
solicitar una beca	☐	☐
visitar la universidad	☐	☐

3 ¿Qué te gusta hacer?

	Me encanta	No me interesa
atender al público	☐	☐
ayudar a la gente	☐	☐
cocinar	☐	☐
construir cosas	☐	☐
hacer trabajos manuales	☐	☐
trabajar al aire libre	☐	☐
trabajar con animales	☐	☐
trabajar con niños	☐	☐
vender cosas	☐	☐

4 ¿Qué te aconseja tu familia?
Mi familia me aconseja que sea...

	Sí	No
abogado(a)	☐	☐
agricultor(a)	☐	☐
artista	☐	☐
bombero(a)	☐	☐
científico(a)	☐	☐
cocinero(a)	☐	☐
mecánico(a)	☐	☐
médico(a)	☐	☐
militar	☐	☐
modelo	☐	☐
periodista	☐	☐
policía	☐	☐
profesor(a)	☐	☐
programador(a) de computadoras	☐	☐
secretario(a)	☐	☐

5 Para conseguir un trabajo, hay que hacer varias cosas. Organiza esta lista en orden cronológico (1 a 6).

____ averiguar qué empleos hay

____ escoger un trabajo

____ llenar una solicitud

____ pedir una entrevista

____ solicitar el puesto

____ tener en cuenta el horario y el sueldo

REALIDADES

¿QUÉ CARRERA TE ACONSEJA TU FAMILIA?

"Mi papá, que es ingeniero, me dijo: 'Te recomiendo **CHILE** que estudies ingeniería metalúrgica. Aquí en Chile puedes conseguir un buen trabajo y ganar mucho dinero. Tienes que pensar en tu situación económica para el futuro'."

"Mi tía me dio un consejo para después de mi graduación: **ARGENTINA** 'Creo que debes ser agricultor. Argentina es un país importante en la producción de alimentos y sé que te gusta trabajar al aire libre, ¿no?'"

"Mi abuela me dio información sobre la Universidad Nacional Agraria de la Selva. Ella me dijo: 'Te aconsejo que te **PERÚ** matricules en ingeniería forestal o agrónoma. El futuro de Perú está en el uso de los recursos de la selva amazónica'."

Y TÚ, ¿QUÉ PIENSAS?

1. Argentina se especializa en la producción agrícola de trigo y otros granos. ¿Conoces otras profesiones agrícolas? ¿Cuáles?

2. El futuro de un país está en manos de sus profesionales. La ingeniería forestal es una carrera que ayuda al desarrollo de la selva de Perú. ¿Conoces alguna carrera similar?

3. Medicina y derecho son las profesiones que más les gustan a los jóvenes de Perú. ¿Cuáles son las profesiones que más les gustan a tus compañeros(as) de clase?

4. La mayoría de los jóvenes peruanos escogen una carrera porque les gusta. ¿Crees que tus compañeros van a escoger una carrera porque les gusta o por otra razón? ¿Cuáles?

5. Muchos jóvenes escogen carreras que ayudan a la economía de su país. ¿Qué carreras crees que necesita tu país?

DICHOS Y REFRANES

La educación es importante. Los latinoamericanos tienen este dicho: **La educación es la sal de la vida.** ¿Conoces un dicho parecido?

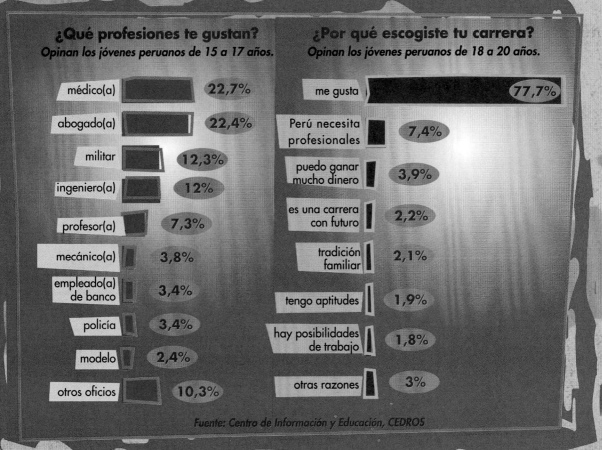

¿Qué profesiones te gustan?
Opinan los jóvenes peruanos de 15 a 17 años.

médico(a)	22,7%
abogado(a)	22,4%
militar	12,3%
ingeniero(a)	12%
profesor(a)	7,3%
mecánico(a)	3,8%
empleado(a) de banco	3,4%
policía	3,4%
modelo	2,4%
otros oficios	10,3%

¿Por qué escogiste tu carrera?
Opinan los jóvenes peruanos de 18 a 20 años.

me gusta	77,7%
Perú necesita profesionales	7,4%
puedo ganar mucho dinero	3,9%
es una carrera con futuro	2,2%
tradición familiar	2,1%
tengo aptitudes	1,9%
hay posibilidades de trabajo	1,8%
otras razones	3%

Fuente: Centro de Información y Educación, CEDROS

PALABRAS EN ACCIÓN

DESPUÉS DE GRADUARME QUIERO...

1 Encuesta

Ordena la siguiente lista según tu preferencia (1 a 6) y entrégasela a tu profesor(a). Él/Ella comparará tus respuestas con las de tus compañeros(as) y hará una gráfica con los resultados. ¿Te sorprenden? Habla de tu reacción a los resultados con la clase.

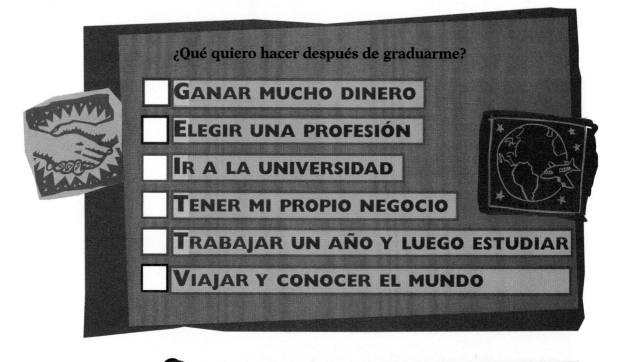

¿Qué quiero hacer después de graduarme?

- ☐ **GANAR MUCHO DINERO**
- ☐ **ELEGIR UNA PROFESIÓN**
- ☐ **IR A LA UNIVERSIDAD**
- ☐ **TENER MI PROPIO NEGOCIO**
- ☐ **TRABAJAR UN AÑO Y LUEGO ESTUDIAR**
- ☐ **VIAJAR Y CONOCER EL MUNDO**

2 ¿Por qué te interesa esta carrera?

Con tu compañero(a), hablen de una carrera o un oficio que les interese. Expliquen por qué prefieren esa profesión, usando las razones de la lista u otras.

— *Quiero ser médico.*
— *¿Por qué?*
— *Por tradición familiar. Mi mamá es médica.*

Hay posibilidades de trabajo.	Tengo aptitudes.
Mi país necesita profesionales.	Por tradición familiar.
Es una carrera con futuro.	Puedo ganar mucho dinero.

Gustos e intereses

Con tu compañero(a), decidan qué trabajo(s) le aconsejarían a una persona que le gusta hacer lo siguiente.

Le gusta ayudar a la gente. —> *Debe estudiar para abogado(a).*

atender al público	trabajar al aire libre
ayudar a la gente	trabajar con animales
cocinar	trabajar con niños
construir cosas	vender cosas
hacer trabajos manuales	

abogado(a)	médico(a)
agricultor(a)	periodista
artista	policía
bombero(a)	profesor(a)
científico(a)	programador(a) de computadoras
cocinero(a)	secretario(a)

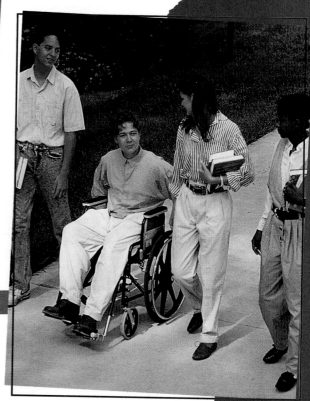

4 Gracias, consejero(a)

Eres consejero(a) en una escuela y un(a) estudiante quiere saber qué hacer antes de matricularse en una universidad. Dale consejos, según el modelo.

— *¿Qué debo hacer antes de matricularme en una universidad?*
— *Debes decidir si quieres estudiar cerca o lejos de tu casa.*

DOMINGO 25 DE SEPTIEMBRE

27

MADRID INUNDADO

La ciudad quedó totalmente colapsada. El Ayuntamiento recomienda a los ciudadanos que no salgan de sus casas.

MAURICIO VIDAL
Madrid (Enviado especial)
Madrid quedó totalmente
colapsado en la tarde de ayer
a consecuencia de

He pensado en qué carrera quiero seguir y he decidido que quiero ser periodista, como mi tío Mauricio, y viajar por todo el mundo. Mi mamá quiere que sea abogada como ella y mi abuela me aconseja que estudie medicina. Mis amigos me dicen que haga lo que quiera. Sí, ¡seré periodista!

Para decir lo que otras personas quieren que hagas, usa el subjuntivo.

1. Use the present subjunctive to say what someone wants, suggests, or recommends that you do.

Mi abuelo insiste en que estudie más.	My grandfather insists that I study more.
Mis amigas quieren que salga con ellas.	My friends want me to go out with them.

2. Use the subjunctive in these instances after the following verbs.

aconsejar	insistir en	querer (ie)
decir	mandar	recomendar (ie)
desear	preferir (ie)	sugerir (ie)

Mi profesora me recomienda que vaya a la universidad.

1 ¡Gracias, amigos!

Necesitas un trabajo pero no sabes cómo encontrarlo. ¿Qué consejos te dan tus amigos? ¿Cuál crees que es el más útil?

> *Ana: "Habla con los padres de tus amigos". —> Ana me recomienda (sugiere, dice) que hable con los padres de mis amigos.*

1. Ana: "Habla con los padres de tus amigos".

2. Daniel: "Pon un anuncio en el periódico".

3. Paloma: "Pregunta en las tiendas del centro".

4. Adrián: "Lee los anuncios del periódico".

2 Te recomendamos que...

Con tu compañero(a), escriban los consejos que les dan a las siguientes personas y luego léanselos a la clase. ¿Quiénes dieron los mejores consejos?

> *a una chica que quiere graduarse —> Te recomendamos que asistas a todas tus clases y que hagas tus tareas.*

1. a una chica que quiere graduarse

2. a un chico que quiere ir a la universidad

3. a una chica que quiere tener su propio negocio

4. a un chico que quiere casarse a los 20 años

3 Consejos útiles

¿Qué consejos les dan tu compañero(a) y tú a estos jóvenes para que alcancen sus metas?

> *Carlos quiere que su mamá le preste el coche el sábado. —> Le recomendamos que se porte bien esta semana.*

1. Carlos quiere que su mamá le preste el coche el sábado.

2. José estudia mucho y quiere pedirle una carta de recomendación a su profesor.

3. A Marisol le gustan mucho las plantas, pero no sabe qué estudiar.

4. Rosa quiere estudiar medicina en el extranjero.

¿Estás preparado para tu primera entrevista de trabajo?

¿Sabes qué debes hacer y decir?
Aquí tienes algunos consejos:

Para causar buena impresión, el aspecto es muy importante; vístete elegante y sencillo. Recuerda, ¡los vaqueros y las camisetas no son para la oficina!

El día de la entrevista levántate temprano para tener tiempo de vestirte y llegar a tiempo.

Sé amable con el/la entrevistador(a). Dale la mano con firmeza y sonríe para mostrar confianza en ti mismo(a).

Demuestra interés por el empleo y la compañía. Pregunta por el horario, cuánto pagan por mes, etc.

Para expresar propósito, causa, intención y dirección, usa *por* y *para*.

1. Use ***para*** to express:

- purpose (in order to): ***Quiero estudiar para sacar buenas notas.***

- for whom or for what an item is intended (for): ***La beca es para ti.***

- deadlines (by, for): ***Es necesario que termines el trabajo para mañana.***

- in the direction of (for, toward): ***Salgo para la oficina en 10 minutos.***

2. Use ***por*** to express:

- periods and duration of time (in, for, during): ***Me reuní con mi supervisor ayer por la tarde.***

- movement through space (through, along, by): ***¿Por qué no paseamos por el parque primero?***

- means (by): ***Manda tu currículum por fax.***

- cause (due to, because of): ***Mi abuelo tuvo que abandonar su puesto por enfermedad.***

- exchange or substitution (for, in place of): ***La secretaria habló por la jefa.***

¿RECUERDAS?

Do not use ***por*** or ***para*** (*for*) with:
buscar (to look for),
esperar (to wait for),
or ***pedir*** (to ask for).

Busco trabajo.

Espero a mi jefe.

Di qué hay que hacer para conseguir trabajo, según
el modelo.

Para conseguir una entrevista, primero debo mandar mi
currículum.

1. conseguir una entrevista
2. cuidar el aspecto
   (ropa, pelo, zapatos, uñas)
3. mostrar que eres honesto(a)
4. causar buena
   impresión

2 **Preparativos**

Eres supervisor(a) de una empresa y vas a entrevistar a varios(as)
candidatos(as) para un puesto. Completa las siguientes preguntas
con *por* o *para*.

1. ¿___ qué le interesa este puesto?

2. ¿Ha trabajado ___ esta compañía antes?

3. ¿Ha hecho este tipo de trabajo antes? ¿Dónde?¿ ___ cuánto
   tiempo?

4. ___ empezar, ¿qué sueldo pide?

5. ¿Me muestra su currículum, ___ favor?

6. ¿Qué aspecto de este trabajo sería el más difícil ___
   Ud.?

7. ¿Preferiría trabajar ___ la tarde o
   ___ la noche?

8. ¿Podría mandarme ___ fax tres
   cartas de recomendación ___ la próxima
   semana?

3 **¡Acción!**

Con tu compañero(a), escojan uno de los siguientes puestos y
hagan los papeles de supervisor(a) y candidato(a). Presenten su
entrevista a la clase, usando las preguntas de la actividad anterior
y otras más.

1. cajero(a) en un supermercado

2. mesero(a)

3. repartidor(a) de pizza

4. salvavidas

5. vendedor(a) en una tienda de videos

¿Qué quieres para tu futuro?

Hemos investigado en qué sueñan los jóvenes, y hemos averiguado cuáles son sus ideales, planes y metas para el futuro. Aquí están algunas de sus respuestas.

"Creo que voy a estudiar arquitectura. Me gustaría viajar por todo el mundo pero dudo que consiga hacerlo, porque cuesta mucho dinero."

**Julieta Levi,
18 años**

"Ante todo, quiero ser feliz. Me gustaría estudiar en el extranjero y tener mi propio negocio. Espero que pueda hacer las dos cosas."

**Roberto Silva,
17 años**

"Sueño con ser ingeniero forestal y trabajar en la selvo. Creo que voy a alcanzar todas mis metas."

**Charles Chen,
16 años**

"Me gustaría hacer algo para mejorar el medio ambiente, que está muy contaminado. El problema es muy grande, pero estoy segura de que puedo ayudar de alguna manera."

**María Rivera,
17 años**

Para decir lo que crees, usa el indicativo. Para decir lo que no crees, usa el subjuntivo.

1. Use the indicative to express what you think or believe to be true.

   Creo que voy a estudiar historia.   I think I'll study history.

2. Use the subjunctive after certain verbs and expressions to express doubt about events and the activities of others.

No estoy segura de que vaya a la graduación.	I'm not sure I'll go to the graduation.
Dudo que gane el premio.	I doubt that I'll win the prize.
No creo que quieran más pastel.	I don't think they want more cake.

3. Use the present perfect subjunctive *(pretérito perfecto de subjuntivo)* after verbs of doubt to reflect past actions. Recall how to form this tense:

haya	hayamos
hayas	hayáis
haya	hayan

+ past participle of infinitive (*-ado, -ido*)

No creo que Marisol haya escogido un trabajo todavía.

4. Recall that the following verbs have irregular past participles.

abrir: abierto	hacer: hecho	romper: roto
decir: dicho	morir: muerto	ver: visto
escribir: escrito	poner: puesto	volver: vuelto

1 ¿Lo tienes claro?

No todos tus compañeros(as) saben qué carrera quieren seguir. Dale consejos a tu compañero(a), usando las expresiones de la lista.

No creo que...	Dudo que...	No estoy seguro(a) de que...

— *Quiero ser artista o cocinero.*
— *No estoy seguro de que vayas a ser un buen cocinero. No sabes cocinar muy bien.*

2 Hay que ser realista

A veces nuestras metas no reflejan la realidad. ¿Crees que estas personas lograrán sus metas?

> *Ana quiere viajar por todo el mundo. Tiene miedo de viajar en avión.* —> *No creo que vaya a conocer el mundo.*

1. Marta quiere ir a la universidad. Ha sacado notas muy malas.

2. Conchita dice que quiere ser una pintora famosa. No le gusta la clase de arte.

3. Raúl quiere estudiar medicina. No le gusta la biología.

3 No creo que...

Tu amigo(a) te llama por teléfono y te habla de otras personas. Tú no estás de acuerdo con lo que dice.

— *Juan se graduó en mayo.*
— *Dudo que se haya graduado.*

1. Juan/graduarse en mayo

2. Eva/ver la película *El mago de Oz*

3. Luis y Miguel/volver de su viaje de intercambio

4. Mercedes/conseguir empleo

5. Rita y Nela/abrir su propio negocio

¿CÓMO SERÁN LOS TRABAJOS DEL FUTURO?

Se dice que el mercado laboral° cambiará mucho en los próximos años...

- ¿Crees que se crearán trabajos que hoy en día no existen?

- ¿Piensas que desaparecerán algunos de los empleos actuales?

- ¿Crees que estarás listo(a) para el mercado laboral del futuro?

NOTA CULTURAL

EL PERIODISMO Y LA LITERATURA

El periodismo es una actividad común entre los escritores contemporáneos más famosos de Latinoamérica. El colombiano Gabriel García Márquez, por ejemplo, empezó a escribir como reportero del periódico colombiano *El espectador*. El peruano Mario Vargas Llosa se destacó por sus reportajes, el mexicano Carlos Fuentes, por sus ensayos,° y el cubano Guillermo Cabrera Infante, por sus críticas cinematográficas.

PALABRAS, EXPRESIONES Y CONJUNCIONES

La lectura te será más fácil si prestas atención a las palabras y expresiones que sirven para conectar dos partes de una oración o dos oraciones. Algunos ejemplos que aparecen en la siguiente lectura son:

además (de) *furthermore, in addition to*

antes (de) que *before*

aunque *although*

de modo que *so that*

no sólo *not only*

pero *but*

porque *because*

sin embargo *however*

también *also*

y *and*

UNA OJEADA — ASPECTOS DE LA VIDA

Echa una ojeada rápida al artículo que aparece a continuación. ¿De qué trata?

del tiempo   de la comida   del mundo laboral

de la tecnología   de la educación   de los deportes

del turismo   de la familia   del medio ambiente

los ensayos *essays*
el mercado laboral *job market*

177

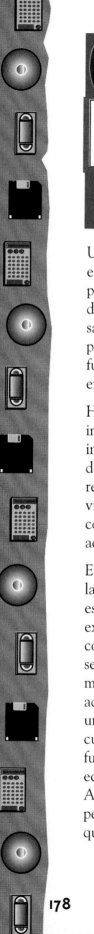

OFICIOS DEL 2025

Una de las advertencias° que hacen los especialistas antes de que programemos la profesión a la que queremos dedicarnos es que "todo lo que hoy sabemos mañana puede que sea parcialmente incierto y, en un futuro no lejano, tal vez sea erróneo".

Hace sólo veinte años nadie podía imaginar, por ejemplo, que ingenieros genéticos, matemáticos de lógica difusa, recicladores de residuos urbanos, operadores de video o cajeras especialistas en códigos de barras serían actividades muy cotizadas.°

En el mercado laborable del año 2025 la mayor parte de la población estará ocupada en tareas que no exigen una alta cualificación, como porteros,° cajeros, secretarios, oficinistas, meseros, vigilantes,° etc. Pero además de éstos aparecerán una serie de oficios de nuevo cuño° que serán buenas fuentes de riqueza económica para un país. Aún no tienen nombre, pero bien podrían ser éstos que aquí proponemos.

ACUICULTORES: A medio camino entre la ganadería° y la agricultura, garantizarán la biodiversidad del mar.

Serán los cuidadores de las granjas marinas. Hoy ya se ocupan de un buen número de especies —sobre todo moluscos y algas— en recintos° controlados, lo que supone el 20% de los productos pesqueros. En el futuro tendrán auténticos ranchos sumergidos con praderas° inmensas donde se cuidará a los atunes como si fueran ovejas°. Junto a° los acuanautas y acuicultores surgirán los buzos mineros para extraer materiales del mar.

HOLOGRAFISTAS: Expertos en animación y creadores de espectáculos en 3 D.

El infografista de hoy debe adaptarse a la limitación de la pantalla en dos dimensiones. Sin embargo, en el 2025 habrán surgido profesionales de la polidimensionalidad que construyan películas holográficas.

GERIÓLOGOS: Cuidarán de la tercera edad°, un grupo social en constante aumento.

Una de cada tres personas en los países industrializados tendrá más de 60 años en el 2030, de modo que la tercera edad será la fuerza social más numerosa y poderosa a partir del año 2000 en los países occidentales. Junto con el avance de las telecomunicaciones, este fenómeno dará origen a un nuevo modelo de sociedad. Aparecerán trastornos° psicosomáticos hasta ahora desconocidos entre los ancianos, que tendrán que ser tratados por nuevos profesionales a caballo° entre la medicina y la psicología.

MOLECULISTAS: Manipuladores de nuevos materiales y fibras sintéticas.

Los nuevos materiales ya suponen una auténtica revolución tecnológica. Manipular los plásticos, fibras de carbono o cerámicas para adecuarlos a las necesidades industriales será una profesión muy requerida en diversos sectores, como el del automóvil, el electrónico y el textil. Por eso, todo lo relacionado con la química molecular y los superconductores va a experimentar un importante auge.

a caballo *in between*	**junto a** *in addition to*
las advertencias *warnings*	**los porteros** *doormen*
como si fueran ovejas *as if they were sheep*	**las praderas** *fields*
	los recintos *areas*
cotizadas *valued*	**la tercera edad** *senior citizens*
de nuevo cuño *upcoming*	**los trastornos** *disorders*
la ganadería *cattle raising*	**los vigilantes** *guards*

Clonadores: Creadores de réplicas genéticas de alimentos y animales.

La clonación es ya hoy una de las actividades más destacadas de la ingeniería genética. Todos los años se plantan millones de frutales o árboles creados biotecnológicamente. Pronto esta actividad se extenderá a los animales y a los alimentos, con determinados fines médicos.

Reciclantes: El interés por el medio ambiente servirá de empuje para los expertos en materiales reciclados.

Si ya se presentan como una de las alternativas profesionales más prometedoras,° dentro de poco se nos harán imprescindibles° para que la biosfera sobreviva. Ellos reproveerán de materias primas° a nuestras industrias y habrán sido capaces de eliminar la peligrosidad de los residuos tóxicos. Incluso de convertir la basura en una energía no contaminante.

Robóticos: Serán los mecánicos encargados de velar por la salud de los robots ultramodernos.

En un futuro muy próximo se construirán auténticos robots para toda clase de aplicaciones en todos los ámbitos laborales y domésticos. Las máquinas servirán para cualquier cosa y alguien las tendrá que arreglar.

imprescindibles *essential*
las materias primas *raw materials*
prometedoras *promising*

¿COMPRENDISTE BIEN?

A. Eres un(a) consejero(a) de empleos en el año 2025. Recomiéndale uno de los trabajos del artículo a una persona a quien le gusta...

1. hacer trabajos manuales.

2. trabajar al aire libre.

3. practicar deportes acuáticos.

4. proteger la biosfera.

5. tener contacto con otras personas.

6. trabajar en el campo de la salud.

B. Indica si las siguientes oraciones son ciertas (C), falsas (F) o si el artículo no lo dice (ND).

1. Los/Las holografistas trabajarán para la industria cinematográfica.

2. Los/Las acuicultores(as) trabajarán en el espacio.

3. Para el buen mantenimiento de los robots, los/las robóticos(as) tendrán que visitar casas y oficinas.

4. Los/Las reciclantes tendrán dificultades en encontrar trabajo.

C. Identifica la profesión de las siguientes personas por sus comentarios (recuerda que es el año 2025).

1. "En mi trabajo paso gran parte del tiempo en un rancho sumergido".

2. "Anoche fui a ver una película en la que trabajé".

3. "Mis colegas y yo estamos probando un nuevo material para construir aviones".

4. "Ayer descubrimos un método para transformar plástico usado en energía".

TE TOCA A TI

- ¿Cuáles de los trabajos del artículo te parecen más probables? ¿Menos probables?

- ¿Te gustaría hacer alguno(s) de los trabajos mencionados? ¿Por qué?

- Con tu compañero(a), o en grupos, creen otro empleo que pueda existir en el año 2025. Descríbanselo a la clase.

DEPORTES

El fútbol

El fútbol es el deporte más popular en
los países hispanos. Aquí tienes varios
ejemplos de lo que los muchachos de
esos países hacen para llegar a ser
jugadores profesionales.

- En Argentina los "pibes"° se inician en
  las "escuelitas de fútbol", que normalmente están dirigidas por algún famoso
  ex-futbolista.

- En España los chicos comienzan a jugar en las escuelas. Allí los fichan° los
  cazatalentos° de grandes equipos. Los chicos seleccionados reciben una beca
  de estudios y si son muy buenos, pueden jugar en la primera división.

- La Academia de Fútbol Tahuichi (Bolivia) es un fenómeno espectacular. Su
  objetivo principal ha sido siempre sacar a los chicos de las calles y darles una
  educación. Hoy día aporta° grandes futbolistas a la selección nacional.

¿Has jugado alguna vez al fútbol?

¿Sabías que hay equipos femeninos de fútbol?

MÚSICA

De profesión, flautista

Uno siempre debe tener los ojos abiertos
porque nunca sabe dónde ni cómo descubrirá
la vocación de su vida. Éste fue el caso de
Carlos Blanco de Paysandú (Uruguay).
Cuando Carlos era joven, hizo un viaje por
Latinoamérica. Durante ese viaje visitó
muchas comunidades indígenas y aprendió a
fabricar y a tocar sus instrumentos musicales.
Después los reprodujo° e inventó otros.

En 1983, Carlos Blanco fundó el Museo de
Instrumentos Musicales de Caña y Bambú de
Valencia (España), el más completo del mundo en su género. En él se
pueden ver todos los instrumentos de viento de Latinoamérica.

¿Has pensado alguna vez ser músico?

Construir flautas es un oficio de artesanos. ¿Qué otros conoces?

182

Un poema optimista

La juventud es una época de la vida llena de ilusión. Los jóvenes suelen ser generosos, optimistas y apasionados. Por eso los poetas siempre han cantado a la juventud. El poeta Roque Dalton (El Salvador, 1935-1975) se dedicó a la literatura desde muy joven. En este poema nos habla del amor que siente por la vida, el paisaje y las cosas. ¿Estás de acuerdo con la visión que el poeta tiene de la vida? ¿Por qué?

COMO TÚ

Yo, como tú,
amo el amor, la vida, el dulce encanto
de las cosas, el paisaje
celeste de los días de enero.

También mi sangre bulle°
y río por los ojos
que han conocido el brote° de las lágrimas.

Creo que el mundo es bello,
que la poesía es como el pan, de todos.

Y que mis venas no terminan en mí
sino en la sangre unánime
de los que luchan por la vida,
el amor,
las cosas,
el paisaje y el pan,
la poesía de todos.

aporta *(it) povides*
brote *outbreak*
bulle *boils*
los cazatalentos *scouts*
fichan *(they) sign them*
los pibes *kids*
reprodujo *(he) reproduced*

Se busca empleo

1. ESTIMADA SEÑORA...

Tu mejor amigo(a) ha solicitado un trabajo y te pide que le escribas una carta de recomendación. Empieza la carta con **Estimado señor/Estimada señora(ita),** y termínala con **Atentamente** y tu firma. Menciona los siguientes detalles.

• cuánto tiempo hace que conoces a tu amigo(a)

• sus cualidades personales

• sus actividades extra-escolares

Chico de 17 años se ofrece para trabajo de tiempo parcial. Licencia para manejar. Muy trabajador y formal. Tel: 273-9387

2. ANUNCIOS CLASIFICADOS

¿Necesitas trabajo? ¡Pues búscalo! Escribe un anuncio para la sección de clasificados de un periódico. Usa el siguiente ejemplo como modelo.

3. SOLICITUD DE EMPLEO

Haz una copia de esta solicitud de empleo y llénala.

DATOS PERSONALES

Nombre _____

Dirección _____ Fecha _____

N° de teléfono _____

Fecha de nacimiento _____

Educación

Fecha de graduación

Escuela primaria _____

Escuela secundaria _____

Universidad _____

Otros estudios _____

Historial de trabajo

(Información sobre los tres últimos empleos)

Nombre de la empresa	Puesto	Fecha de inicio	Fecha de finalización
1			
2			
3			

Puesto solicitado _____

Salario deseado _____

Fecha en que puede empezar _____

Firma del/de la solicitante _____

4. AUTOBIOGRAFÍA

Vas a escribir tu autobiografía. ¿Qué cosas has hecho y qué metas has alcanzado? ¿Qué no has hecho todavía?

Me voy a graduar en la escuela. Tengo confianza en mí mismo(a). Espero conseguir un empleo interesante. He viajado y he conocido otros países y culturas.

¿QUÉ SABES AHORA?

MI TRABAJO IDEAL

PARA CONVERSAR

Con tu compañero(a) decidan qué carrera escogerá cada uno(a). Sigan el modelo.

> — ¿Qué te gusta hacer?
> — Me gusta ayudar a la gente a resolver sus problemas.
> — ¿Te gustaría ser médica?
> — No estoy segura de que pueda atender a los enfermos.
> — ¿Entonces, quieres ser abogada?

PARA ESCRIBIR

Tu tía te ayudó a escoger la carrera de diseño. Escríbele una carta de agradecimiento por los consejos que te dio.

> *Querida tía:*
>
> *Gracias por aconsejarme que estudie para astronauta. Estoy muy contento. Recuerdo que me dijiste: "Te recomiendo que estudies para piloto y, ¡ya tienes notas excelentes en ciencias!"*

PARA DESCRIBIR

Describe el trabajo de tus sueños. ¿Cuál es? ¿Qué haces? ¿Viajas mucho? ¿Qué horario tienes?

> *Tengo mi propio negocio. Me gusta mucho tratar con el público y vender cosas. Tengo que trabajar mucho, pero...*

186

VOCABULARIO TEMÁTICO

Oficios y profesiones
Occupations and professions

el/la agricultor(a) *farmer*

el/la artista *artist*

el/la científico(a) *scientist*

el/la ingeniero(a) *engineer*

el/la militar *soldier*

el/la mecánico(a) *mechanic*

el/la modelo *model*

el/la programador(a) de computadoras
computer programmer

Qué tienes que hacer
What you have to do

alcanzar *to achieve*

atender *to serve*

averiguar *to find out*

ganar dinero *to earn money*

llenar *to fill out*

solicitar *to apply for*

tener en cuenta *to consider*

Expresiones y palabras
Words and expressions

beca *scholarship*

meta *goal*

puesto *position*

situación *situation*

solicitud *application*

económico(a) *financial*

propio(a) *own*

realista *realistic*

hacer trabajos manuales *to work with (your) hands*

Conozcamos

COLOMBIA

Colombia es famosa por su excelente café, sus playas y sus artesanías. Pero Colombia tiene muchas más cosas interesantes y bonitas. Lee este folleto para saber más sobre este hermoso país

DATOS IMPORTANTES

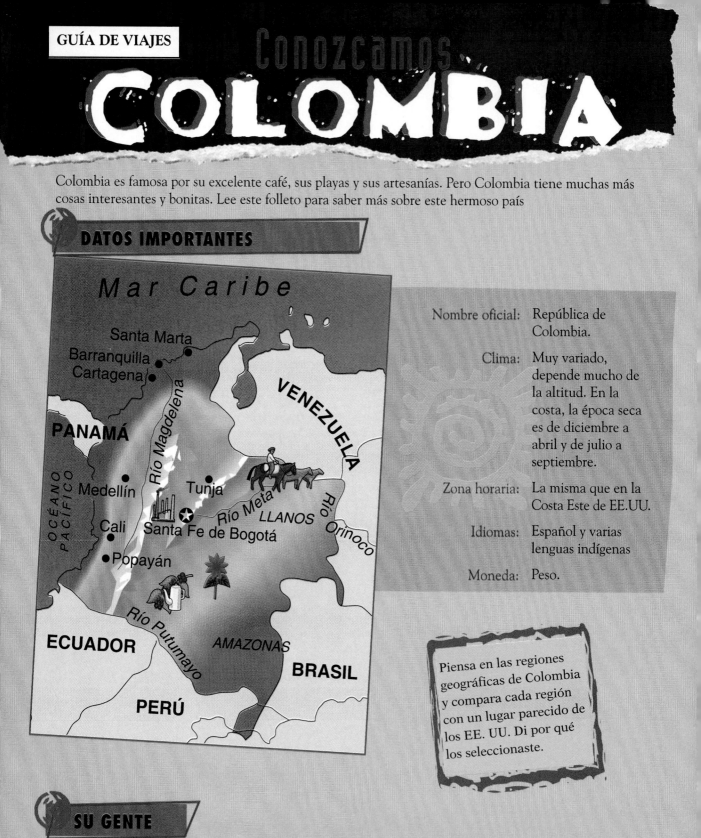

Nombre oficial:	República de Colombia.
Clima:	Muy variado, depende mucho de la altitud. En la costa, la época seca es de diciembre a abril y de julio a septiembre.
Zona horaria:	La misma que en la Costa Este de EE.UU.
Idiomas:	Español y varias lenguas indígenas
Moneda:	Peso.

Piensa en las regiones geográficas de Colombia y compara cada región con un lugar parecido de los EE. UU. Di por qué los seleccionaste.

SU GENTE

La población colombiana es una mezcla de tres culturas: la española, la indígena y la africana

SU HISTORIA

?—1500	1501	1717	1810	1819	1819-Presente
Estaba habitada por varios grupos indígenas: los chibchas, los quimbayas, los araucos y los guajiros (entre otros).	El español Rodrigo de Bastidas empieza la colonización.	Formación del virreinato de Nueva Granada, con centro en Santa Fe y que ocupaba Colombia, Panamá, Venezuela y parte de Ecuador y Perú.	Se independiza de España.	Se forma la República de Colombia.	Colombia siempre ha tenido un gobierno democrático.

ADÓNDE IR Y QUÉ VER

BOGOTÁ

◉ La **Plaza de Bolívar** es el centro del distrito histórico de Bogotá. En la plaza hay edificios de diferentes estilos arquitectónicos.

◉ Pasea por el barrio colonial de **La Candelaria,** el barrio más antiguo de la ciudad.

◉ El **Museo del Oro** tiene la colección de piezas de oro precolombinas más importante del mundo.

◉ Para tener una vista espectacular de la ciudad, toma el teleférico y sube al **Cerro de Monserrate.**

COMIDA

◉ **Chocolate santafereño,** chocolate caliente con queso y pan

◉ **Rondón,** una sopa con pollo, carne, papas, yuca, maíz y plátano, servido con arroz y aguacate

> Haz una lista de objetos que se pueden hacer con oro.

ACTIVIDADES Y DEPORTES

◉ La **Media Torta** es un anfiteatro al aire libre donde hay actuaciones de teatro gratis algunos domingos.

◉ En Bogotá (y en todo el país) hay muchas **discotecas** donde puedes bailar cumbias, merengue y otros ritmos caribeños.

◉ En el **Jardín Botánico José Celestino Mutis** puedes admirar una colección fabulosa de la flora y fauna colombiana.

◉ Los domingos puedes ir al **Estadio El Campín** a ver al equipo de **fútbol** de Bogotá.

◉ En la **Plaza de Toros de Santamaría,** se celebran **corridas** en enero y febrero.

◉ **Sal Si Puedes** organiza excursiones y caminatas cerca de Bogotá y a otras regiones del país.

CARTAGENA

◎ Admira la **Ciudad Vieja,** una preciosa ciudad colonial llena de iglesias, plazas y mansiones.

◎ El **Palacio de la Inquisición** es una mansión colonial convertida en museo. Exhibe aparatos usados por la Inquisición, artesanías y mapas antiguos.

◎ El **Castillo de San Felipe de Barajas** fue construido por los españoles (1639-1789). Desde el castillo hay una magnífica vista de Cartagena.

FIESTA

◎ La **Fiesta de la Independencia** (11 de noviembre) se celebra con desfiles, música y bailes.

◎ En la fiesta de la **Virgen de la Candelaria** (2 de febrero) los peregrinos suben hasta La Popa.

◎ Durante el **Festival de Música del Caribe** (a finales de mayo) grupos de todo el Caribe tocan música durante varios días.

> Elige una fiesta de la región de Cartagena y di porque te gustaría participar en ella.

COMIDA

◎ **Pescado frito**

◎ **Sancocho de pescado,** sopa de vegetales con pescado

◎ **Arroz** con coco

ACTIVIDADES Y DEPORTES

◎ Si te gusta nadar y bucear, toma un barco y ve al **Parque Nacional Corales del Rosario,** un archipiélago cerca de Cartagena con playas paradisíacas y aguas de color turquesa.

> Cuenta una aventura imaginaria que te pasó en el Parque Nacional Corales del Rosario.

EL OCCIDENTE COLOMBIANO

◎ **Popayán** es una hermosa ciudad fundada en 1537. Pasea por sus blancas calles y admira las iglesias, los edificios coloniales con patios interiores y los museos.

◎ **Silvia** (a 60 km de Popayán). Es un pueblo que está en el centro de la región de los indios guambianos. Los martes, los guambianos venden mantas, artesanías y frutas en el mercado de Silvia.

Imagínate que hoy es martes, día de mercado en Silvia. ¿Qué compras harías? Descríbelas.

◎ **San Agustín** es una de las áreas arqueológicas más importantes de América del Sur. Verás cientos de estatuas de piedra enormes construidas por una tribu precolombina. Los parques más importantes son el **Parque Arqueológico** y el **Alto de los Ídolos.**

◎ Cerca de San Agustín está el **Parque Nacional Puracé**. Este parque tiene volcanes, más de 20 lagos, ríos, cataratas y animales salvajes.

FIESTAS

◎ Popayán es famoso por sus fiestas de **Semana Santa** y por su **Festival de Música Religiosa.**

COMIDA

◎ **Empanada de pipán,** con papas, cacahuates y salsa picante de cacahuate

◎ **Pasteles,** con carne, vegetales y una pasta de maíz, envueltos en una hoja de plátano

ACTIVIDADES Y DEPORTES

◎ En el Parque Nacional Puracé, en Silvia y en San Agustín, puedes **montar a caballo** y hacer muchísimas caminatas.

Usa el Internet para hacer una visita a San Augustín y su Parque Arqueológico. Intercambien ideas sobre la razón de ser de estas enormes estatuas de piedra

LA REGIÓN DEL BOYACÁ

◉ En el **Valle de Tenza** hay muchos pueblos indígenas (como **Chinavita** y **Pachavita**) muy bonitos e interesantes por su artesanía y agricultura.

◉ **Tunja** es una antigua ciudad colonial. Tiene muchos museos, iglesias y casas históricas, como la Casa del Fundador Suárez Rendón.

◉ Pasea por **Villa de Leyva,** un hermoso pueblo colonial declarado monumento nacional en 1954.

FIESTAS

◉ En la **Romería a la Virgen de Chinavita** (del 1 al 3 de enero), hay corridas de toros y música.

◉ En el **Festival Internacional de la Cultura** de Tenja, (mayo y junio) hay teatro, conciertos y exibiciones.

◉ En el **Festival de la Cometa** de Villa de Leyva hay una competición de cometas.

◉ El **Festival de las Luces,** en Villa de Leyva, se celebra el 8 de diciembre con fuegos artificiales.

> Diseña una cometa para presentar en el Festival de la Cometa de Villa de Leyva y descríbela a un(a) amigo(a).

COMIDA

◉ **Cachuco,** sopa de maíz o harina con cerdo, papas y vegetales

◉ **Sobrebarriga,** carne con arroz, papas y vegetales

◉ **Mazmorra chiquita,** sopa con carne, diferentes tipos de papas y vegetales

> Escribe una carta a la Asociación Colombiana de Productores de Café. Dale nuevas ideas para el uso del café.

ACTIVIDADES Y DEPORTES

◉ Cerca de Villa de Leyva está **El Infernito,** un centro astronómico muy antiguo de los indios muisca.

◉ Si te gustan los fósiles, visita **El Fósil** donde puedes ver el fósil de un cronosauro de 110 millones de años y que mide 12 metros.

DÓNDE ALOJARTE

> Escribe una carta a la Asociación de Albergues en Bogotá pidiendo información sobre su funcionamiento. Escribe también 4 preguntas sobre ellos.

Albergues: Los albergues son una novedad en Colombia. El principal está en Bogotá. Llama a la asociación de albergues para obtener más información.

Hoteles: Hay una gran variedad de hoteles, hospedajes, residencias y pensiones. Los más baratos normalmente no tienen baño. Pide que te muestren la habitación antes de aceptarla.

MEDIOS DE TRANSPORTE

Autobús:

Los autobuses son el único medio para ir a ciudades y pueblos pequeños. El servicio de primera clase es más caro, pero es más cómodo y rápido.

Avión:

Colombia fue el primer país de Latinoamérica en tener una compañía aérea. Hoy día tiene uno de los mejores transportes aéreos del mundo. La promoción "Conozca Colombia" de Avianca, ofrece un pasaje especial para viajar varias ciudades.

COMPRAS

◎ Colombia es el mayor productor de **esmeraldas** del mundo. El mejor lugar para comprarlas es Bogotá.

◎ Puedes comprar objetos de **cerámica** en los mercados locales. Ráquira es una ciudad famosa por su cerámica.

◎ Colombia es famosa en todo el mundo por su excelente **café**.

DIRECCIONES Y NÚMEROS DE TELÉFONO IMPORTANTES

▣ **Consulado de Colombia** en Nueva York, 10 E 46th St., New York, NY 10017. Tel: (212) 949-9898.

▣ **Council on International Educational Exchange (CIEE)** 205 E 42nd St., New York, NY 10017. Tel: (212) 822-2600.

▣ **Embajada de Colombia,** 2118 Leroy Place, NW, Washington, DC 20008. Tel: (202) 387-8338

Diseña un cartel para la promoción "Conozca Colombia" de la línea aérea Avianca. Asegúrate de mencionar los servicios especiales que ofrece y los lugares adónde va.

Visita una joyería y entérate de los precios de esmeraldas, de dónde vienen y qué caracteristicas tienen. Luego acompaña la información que obtuviste con el dibujo de una esmeralda que te gustaría comprar si tuvieras dinero.

Tú y un(a) compañero(a) de clase están planeando un viaje de intercambio a Colombia. Piensa en dos o tres dudas que tienes y quieres resolver. Luego llama a *Council on International Education* y resuélvelas. Comparte la información con la clase.

CAPÍTULO 7

EL MEDIO AMBIENTE

¿CUÁL ES EL FUTURO DE NUESTRO PLANETA?

El domingo fuimos al zoológico a ver al manatí.

Objetivos

COMUNICACIÓN
- cómo reciclar
- cómo proteger el medio ambiente

CULTURA
- las islas Galápagos
- el cóndor
- una pintura de la artista Remedios Varo

VOCABULARIO TEMÁTICO
- materiales para reciclar y fuentes de energía
- soluciones para proteger el medio ambiente

ESTRUCTURA
- lo que está pasando en este momento: el presente progresivo
- lo que tú y otros deben hacer: el imperativo de nosotros(as)
- situaciones hipotéticas: el imperfecto de subjuntivo y el condicional

LECTURA
- una leyenda puertorriqueña

REDACCIÓN
- el plan para una revista ecológica
- un párrafo sobre cómo un país hispano protege el medio ambiente
- tus predicciones para el futuro del planeta
- una carta al/a la director(a) de un periódico

CONVERSEMOS

¿CUÁL ES LA SOLUCIÓN?

Habla con tu compañero(a).

1 ¿Se reciclan los siguientes materiales en tu vecindario?

	Sí	No
el cartón	☐	☐
las latas	☐	☐
la madera	☐	☐
el papel	☐	☐
el plástico	☐	☐
el vidrio	☐	☐

2 ¿Qué te parece más urgente conservar y proteger?

	Más urgente	Menos urgente
la capa de ozono	☐	☐
las tierras pantanosas	☐	☐
los animales	☐	☐
los bosques	☐	☐
los ríos, mares y lagos	☐	☐

3 ¿Qué sugieres para reducir la contaminación del aire?

	Sí	No
¡Compartamos el coche para ir al trabajo!	❑	❑
¡Usemos coches eléctricos!	❑	❑
¡Evitemos el uso de aerosoles!	❑	❑
¡Utilicemos más el transporte público!	❑	❑

4 Si pudieras escoger, ¿qué fuentes de energía utilizarías?

	Utilizaría	No utilizaría
la energía eólica	❑	❑
la energía hidráulica	❑	❑
la energía nuclear	❑	❑
la energía solar	❑	❑

5 ¿Crees que tu país...

	Sí	No
está evitando los derrames de petróleo?	❑	❑
está desperdiciando agua?	❑	❑
está talando muchos árboles?	❑	❑
está reciclando lo suficiente?	❑	❑
está tratando de reducir la contaminación?	❑	❑
está salvando muchos animales en peligro de extinción?	❑	❑

REALIDADES

BOLIVIA

Cada año, en la ciudad de La Paz, se organiza la exposición "Los jóvenes, el medio ambiente y la ecología urbana". Estudiantes de las escuelas de La Paz presentan soluciones a los problemas ambientales de la ciudad, como la basura, el ruido y la contaminación del agua y de los alimentos.

Muchos jóvenes de Ecuador participan en campañas para la protección del medio ambiente. La Organización de Jóvenes Promotores de Turismo, por ejemplo, trabaja para reducir la contaminación del **ECUADOR** agua y la destrucción de las tierras pantanosas en la región de Esmeraldas. Estos jóvenes hacen campañas para educar a los habitantes de la región en el cuidado de las tierras pantanosas y también organizan programas de ecoturismo.

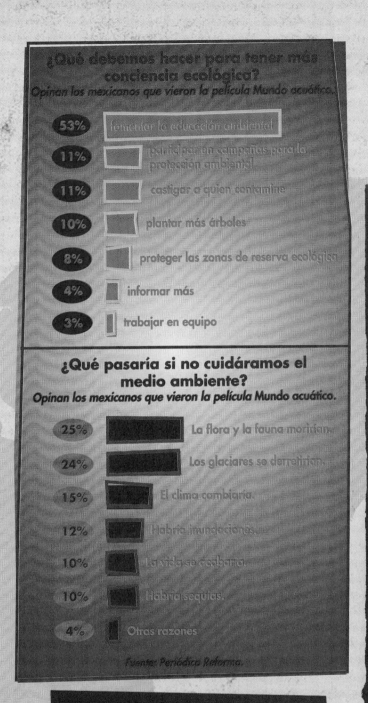

¿Qué debemos hacer para tener más conciencia ecológica?
Opinan los mexicanos que vieron la película Mundo acuático.

- **53%** fomentar la educación ambiental
- **11%** participar en campañas para la protección ambiental
- **11%** castigar a quien contamine
- **10%** plantar más árboles
- **8%** proteger las zonas de reserva ecológica
- **4%** informar más
- **3%** trabajar en equipo

¿Qué pasaría si no cuidáramos el medio ambiente?
Opinan los mexicanos que vieron la película Mundo acuático.

- **25%** La flora y la fauna morirían.
- **24%** Los glaciares se derretirían.
- **15%** El clima cambiaría.
- **12%** Habría inundaciones.
- **10%** La vida se acabaría.
- **10%** Habría sequías.
- **4%** Otras razones

Fuente: Periódico Reforma.

¿SABES QUE...?

La flor nacional de Costa Rica es la guaria morada, una orquídea famosa. Costa Rica tiene más de 1.500 especies de orquídeas. ¿Quieres conocerlas? Visita el álbum de orquídeas de Lankester en Costa Rica, usando la siguiente dirección electrónica en el Internet: http://www.ucr.ac.cr/lankester/albums.html

Y TÚ, ¿QUÉ PIENSAS?

1. Gracias a la exposición "Los jóvenes, el medio ambiente y la ecología urbana", los/las jóvenes de La Paz, Bolivia, tienen la oportunidad de buscar soluciones ecológicas. ¿Te gustaría participar en una exposición similar?

2. Los estudiantes ecuatorianos de Esmeraldas organizan grupos para proteger el medio ambiente de su comunidad. ¿Conoces alguna organización similar?

3. Muchos mexicanos piensan que la educación ambiental es importante. Otros opinan que hay que castigar a los que destruyen el medio ambiente. ¿Crees que la educación es más importante que los castigos? ¿Por qué?

4. Las películas de ciencia ficción pueden ayudarnos a tomar conciencia de los problemas del medio ambiente. ¿Crees que los mexicanos que vieron *Mundo acuático* son más concientes de los problemas del medio ambiente? ¿Por qué?

PALABRAS EN ACCIÓN

¿QUÉ HACE TU COMUNIDAD?

1 ¿Cómo reciclas?

Cada casa y comunidad tiene costumbres diferentes. Con tu compañero(a), hablen sobre cómo se reciclan los siguientes materiales en tu comunidad.

cartón	madera	plástico
latas	papel	vidrio

— *¿Cómo reciclas el vidrio?*
— *Lo pongo en recipientes de reciclaje que están cerca del supermercado.*

2 La contaminación

¿Quieres ayudar a reducir la contaminación? Con tu compañero(a), hablen sobre qué se puede hacer.

compartir el coche	plantar más árboles
no desperdiciar agua	participar en campañas de protección
no usar a¡les	ambiental
proteger las zonas de reserva	usar coches eléctricos
ecológica	utilizar más el transporte público

plantar más árboles—>
— *Se puede declarar un "Día mundial del árbol".*
— *Sí, y ese día cada persona tiene que plantar un árbol en su comunidad.*

3 Fuentes de energía

Con tu compañero(a), hablen sobre las ventajas y las desventajas de cada una de las fuentes de energía. Comparen sus respuestas con las de sus compañeros.

energía eólica
energía hidráulica

energía nuclear
energía solar

— *La energía nuclear es muy eficiente.*
— *Sí, pero es muy peligrosa.*

4 Con su permiso, senador(a)

El/La senador(a) de tu estado va a ir a tu escuela para saber lo que opinan los/las estudiantes sobre el medio ambiente. ¿Qué le dirás? Prepara un pequeño discurso sobre lo que debemos proteger y lo que debemos hacer. Preséntaselo a tus compañeros.

Señor(a) senador(a): creo que para proteger la capa de ozono debemos evitar el uso de aerosoles...

¿SABES QUE...?

La contaminación por ruido es difícil de evitar en las grandes ciudades. En Ciudad de México, el gobierno dictó leyes en 1982 para proteger a los habitantes contra el ruido.

PARA COMUNICARNOS MEJOR

¿ESTAMOS HACIENDO LO SUFICIENTE?

CUERPO NACIONAL DE GUARDAFAUNAS

¿Qué estamos haciendo?

Aquí en Venezuela estamos realizando actividades de protección de los animales y de educación sobre el medio ambiente. Estamos elaborando planes de protección de las especies en peligro de extinción. También estamos planificando proyectos de investigación sobre biología y ecología. ¡Y estamos poniéndolos en práctica!

Sin tu apoyo no será posible proteger nuestros animales.

PROTEGER A LOS ANIMALES ES UNA ACTITUD INTELIGENTE.

Para hablar de lo que está pasando en este momento, usa el presente progresivo.

1. You use the present progressive tense to talk about actions and events ocurring at the moment you are speaking. To form the present progressive of regular *-ar*, *-er*, and *-ir* verbs, use a form of *estar* followed by the present participle, or *gerundio*.

Estamos plantando árboles.	**We are planting trees.**
Ese instituto está protegiendo los hábitats de algunos animales.	**That institute is protecting the habitats of some animals**

2. You may place the pronouns either before the form of *estar* or attached to the end of the participle.

    Estamos recogiendo basura.
    La estamos reciclando. (Estamos reciclándola.)

3. Verbs ending in *-ir* that have a stem change in the preterite (**e>i** or **o>u**) maintain that stem change in the present participle. For example, *pedir*: *pidiendo*, *dormir*: *durmiendo*.

4. Certain *-er* and *-ir* verbs with double vowels (*oír*, *leer*, *destruir*, for example) have a spelling irregularity: *oyendo*, *leyendo*, *destruyendo*.

1 ¿Extinción o supervivencia?

¿Qué están haciendo los siguientes países para proteger el medio ambiente? Completa las oraciones.

Los españoles están intentando proteger los hábitats marinos en las Islas Canarias.

1. Los mexicanos _____ (fomentar) la educación sobre los bosques tropicales.

2. Los costarricenses _____ (proteger) las tortugas marinas, una especie en peligro de extinción.

3. Los argentinos _____ (observar) cómo se derriten los glaciares de la Patagonia para estudiar el cambio de clima del planeta.

4. Los ecuatorianos _____ (plantar) más árboles para conservar los bosques.

5. Los venezolanos _____ (reducir) la contaminación para proteger las tierras pantanosas.

2 Ecología escolar

¿Qué están haciendo en tu escuela para proteger el medio ambiente? Con tu compañero(a), investiguen sobre el tema.

En la escuela estamos haciendo una campaña para no desperdiciar agua y estamos escribiendo una carta a nuestro(a) congresista para...

3 Si yo fuera guardafaunas...

Tú perteneces a un grupo ecológico similar al Cuerpo Nacional de Guardafaunas venezolano. Escribe sobre lo que está haciendo tu grupo para proteger el medio ambiente.

¡ES HORA DE ACTUAR!

Estamos pidiendo a nuestro congresista que apoye la Ley 234.5 para proteger los bosques de nuestro estado. Sin bosques no hay vida. Necesitamos tu firma.

Nombre

Firma

_____

_____

_____

_____

_____

¡MANTENGAMOS LA ESCUELA LIMPIA!

> Usemos los recipientes de reciclaje.
> Separemos las latas, el vidrio y el plástico.
> ¡Hagámoslo todos los días!
> ¡Trabajemos juntos para tener una escuela limpia y bonita!

Para sugerir que tú y otros hagan algo, usa el imperativo0 de nosotros(as).

1. When you wish to suggest that you and others do something, use the **nosotros(as)** command form. You form this command by using the present subjunctive **nosotros(as)** form of the verb.

   No desperdiciemos agua.
   Let's not waste water.

   ¡Hagamos todos un esfuerzo!
   Let's all make an effort!

   Reduzcamos la contaminación.
   Let's reduce pollution.

2. If you use an object pronoun or reflexive pronoun with an affirmative command form, attach the pronoun to the command; add an accent mark when necessary.

   Recojamos la basura. Separémosla también.

   In the negative commands, place the pronouns between the **no** and the command.

   No la dejemos en el suelo.

3. Note that you omit the **s** in the spelling of the affirmative **nosotros(as)** command form of reflexive verbs.

   Levantémonos temprano. No nos levantemos tarde.

1 Por un vecindario mejor

Tú participas en una campaña para educar a la gente de tu vecindario sobre cómo se debe reciclar. Tu compañero(a) hace el papel de un(a) vecino(a). Él/Ella sugiere, a veces erróneamente, en qué recipiente va cada artículo de la siguiente lista. Tú lo/la corriges si es necesario.

RECIPIENTES	ARTÍCULOS DESECHABLES
revistas y periódicos	un frasco de champú
papel y cartón	revistas y catálogos
aluminio	tarjetas postales
metal	una guía telefónica
plástico	latas de comida
vidrio	botellas

PARA TU REFERENCIA

desechables *disposable*
el frasco *bottle*
pisar *to step on*

una botella de agua —>
Vecino(a): **Pongamos esta botella en el recipiente para metales.**
Tú: **No, mejor pongámosla en el recipiente para plástico.**

2 ¡Hagámoslo!

Sugiere que tus compañeros(as) y tú hagan (o no) lo siguiente para proteger el medio ambiente. Usa los verbos de la lista para contestar.

apagar	pisar	tirar
desperdiciar	recoger	usar

1. _____ el transporte público.

2. No _____ basura por todas partes.

3. _____ las luces del salón de clases cuando no las necesitemos.

4. No _____ la hierba del jardín.

5. No _____ agua.

6. _____ la basura de los pasillos.

3 Carteles ecológicos

Con tu compañero(a), diseñen varios carteles para que los/las estudiantes reciclen y mantengan la escuela limpia. Usen el cartel de la página anterior como modelo.

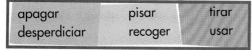

SI PUDIERAS CONTRIBUIR, ¿QUÉ HARÍAS?

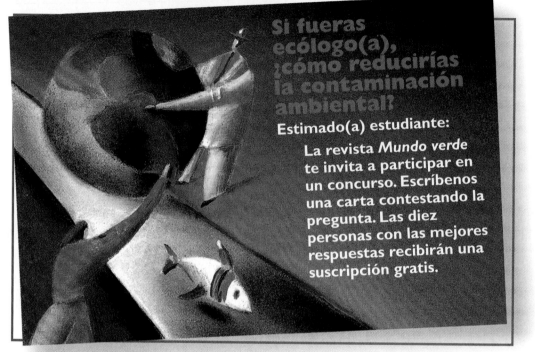

Si fueras ecólogo(a), ¿cómo reducirías la contaminación ambiental?

Estimado(a) estudiante:

La revista *Mundo verde* te invita a participar en un concurso. Escríbenos una carta contestando la pregunta. Las diez personas con las mejores respuestas recibirán una suscripción gratis.

Para hablar de situaciones hipotéticas, usa el imperfecto del subjuntivo con el condicional.

1. To talk about hypothetical circumstances, that is, to describe things that are contrary to fact, you use *si (if)* followed by the imperfect subjunctive. Note that the second part of the sentence is in the conditional.

Si tuviera tiempo, protegería a los animales en peligro de extinción.	If I had time, I would protect endangered animals.

2. To form the imperfect subjunctive, take the *ellos/ellas* form of the preterite and remove the *-on*.

hablaron: hablar-	hicieron: hicier-
fueron: fuer-	pidieron: pidier-
durmieron: durmier-	volvieron: volvier-

Add the personal endings *-a, -as, -a, -amos, -ais, -an* in its place.

estuviera	estuviéramos
estuvieras	estuvierais
estuviera	estuvieran

Si ellos estuvieran aquí, usarían los recipientes de reciclaje.

1 Buenos resultados

Si siguiéramos las medidas ecológicas de la siguiente tabla, ¿qué resultados obtendríamos? Escribe tus respuestas según el modelo.

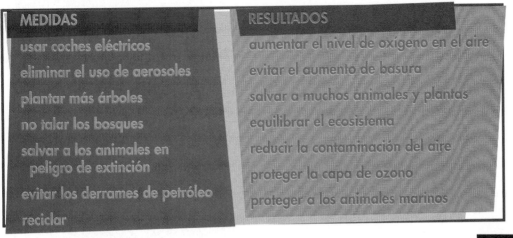

MEDIDAS	RESULTADOS
usar coches eléctricos	aumentar el nivel de oxígeno en el aire
eliminar el uso de aerosoles	evitar el aumento de basura
plantar más árboles	salvar a muchos animales y plantas
no talar los bosques	equilibrar el ecosistema
salvar a los animales en peligro de extinción	reducir la contaminación del aire
evitar los derrames de petróleo	proteger la capa de ozono
reciclar	proteger a los animales marinos

Si no taláramos los bosques, salvaríamos a muchos animales y plantas.

2 Si yo fuera...

No tienes que ser ecólogo(a) para mejorar el medio ambiente. Si fueras cada una de las siguientes personas, ¿qué harías?

1. taxista
2. alcalde/alcaldesa de tu ciudad
3. presidente(a) de Estados Unidos
4. científico(a)
5. profesor(a)
6. pescador(a)
7. leñador(a)

3 La capa de ozono

Participas en una campaña para educar a los niños sobre el medio ambiente. Un(a) niño(a) te pregunta qué pasaría si no protegiéramos el medio ambiente. ¿Qué contestarías? Puedes usar la tabla de la Actividad 1 como guía.

Si no protegiéramos la capa de ozono, el clima del planeta cambiaría...

¿ADMIRAS LA NATURALEZA?

- ¿Cuál es tu actitud hacia ella?
- ¿Eres consciente° de su fuerza destructora?°

NOTA CULTURAL — LAS LEYENDAS

Los países latinoamericanos tienen muchas leyendas sobre cómo se crearon los humanos, los animales y las plantas. Para los indios makiritare de Venezuela, Dios creó al primer hombre y a la primera mujer cuando soñaba. Los aztecas de México creían que el colibrí° era un mensajero de los dioses. Según los guaraníes de Paraguay, el Padre Primero creó el fuego, la lluvia, el viento, el amor y el lenguaje, y luego pidió a los dioses que crearan a los hombres para que disfrutaran de estos elementos.

LA CRONOLOGÍA DE UNA LECTURA

Para seguir bien la cronología de una lectura, es importante que te fijes en los tiempos verbales. En la leyenda que vas a leer predominan el imperfecto y el pretérito. Fíjate también en las expresiones de tiempo. Éstas son algunas de las que aparecen en la lectura.

a veces	en el principio	ya
cuando	entonces	un día
durante mucho tiempo	finalmente	ya no

UNA OJEADA — IDENTIFICA EL GÉNERO

Echa una ojeada rápida a la lectura e indica qué es:

un artículo periodístico

una biografía

un cuento de terror

una entrevista

una leyenda

un relato histórico

el colibrí *humming bird*
eres consciente *are you aware*
la fuerza destructora *destructive power*

209

Una leyenda del Caribe

La Creación

En el principio todo era oscuridad. No había vida. Todo estaba dormido. Sólo existía Atabei. Atabei era la gran fuerza original. Atabei era la madre de la creación.

Atabei creó el cielo y la tierra y los otros cuerpos celestes. Durante mucho tiempo todo siguió en un sueño profundo. Pero, finalmente, Atabei se dio cuenta de que faltaba° algo y tuvo dos hijos que llamó Yucajú y Guacar. Los formó con elementos mágicos e invisibles del espacio. Atabei se sentía contenta porque alguien podría continuar su obra.

Yucajú creó el sol y la luna que alumbraron la tierra. Despertó a la tierra de su sueño y la tierra se hizo fértil° y se cubrió de vida: crecieron las plantas y vivieron los animales. Yucajú, entonces, quiso crear algo que no fuera un animal y que tampoco fuera un dios, y así creó el primer hombre y la primera alma,° o *jupía*. Yucajú llamó al primer hombre Locuo.

Locuo se sentía feliz en la maravillosa naturaleza que lo rodeaba, y le dio gracias a Yucajú por su creación.

Pero Guacar no podía soportar° la envidia que sentía por Yucajú, su hermano. Usando sus poderes divinos se transformó en el dios del mal, cambió de nombre y se llamó Juracán. Quería destruir la obra de Yucajú y enviaba unos vientos tan fuertes que arrancaban los árboles, y unos temblores° de tierra que mataban a los animales. Un temblor fue tan fuerte, que dividió las tierras americanas y así nacieron las Antillas.°

Locuo ya no era feliz porque tenía miedo de los ataques de Juracán. Pero siguió viviendo en la tierra y Yucajú le envió otros dioses para protegerlo. Locuo representó a estos dioses en imágenes que llamó cemíes.° Yucajú le dio el fuego y le enseñó a preparar el casabe° de la yuca para que se alimentara.

Locuo era hermoso y estaba rodeado de maravillas, pero se sentía solo. Un día, caminando por la tierra, se sintió inspirado por toda su belleza y se abrió el ombligo.° Así salieron un hombre y una mujer que eran como él. El hombre se llamó Guaguyona y la mujer Yaya. Locuo ya tenía compañía.

Los hijos y los nietos de Guayona y de Yaya poblaron la tierra. Sufrieron muchas calamidades° porque Juracán les mandaba inundaciones y fuertes vientos. También les mandaba *maboyas* o espíritus malos. A veces las maboyas eran sólo traviesas y rompían las canoas, o escondían cosas. Pero otras veces eran malignas y causaban enfermedades y problemas entre los hombres y las mujeres.

Además, Juracán ayudaba a los caribes que llegaban desde otras islas y atacaban a los taínos de Puerto Rico. Los caribes eran indios muy feroces° y guerreros° que destruían las aldeas° y se llevaban a las mujeres.

Así explicaban los taínos el origen del universo, del hombre, del bien y del mal. Pensaban que si Juracán les enviaba a los caribes para hacerles tanto daño,° Yucajú les enviaría hombres buenos para poder rechazarlos.° Por eso, cuando los españoles llegaron a Puerto Rico, los taínos creyeron que venían a ayudarlos.

Y se equivocaron.

las aldeas *villages*
el alma *soul*
las Antillas *Caribbean Islands*
las calamidades *calamities*
el casabe de la yuca *a sort of vegetable patty, a staple diet of Caribbean cooking*
los cemíes *conical shaped idols of the Taino culture*
el daño *harm*

faltaba *was missing*
feroces *fierce*
fértil *fertile*
guerreros *bellicose*
el ombligo *navel*
rechazarlos *to repel them*
soportar *to tolerate*
los temblores *earth tremors*

¿COMPRENDISTE BIEN?

A. Identifica a los siguientes personajes.

1. Atabei   **a.** el primer hombre
2. Yucajú   **b.** la gran fuerza creadora del universo
3. Locuo   **c.** el hijo bueno de Atabei
4. jupía   **d.** el hijo de Locuo
5. Guaguyona   **e.** el hijo malo de Atabei
6. Juracán   **f.** la primera alma
7. Guacar   **g.** el dios del mal
8. Yaya   **h.** la hija de Locuo

B. Busca la oración o las oraciones que da(n) la siguiente información.

1. la creación del primer hombre
2. el "nacimiento" de Guaguyona y Yaya
3. la destrucción que causaba Juracán
4. la llegada de los españoles
5. el temperamento de los caribes

C. Indica si las siguientes oraciones son ciertas (C), falsas (F) o si la información no se da en la leyenda (ND).

1. Yucajú continuó la obra de Atabei.

2. A Locuo le gustaba estar en la Tierra.

3. Los caribes y los taínos eran amigos.

4. Durante uno de los temblores de Juracán murieron miles de taínos.

5. Guacar admiraba a su hermano.

6. Los taínos les tenían miedo a las maboyas.

D. Organiza en orden cronológico (1 a 7) los siguientes acontecimientos.

1. Atabei tuvo dos hijos.

2. Llegaron los caribes.

3. Yucajú creó el sol y la luna.

4. Llegaron los españoles.

5. Nacieron Guaguyona y Yaya.

6. Guacar cambió de nombre.

7. Atabei creó el cielo y la Tierra.

TE TOCA A TI

• Escuchas esta leyenda por primera vez. Naturalmente, no entiendes todo y tienes algunas dudas. Hazle cinco preguntas sobre la leyenda a tu compañero(a).

• Tu compañero(a) y tú van a preparar una revista de historietas ilustradas para presentarles esta leyenda de la creación a sus compañeros(as). Hagan un resumen de las escenas de la leyenda. Pueden dibujar algunas.

CIENCIA

Las islas Galápagos

El archipiélago° de las Galápagos, que pertenece al Ecuador, está situado en el Océano Pacífico, a 1000 km. de la costa oeste de América del Sur. Sus animales (como las tortugas galápagos) y plantas son únicos en el planeta; no se sabe muy bien cómo llegaron allí.

El estudio de su flora y fauna interesa mucho a los científicos. El primero en visitar el archipiélago fue Charles Darwin en 1850. El estudio de aves marinas lo ayudó a formular su teoría de la selección natural.

Estas islas son hoy un parque nacional. Para proteger su ecosistema, sólo pocas personas las pueden visitar a la vez.

¿Has visto alguna vez una tortuga galápago?

¿Podrías describir cómo es?

ECOLOGÍA

El cóndor

El cóndor de los Andes es el ave voladora° más grande del mundo. Cuando abre sus alas, mide tres metros de punta° a punta. Puede vivir más de setenta años, un récord de la naturaleza.

La figura del cóndor es muy importante en las tradiciones de los pueblos andinos. Esta ave es muy beneficiosa para la naturaleza. Se alimenta de animales muertos y de carroña.° Así limpia el medio ambiente.

Hoy el cóndor está en peligro de extinción por culpa de los cazadores° y de los incendios forestales.° En Ecuador sólo hay 75 ejemplares. En Venezuela aún hay menos. Todos los países andinos están buscando la forma de proteger al cóndor.

¿Conoces algún otro animal en peligro de extinción?

La naturaleza en la pintura

La naturaleza ha sido uno de los temas favoritos de pintores de todas las épocas. Desde el principio de la historia del arte hasta nuestros días, el hombre ha sentido la necesidad de captar en un cuadro un poco del mundo que le rodea°. De este modo, paisajes de todos los rincones del planeta, los mares, las montañas, las plantas, los animales, el cielo, las nubes, las estrellas°, etc. han sido reproducidos por diferentes artistas.

Cada uno de ellos ha utilizado su propio estilo. Muchos han pintado la naturaleza de forma realista. Otros han preferido el estilo naïf. Y algunos, como Joan Miró (1893-1984) en este cuadro, lo han hecho de forma abstracta.

Esta obra se llama *Mujeres y pájaros a la luz de la luna.*

¿Qué elementos ves en el cuadro?

¿Qué otras obras famosas sobre la naturaleza conoces?

el archipiélago *archipelago*
el ave voladora *flying bird*
la carroña *carrion*
los cazadores *hunters*
de punta a punta *from one end to the other*
la estrella *star*
los incendios forestales *forest fires*
le rodea *surrounds (him)*

215

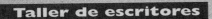

POR UN FUTURO "VERDE"

1. GRAN EXPOSICIÓN ECOLÓGICA

Organiza una exposición ecológica en tu comunidad. ¿Cómo se va a llamar? ¿Qué eventos planearás? ¿Habrá conferencias y excursiones? Diseña y escribe un folleto atractivo e interesante para el público con arte y fotos.

2. REVISTA PARA ESTUDIANTES

Con tu compañero(a), diseña una revista ecológica para estudiantes. ¿Cómo se llamará la revista? ¿Qué tipo de artículos y secciones tendrá? ¿Juegos? ¿Noticias de interés local y mundial? ¿Entrevistas con personas importantes?...

3. VAMOS A INVESTIGAR

Investiga sobre un país de habla hispana que esté tomando medidas para proteger el medio ambiente.

En Ciudad de México se está reduciendo el nivel de contaminación del aire. Tienen un programa para reducir el número de coches que circulan por las calles. Todos los coches tienen que pasar dos inspecciones al año para comprobar que no contaminan. También están fomentando el uso del transporte público.

4. EL MUNDO EN EL SIGLO XXI

Muchas personas son optimistas con respecto al futuro de nuestro planeta. ¿Eres una de ellas? ¿Qué crees que pasará durante los próximos diez años? ¿Crees que encontraremos soluciones a la mayoría de los problemas? Describe cómo imaginas que será el planeta en el futuro.

¿Qué sabes ahora?

Debate ecológico

PARA CONVERSAR

En grupos de tres a cinco estudiantes, discutan las ventajas y desventajas de las nuevas fuentes de energía. Cada persona defenderá las ventajas de una fuente de energía.

— *Yo opino que la energía solar es la mejor porque es barata y fácil de usar.*
— *No estoy de acuerdo. Yo pienso que la energía nuclear es más barata.*

PARA ESCRIBIR

¿Hay algún tema ecológico que te interese? Escribe una carta al/a la director(a) de un periódico o revista de tu comunidad para que publique algo acerca del tema. Empieza la carta con "Sr(a). Director(a)" y termina con "Atentamente" y tu firma.

Sra. Directora:
Le escribo para saber si piensa publicar un artículo sobre los derrames de petróleo. Necesitamos más información sobre este tema porque...

PARA DESCRIBIR

Con tu compañero(a), investiguen sobre una especie animal que esté en peligro de extinción. Describan su hábitat y digan por qué está en peligro. Indiquen qué pasaría si desapareciera esa especie.

VOCABULARIO TEMÁTICO

Materiales para reciclar
Recycling materials

el cartón *cardboard*

Lo que debemos conservar y proteger
What we should save and protect

la capa de ozono *the ozone layer*

las tierras pantanosas *wetlands*

los bosques *forests*

las zonas de reserva ecológica *environmentally protected areas*

Fuentes de energía
Energy sources

la energía eólica *eolian energy*

la energía hidráulica *water energy*

la energía nuclear *nuclear energy*

la energía solar *solar energy*

Expresiones y palabras
Words and expressions

el aerosol *aerosol*

la campaña *campaign*

el cartón *cardboard*

el clima *climate*

el derrame de petróleo *oil spill*

el glaciar *glacier*

la protección ambiental *environmental protection*

la sequía *drought*

castigar *to punish*

derretir *to melt*

desperdiciar *to waste*

fomentar *to promote*

talar (árboles) *to cut (trees)*

tomar conciencia *to become aware*

Conozcamos VENEZUELA

¿Sabes que en Venezuela se encuentra el teleférico más largo del mundo? ¿No? Pues lee esta guía de viajes y sabrás más sobre este bello país.

DATOS IMPORTANTES

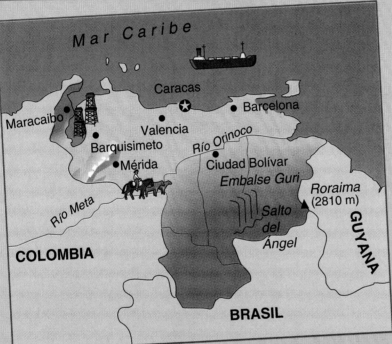

Nombre oficial:	República de Venezuela.
Geografía:	Muy variada. Altas montañas, selva, playas y desierto.
Clima:	Tropical, pero depende de la altitud. La época seca es de diciembre a abril.
Zona horaria:	Hora en la costa este de EE.UU. + 1 hora
Idioma(s):	Español y varias lenguas indígenas
Ciudades principales:	Caracas (capital), Maracaibo, Valencia, Barquisimeto y Ciudad Bolívar
Moneda:	Bolívar.

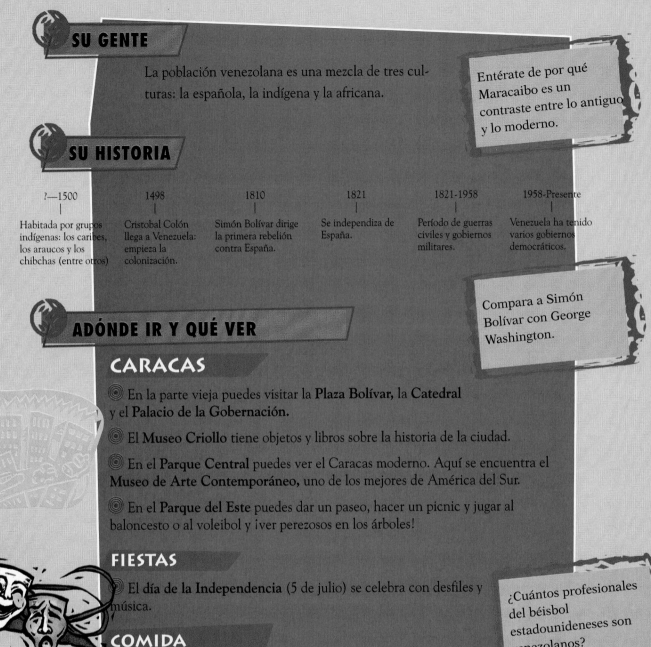

SU GENTE

La población venezolana es una mezcla de tres culturas: la española, la indígena y la africana.

Entérate de por qué Maracaibo es un contraste entre lo antiguo y lo moderno.

SU HISTORIA

?—1500	1498	1810	1821	1821-1958	1958-Presente
Habitada por grupos indígenas: los caribes, los araucos y los chibchas (entre otros)	Cristobal Colón llega a Venezuela: empieza la colonización.	Simón Bolívar dirige la primera rebelión contra España.	Se independiza de España.	Período de guerras civiles y gobiernos militares.	Venezuela ha tenido varios gobiernos democráticos.

Compara a Simón Bolívar con George Washington.

ADÓNDE IR Y QUÉ VER

CARACAS

◎ En la parte vieja puedes visitar la **Plaza Bolívar,** la **Catedral** y el **Palacio de la Gobernación.**

◎ El **Museo Criollo** tiene objetos y libros sobre la historia de la ciudad.

◎ En el **Parque Central** puedes ver el Caracas moderno. Aquí se encuentra el **Museo de Arte Contemporáneo,** uno de los mejores de América del Sur.

◎ En el **Parque del Este** puedes dar un paseo, hacer un picnic y jugar al baloncesto o al voleibol y ¡ver perezosos en los árboles!

FIESTAS

◎ El **día de la Independencia** (5 de julio) se celebra con desfiles y música.

¿Cuántos profesionales del béisbol estadounidenses son venezolanos?

COMIDA

◎ **Pabellón Criollo,** con carne, caraotas (frijoles negros), arroz y plátano

◎ **Hallaca,** pollo, carne, aceitunas, pasas, cebollas, ajo envueltos en una masa de maíz y plátanos

◎ **Arepas,** panqueque de maíz con carne, queso o pescado

ACTIVIDADES Y DEPORTES

◉ **El Parque Nacional El Ávila** está muy cerca de Caracas. Allí puedes **hacer caminatas, acampar, patinar sobre hielo, tomar el teleférico** y pasarla bien.

◉ Ve al **Estadio Universitario** a ver un partido de fútbol o béisbol (el deporte nacional).

◉ Si te gustan la **danza** y los **conciertos,** ve al Complejo Cultural Teresa Carreño.

◉ Si te gustan las **discotecas** y pasarla bien, ve al barrio de Las Mercedes, El Rosal, La Floresta o La Castellana.

◉ Puedes tomar un autobús e ir a un pueblo de la costa, como Macuto, o a la isla Los Roques para **nadar** y **tomar el sol.**

MÉRIDA

◉ Pasea por el **centro** y visita la Catedral y los museos.

◉ La **Casa de los Gobernadores** tiene una gran colección de maquetas de edificios hechos de cerámica.

◉ Varias agencias organizan **excursiones en bicicleta** por las montañas.

◉ El **Jardín Acuario** está dedicado a la cultura tradicional de la región.

◉ Sube al teleférico más alto y largo del mundo, hasta el Pico Espejo (4765 m).

FIESTAS

◉ **Fiesta de San Sebastián** en San Cristóbal, con corridas de toros, carreras de bicicleta y de caballos y muchos deportes más

Entérate de qué es una corrida de toros. ¿Qué piensas de ello?

COMIDA

◉ **Jugos de frutas tropicales,** puedes comprarlos en restaurantes, fruterías y refresquerías.

◉ **Muchacho,** carne con salsa

◉ **Cachito,** croissant con jamón que se sirve caliente.

ACTIVIDADES Y DEPORTES

◉ Visita los pueblos cerca de Mérida como **San Rafael de Mucuchines** o **El Tisure.**

◎ Desde el **Centro de Investigaciones de Astronomía** (a 3600 m) puedes observar la luna y las estrellas.

◎ Si te gusta subir montañas y hacer caminatas, puedes ir al **Pico Bolívar,** el más alto de Venezuela.

> Haz una lista de cosas que llevarías para subir al Pico Bolívar.

LA REGIÓN NORESTE

◎ **Barcelona,** capital de la región, fue fundada en 1671 por los catalanes. Visita la magnífica **Iglesia del Carmen** y el **Teatro Cajigal.**

◎ El **parque Nacional Mochima,** en la costa atlántica, tiene varias islas de playas de arena blanca. Las más populares son la **Isla de Plata** y la **Isla Monos.**

> Escribe una pequeña historia sobre una aventura imaginaria a las misteriosas Cuevas del Guácharo.

◎ Desde Puerto de la Cruz puedes tomar un barco hasta la **Isla Margarita,** una isla con 167 km de playas paradisíacas.

◎ En las misteriosas **Cuevas del Guácharo,** de 10,5 km de largo, vive el pájaro nocturno guácharo.

FIESTAS

◎ En **Isla Margarita** se hacen regatas en honor a la Virgen del Carmen, en julio.

COMIDA

◎ **Sancocho,** sopa de pescado con vegetales, limón y tomate

◎ **Consomé de chipi chipi,** sopa de pescado

◎ **Chachapas,** tortillas de maíz con sal y azúcar

ACTIVIDADES Y DEPORTES

◎ Hay muchas playas para tomar el sol, nadar y bucear. Cerca del Puerto de la Cruz, las más populares son **Playa Arapito** y **Playa Colorada.** En **Isla Margarita** puedes hacer tabla a vela.

EL ESTADO DE BOLÍVAR

◎ **Ciudad Bolívar,** en el río Orinoco, es la capital de este estado. Camina por el **Paseo Orinoco.** Visita el Museo Etnográfico que muestra artesanías de los indígenas de esta región.

◎ **El Salto del Ángel** es la caída de agua más alta del mundo (979 m).

◎ **La Gran Sabana,** habitada por los indios pemón, es una hermosa pradera. En la sabana hay *tepuis,* unas enormes mesetas de arena. El tepuis más grande se llama **Roirama.**

COMIDA

◎ **Mojos,** huevos revueltos con leche, tomate y tabasco

◎ **Cachapa,** panqueque de maíz grande

◎ **Pasticho,** similar a la lasaña

ACTIVIDADES Y DEPORTES

◎ Si te gusta la aventura, una caminata muy popular entre los turistas es subir al tepuis **Roirama.**

Investiga sobre el río Orinoco. Vas a encontrar datos muy interesantes. Compártelos con la clase.

Escribe una leyenda venezolana que explique la creación del Salto del Ángel. Acompáñala de dibujos.

MEDIOS DE TRANSPORTE

"Por puesto": Autobuses/taxis con rutas fijas. Son más caros que los autobuses, pero son más rápidos y cómodos.

Metro: Caracas tiene un metro excelente, rápido, barato y cómodo.

COMPRAS

Entérate de qué es un mercado libre.

◉ En el **Mercado Libre de Chacas,** en Caracas, puedes comprar joyas, ropa y comida muy barata. Abierto los jueves y los sábados.

INFORMACIÓN ESPECIAL

◉ La mayoría de tiendas abren de 8:00 a 12:00 y de 2:00 a 6:00.

◉ Para ir a los parques nacionales de Venezuela necesitas un permiso. Estos permisos son gratis. Puedes conseguir uno en la Dirección General de Parques Nacionales de Venezuela.

DIRECCIONES Y NÚMEROS DE TELÉFONO IMPORTANTES

▣ **Consulado de Venezuela** en Nueva York. 7 E 51st St., New York, NY 10022. Tel: (212) 826-1660.

▣ **Embajada de Venezuela,** 1099 30th Street NW, Washington DC 20007. Tel: (202) 342-2214.

CAPÍTULO 8

LOS MEDIOS DE COMUNICACIÓN

¿ESTÁS AL DÍA?

Trabajar de camarógrafo es fascinante.

Objetivos

COMUNICACIÓN

- lo que haces para enterarte de las noticias
- las ventajas y desventajas de los diferentes medios de comunicación

CULTURA

- quiénes son algunos dibujantes de historietas hispanos
- cómo hacer arte con televisores
- qué hacen en Latinoamérica para mejorar sus telecomunicaciones

VOCABULARIO TEMÁTICO

- los periódicos, revistas y programas de televisión que te gustan
- algunas profesiones en el mundo de la comunicación
- el espacio cibernético

ESTRUCTURA

- lo que estabas haciendo en un momento específico: el pretérito imperfecto progresivo
- lo que hiciste: verbos que cambian de significado en el pretérito
- cosas y personas ya mencionadas: la nominalización

LECTURA

- el fragmento de una novela de un escritor peruano

REDACCIÓN

- un artículo sobre el espacio cibernético
- la programación de un canal para jóvenes hispanos
- un párrafo sobre lo que opinan los jóvenes sobre los medios de comunicación
- el guión de un programa de radio
- un artículo sobre un suceso reciente

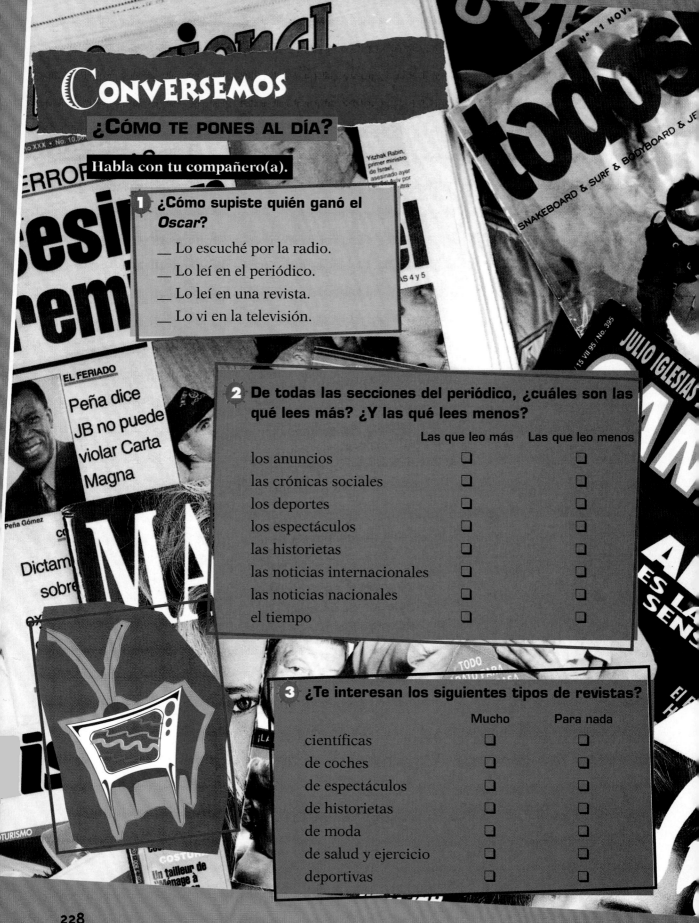

CONVERSEMOS

¿CÓMO TE PONES AL DÍA?

Habla con tu compañero(a).

1 **¿Cómo supiste quién ganó el *Oscar*?**

__ Lo escuché por la radio.

__ Lo leí en el periódico.

__ Lo leí en una revista.

__ Lo vi en la televisión.

2 **De todas las secciones del periódico, ¿cuáles son las qué lees más? ¿Y las qué lees menos?**

	Las que leo más	Las que leo menos
los anuncios	☐	☐
las crónicas sociales	☐	☐
los deportes	☐	☐
los espectáculos	☐	☐
las historietas	☐	☐
las noticias internacionales	☐	☐
las noticias nacionales	☐	☐
el tiempo	☐	☐

3 **¿Te interesan los siguientes tipos de revistas?**

	Mucho	Para nada
científicas	☐	☐
de coches	☐	☐
de espectáculos	☐	☐
de historietas	☐	☐
de moda	☐	☐
de salud y ejercicio	☐	☐
deportivas	☐	☐

4 **¿Qué programa estabas viendo ayer a las nueve de la noche?**

	Sí	No
un documental	❏	❏
un noticiero	❏	❏
una película	❏	❏
un programa de concursos	❏	❏
un programa deportivo	❏	❏
un programa musical	❏	❏
una serie	❏	❏
una telenovela	❏	❏

5 **¿Conoces a alguien que sea...?**

	Sí	No
camarógrafo(a)	❏	❏
columnista	❏	❏
director(a)	❏	❏
editor(a)	❏	❏
fotógrafo(a)	❏	❏
locutor(a)	❏	❏
periodista	❏	❏
presentador(a)	❏	❏
productor(a)	❏	❏
reportero(a)	❏	❏
técnico(a) de sonido	❏	❏

REALIDADES

¿TE GUSTARÍA LEER LAS NOTICIAS EN EL ESPACIO CIBERNÉTICO?

ESPAÑA

¿Quieres leer acerca de los deportes en España? Visita la página inicial del periódico *La Vanguardia*, de Barcelona, España y lee los titulares deportivos. La dirección del periódico es: http://vangu.ese/es:80.

COSTA RICA

Muchos periódicos ya tienen servicios especiales en la red mundial de computadoras, como el periódico costarricense *La Nación*. Visita la página inicial del periódico, consulta la sección "servicios" y accede al programa de búsquedas para investigar un tema sobre Costa Rica. La dirección es: http://www.nacion.co.cr/.

El Pasaporte Peruana del "Chacal"

ILUSTRACION PERUANA

Caretas

SUSANA
Lo Que
La Fiscal
No Puede
OIR

JPC

Paso a Paso

Los periódicos y revistas electrónicos pueden organizar concursos con sus lectores, como este concurso de cuentos de *Caretas*, la primera revista peruana que tiene una edición electrónica. Visita las páginas de *Caretas* y lee el último número. Para dejar un mensaje en el buzón electrónico, la dirección es: http://ichu.rcp.net.pe:80/caretas/.

PERÚ

Y TÚ, ¿QUÉ PIENSAS?

1. Muchos jóvenes de España y de Latinoamérica leen las secciones deportivas de los periódicos. ¿Y tú? ¿Y tus compañeros(as)?

2. Acceder a un programa de búsqueda e investigar en periódicos y revistas es común en la era de las computadoras. En el futuro, los periódicos van a tener foros de discusión con sus lectores. ¿Crees que serán útiles?

3. ¿Qué tipos de concursos tendrán los periódicos electrónicos del futuro? ¿Qué ventajas y desventajas crees que tiene la red mundial de computadoras?

4. Los jóvenes colombianos dedican más tiempo a la televisión que a los periódicos y revistas. ¿Crees que las redes de computadoras van a hacer que los jóvenes lean más periódicos y revistas?

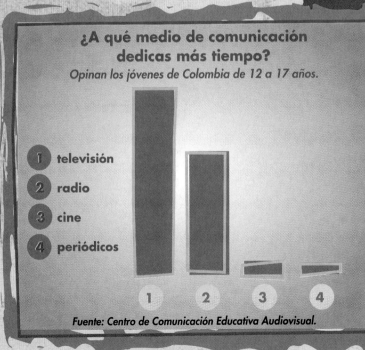

¿A qué medio de comunicación dedicas más tiempo?
Opinan los jóvenes de Colombia de 12 a 17 años.

1. televisión
2. radio
3. cine
4. periódicos

Fuente: Centro de Comunicación Educativa Audiovisual.

Palabras en acción

1 Ventajas y desventajas

Con tu compañero(a), comenten las ventajas y desventajas de cada uno de los siguientes medios de comunicación.

la radio   la televisión   el periódico

las revistas   el espacio cibernético

— *Una de las ventajas del espacio cibernético es que puedes escribir cartas al buzón electrónico de un periódico o acceder al programa de búsquedas para investigar un tema.*

— *Sí, pero una de las desventajas es que necesitas tener acceso a esas redes. Yo creo que la radio tiene más ventajas...*

2 Titulares

Pregúntale a tu compañero(a) en qué sección de este periódico podría encontrar los siguientes titulares.

— *¿Dónde crees que leerías el titular "Viene tormenta tropical del este"?*

— *Yo creo que en la sección del tiempo.*

¡Viene tormenta tropical del este!

El grupo Niche ya tiene un disco nuevo

El presidente de Honduras visita Nigeria

El Congreso aprobó una ley de defensa de la naturaleza

GRAN FINAL: COLOMBIA 3, ECUADOR 1

2:00
Caminos cruzados

2:30
Primera edición

3 **Eres lo que lees**

Con tu compañero(a), hablen de a quién le regalarían las siguientes revistas.

científica	deportiva	de moda
de espectáculos	de coches	de salud y ejercicio
de historietas		

3:30
¡Gane un millón!

— *¿A quién le regalarías una revista de historietas?*
— *Se la regalaría a mi primo de cinco años.*

4 **Adivina, adivinador**

Con tu compañero(a), lee los títulos de programas de televisión y digan qué tipo de programas son.

4:30
El reino animal

5 **Empleados(as) de la comunicación**

¿Qué profesión crees que tienen las siguientes personas? ¿Qué opina tu compañero(a)?

Humberto Ortega:	*"Tengo que salir enseguida para sacar fotos de un incendio".*
Laura Santos:	*"Con este dolor de garganta no podré trabajar en el noticiero de las 9:30 de la mañana".*
Victoria Vélez:	*"Este artículo sobre las elecciones es muy largo".*
Javier Martínez:	*"Desde Quito, les informa Javier Martínez para **Univisión**".*
Daniel Ochoa:	*"Vamos a repetir la escena una vez más".*
Irene Izaguirre:	*"Por favor, déme ese micrófono".*
José Salgado:	*"¿Cuál fue el momento más importante de su carrera?"*
María Ulloa:	*"Necesitamos más dinero para terminar la película".*

5:30
La guerra de las galaxias, II

8:00
Concierto en vivo

7:00
Lo mejor del fútbol

EL SUPER PROGRAMA

Las mañanas de Quique Quiñones

Todos los días, Quique llama a diez personas y les pregunta: "¿Qué estaba haciendo usted cuando llamé?" Si usted contesta la respuesta sorpresa de ese día... ¡le damos un regalo!

¿No lo cree? Pues pregúntele a Raquel Castillo. Cuando Quique le hizo su famosa pregunta, ella respondió: *"Estaba lavándome el pelo"* ¡y ganó un televisor!

¡Usted puede ser el próximo ganador! Escuche a Quique todos los días a las 9:00 de la mañana.

Para hablar de lo que estabas haciendo en un momento específico, usa la forma progresiva del preterito imperfecto.

1. Use the past progressive tense to talk about what you were doing when something else happened (preterite). To form the progressive of regular *-ar*, *-er*, and *-ir* verbs, use an imperfect form of *estar* followed by a present participle or *gerundio*.

Ayer estaba escuchando la radio cuando oí la noticia sobre el accidente.	**Yesterday I was listening to the radio when I heard about the accident.**
Papá y mamá estaban viendo televisión cuando llegó tía Luisa.	**Dad and Mom were watching TV when Aunt Luisa arrived.**

2. Place a pronoun either before the form of *estar* or attached to the end of the present participle.

   A las 8:00 de la mañana, yo me estaba preparando para salir.
   A esa hora mi hermana estaba duchándose.

3. Verbs that end in *-ir* and have a stem change in the preterite (*e>i*, or *o>u*) will maintain that spelling change in the present participle. For example, *pidiendo*, *durmiendo*.

4. Certain *-er* and *-ir* verbs with double vowels (*oír*, *leer*) have a spelling irregularity: *oyendo*, *leyendo*.

1 ¡Un regalo para usted!

¿Qué estaban haciendo estas personas cuando Quique los llamó?

Maribel/desayunar —> Maribel estaba desayunando cuando Quique llamó.

1. yo/leer el periódico
2. Silvia y José/vestirse
3. Oscar/escuchar la radio
4. Raúl/cepillarse los dientes
5. tú y yo/dormir

2 ¡Qué día!

Éste es el horario de la señora Tarridas, una productora de televisión. Según este horario, escribe lo que estaba haciendo a las horas indicadas.

A las 8:00 de la mañana estaba desayunando en su casa.

1. a las 9:30
2. a las 11:15
3. a.las 2:15
4. a las 4:00
5. a las 5:30
6. a las 7:00

Martes 27 de junio

8:00

9:00 *9:00 - 9:45 revisar el contrato del protagonista de "Tal para cual"*

10:00

11:00 *11:00 - 1:30 Leer el guión de "Pasión secreta"*

12:00

1:00

2:00 *2:00 - 3:30 Almorzar con el Sr. Castro, director de teatro*

3:00

4:00 *4:00 - 4:45 Escribir una carta al abogado Amador Benavides*

5:00 *5:00 - 6:00 Entrevistar a Eugenia Pavetto*

6:00 *6:30 - 7:30 Reunirse con la camarógrafa Laura Rubio*

7:00

8:00

3 Un disc-jockey al revés

Eres el/la supervisor(a) de una estación de radio. Hoy contrataste a un nuevo disc-jockey, que tiene unas costumbres un poco extrañas. Di lo que hacía durante las siguientes ocasiones.

la primera canción —> Durante la primera canción estaba durmiendo.

1. el anuncio
2. las noticias
3. la primera llamada telefónica
4. la segunda canción

235

PARA COMUNICARNOS MEJOR

Bogotá, Colombia

Hoy se supo que la conocida cantante panameña Corazón fue hospitalizada. La artista se desmayó en un concierto y tuvo que abandonar el escenario. A los quince minutos, quiso continuar pero no pudo. Su médico no quiso que la entrevistáramos porque la cantante necesita reposo. Esta mañana hubo disturbios delante del hospital porque cientos de aficionados querían verla en persona.

Para hablar de lo que hiciste, usa verbos que cambian de significado en el pretérito.

1. Some verbs like *conocer, haber, querer, poder,* and *saber,* change their meaning when used in the preterite.

VERB	MEANING IN THE PRESENT TENSE	MEANING IN THE PRETERITE
conocer	to know	to meet
haber	to have (aux.)	to occur
poder	to be able	to manage
no poder	to be unable to	to fail to
no querer	to not want	to refuse
saber	to know	to find out

Ayer hubo una gran discusión porque mi amigo quiso cambiar de canal mientras mi tío miraba su programa favorito.

2. *Querer, poder,* and *saber,* have an irregular stem in the preterite.

VERB	PRETERITE STEM	PRETERITE ENDINGS	
poder	pud-	e	imos
querer	quis-	iste	isteis
saber	sup-	o	ieron

1 Incidentes

A. Completa con el tiempo verbal apropiado la siguiente noticia que apareció en un periódico de Chile.

> **Anoche (haber) una noticia muy triste. (saberse) que un grupo de esquiadores uruguayos desapareció cerca de Portillo. La policía (querer) salir a buscarlos pero no (poder) a causa del mal tiempo.**

B. ¿Cómo crees que terminó este incidente? Escribe tres o cuatro oraciones para terminar la noticia.

2 ¡Qué notición!

¿Cómo te enteraste de los siguientes sucesos?

> *un concierto de tu artista favorito(a) —> Supe que iba a dar un concierto porque me lo dijo una amiga.*

1. una noticia increíble
2. un chisme de la escuela
3. un desastre natural
4. una noticia familiar
5. una noticia local

3 Reportero escolar

Eres el/la reportero(a) del periódico de tu escuela. Escribe un artículo sobre algo que ocurrió recientemente.

> *El sábado pasado hubo un accidente en el partido de fútbol. El portero del equipo quiso parar un gol con el pie derecho, pero resbaló y tuvieron que llevarlo al hospital.*

PARA COMUNICARNOS MEJOR

¿CUÁL ES LA MEJOR?

Estamos haciendo una encuesta para conocer mejor a nuestros lectores, sus gustos y preferencias. Completa esta encuesta, envíanosla y participa en el sorteo de dos entradas para el próximo concierto de Magneto.

▶ Artículos
El mejor del año _____
El peor del año _____

▶ Entrevistas
La mejor del año _____
La peor del año _____

▶ Fotografías
La mejor del año _____
La peor del año _____

Nombre y apellido: _____
Dirección: _____
Teléfono: _____

Para hablar de cosas y personas ya mencionadas, usa la nominalización.

1. Instead of repeating a noun, you can use:

- an article with an adjective.

  —*¿Lees las noticias internacionales?*
  —*No, prefiero leer las locales.*

- an article followed by *de* and a noun.

  —*¿Te gustan las revistas de deportes?*
  —*Me gustan más las de moda.*

- an article followed by *que* and a clause.

  —*¿Te gustó el programa que vimos hoy?*
  —*Sí, pero el que vimos ayer me gustó más.*

2. Use the indefinite article the same way. Just remember to use *uno* to replace a masculine singular noun.

  ¿Hay programas de ejercicio en la televisión?
  Si, hay uno muy bueno a las siete de la mañana.

1 Gustos

¿Qué te parecen los siguientes tipos de revistas?

de moda/de coches —> Las revistas de moda me parecen aburridas. Las de coches me gustan mucho...

1. científicas/deportivas
2. de moda/de espectáculos
3. de historietas/de salud y ejercicio

2 Índice

Mira este índice de una revista y di los artículos que te parecen interesantes, los que te gustan más y los más divertidos.

3 Cada cabeza es un mundo

¿Cuáles son tus revistas favoritas? Expresa tus opiniones sobre los siguientes tipos de revistas y compártelas con tus compañeros(as).

Se identifica con los jóvenes. —> La que mejor se identifica con los jóvenes es... porque...

1. Da más información general.
2. Tiene más noticias internacionales.
3. Da más información deportiva.
4. Es más entretenida.

Adelante

¿LEES EL PERIÓDICO TODOS LOS DÍAS?

Estar informado requiere tiempo y dinero...

- ¿Crees que es importante estar bien informado? ¿Por qué?

- ¿Te parece que hoy en día hay un exceso de información? Explica tu respuesta.

- ¿Crees que, en general, los medios de comunicación dan las noticias objetivamente o exageran? Explica tu respuesta.

NOTA CULTURAL LA NARRACIÓN

En las páginas siguientes vas a leer el fragmento de una novela realista. El autor usa varios recursos técnicos para narrar la situación de la forma más eficiente. Empieza describiendo lo que ocurre una mañana, continúa con una cita textual de una noticia del periódico y termina con un diálogo entre varios personajes.

En la literatura hispano americana hay varios autores que usan un estilo realista. Algunos son: Isabel Allende (chilena) con su novela *Paula*, Elena Poniatowska (mexicana) que escribió *Gaby* y Benito Pérez Galdós con la novela clásica *Fortunata y Jacinta*.

EL DIÁLOGO

Presta atención a cómo desarrolla el diálogo el autor estableciendo quiénes están a favor de una idea y quiénes en contra. Fíjate también en cómo describe a los diferentes personajes después de hacerlos hablar.

¡CONOZCAMOS AL AUTOR!

Jaime Bayly (Perú, 1965) *Los últimos días de "La Prensa"* es la tercera novela de este joven novelista y periodista hispano. Además de ser escritor, Bayly también ha trabajado como presentador de televisión en Lima, Miami y Santo Domingo.

¿EN CUÁNTOS LUGARES?

Echa una ojeada rápida al relato de las páginas siguientes y di si la situación ocurre en un sólo lugar o en varios lugares. También, di cuántos personajes hay en el diálogo.

LOS ÚLTIMOS DÍAS DE "LA PRENSA"

(Fragmento)

Introducción

La Prensa es un diario imaginario de Lima. Pero las cosas no van muy bien y La Prensa está a punto de declararse en bancarrota. En ella trabajan Arnaldo Zamorano y Héctor Perochena y Perochena. Un día, el señor Zamorano se enoja con el señor Perochena y Perochena y...

Diego se levantó de la cama, salió de su cuarto en piyama, se puso una bata, bajó las escaleras, abrió la puerta de la calle, recogió *La Prensa* y fue a la cocina a tomar desyuno. Abrió la refrigeradora, sacó el plato de quáker que Faucett le había dejado preparado la noche anterior y se sentó a tomar desayuno. Leyó la primera plana mientras comía su plato de quáker. Fue pasando las páginas lentamente hasta llegar a policiales. Leyó: DEMENTE INTENTÓ ASESINAR A REDACTOR DE *LA PRENSA*. Sonrió, sorprendido. Era la noticia más importante de la página. Leyó el texto de debajo del titular: "Un reportero de la página policial de este periódico estuvo a punto de° morir ayer cuando fue salvajemente atacado por un desequilibrado mental que lo arrojó° por uno de los balcones del local de *La Prensa*. La víctima del intento de homicidio, el prestigioso reportero Héctor Perochena y Perochena, ampliamente° conocido en el mundo del periodismo policial, sufrió heridas de consideración, que lo han obligado a permanecer internado en la sala de cuidados intensivos de un nosocomio° local. El hecho de sangre° ocurrió ayer en horas de la tarde, cuando Perochena estaba desarrollando sus labores habituales° en la redacción de *La Prensa*. Fue en esas circunstancias cuando un sujeto° de alta peligrosidad, que responde al nombre de Arnaldo Zamorano, alias El Repasador del Rímac, irrumpió° en las instalaciones de este periódico, gritando improperios° irreproducibles y dando inequívocos signos de alteraciones mentales."...

ampliamente *widely*
arrojó *threw out*
el hecho de sangre *the bloody event*
a punto de *on the verge of*
los improperios *abusive remarks*
irrumpió *burst in*
las labores habituales *daily tasks*
el nosocomio *hospital*
el sujeto *person*

—¿Se puede saber quién... ha publicado esto? —gritó Patty.

Estaba parada° en medio de la redacción. Agitaba un ejemplar de *La Prensa*, señalando la noticia que daba cuenta° de la agresión sufrida por Perochena. Sus manos temblaban. Estaba indignada.

—Yo en ningún momento autoricé la publicidad de esa noticia —dijo Alberto Rivarola, parado a su lado—. Esto es un torpedo preparado por alguien de la redacción.

—¿Quién es el responsable? —preguntó Patty—. ¿Quién ha hecho publicar esto por lo bajo°?

Todos en la redacción permanecieron° callados, indiferentes, como si con ellos no fuera° la cosa.

—El director está furioso y me ha encargado averiguar quién es el autor de esta canallada° —gritó Patty—. Es una vergüenza° que los demás periódicos no hayan publicado nada por solidaridad profesional y que gente de nuestra propia redacción nos haya traicionado° de esta manera vil.

Un hombre moreno de anteojos oscuros, se puso de pie. Se llamaba Julio Aliaga. Le decían El Negro o Aceituna. Era reportero de locales.

—Yo estoy de acuerdo° con la señorita Patty —dijo, la voz ronca°, las manos en los bolsillos—. Es lamentable que esa noticia haya salido publicada. Le hace un daño tremendo al periódico y además es un ataque sumamente° injusto al señor Zamorano.

—Zamorano era un desgraciado°, hombre —dijo el veterano redactor Bernardino Doria, un tipo gordo metido en° una camisa de flores.

—Yo no defiendo a Zamorano, pero no hay derecho de insultarlo públicamente en las páginas de nuestro periódico, y es una falta de ética° profesional afirmar que Zamorano es un delincuente con amplio prontuario° y que está vinculado a la subversión—dijo El Negro Aliaga.

la canallada *vile trick*
como si con ellos no fuera *as if it wasn't with them*
daba cuenta *informed*
de acuerdo *in agreement*
desgraciado *wretch*
falta de ética *lack of ethics*
metido en *inside of*

parada *standing*
permanecieron *remained*
por lo bajo *secretly*
prontuario *record*
sumamente *extremely*
traicionado *betrayed*
la vergüenza *shame*
la voz ronca *low voice*

—Así es Julio, tines toda la razón —dijo Patty—. Nadie acá está defendiendo la barbaridad que hizo el señor Zamorano, pero eso de ninguna manera justifica publicar una noticia llena de insultos y mentiras.

—Porque el principal perjudicado° no es Zamorano sino la reputación de La Prensa —dijo Rivarola.

Una mujer gorda, con el pelo pintado de un maíz rojizo y unos jeans muy ajustados°, se puso de pie resueltamente. Era la aguerrida° reportera Vicky Pelayo.

—Yo francamente discrepo acá con la señorita Patty —dijo, enérgica, una mano en la cintura, la otra agitándose—. Nuesta primerísima obligación como periodistas profesionales es hacia los lectores. Nosotros nos debemos a la noticia. Y el intento de asesinato del coleguita Perochena era una noticia importante que tenía que salir publicada. Teníamos que dar la primicia°, colegas. ¿Por qué íbamos a autocensuranos? ¿Sólo para proteger a la bestia de Zamorano?

—Así es, la señorita Vicky tiene toda la razón —dijo Bernardino Doria, el gordo de la camisa de flores.

—¿Tú has escrito esta cochinada° Vicky? —le gritó Patty a la mujer de pelo rojizo—. ¿Tú eres la traidora?

—Yo no he escrito la nota, yo ni siquiera trabajo en policiales, señorita, pero estoy defendiendo la ética profesional, que para mí es sagrada —dijo Vicky Pelayo. ...

—Muy bien, si nadie me va a decir quién es el traidor, voy a tener que investigar en talleres —dijo Patty.

Caminó hasta el escritorio de Rivarola, descolgó° el teléfono y le dijo al jefe de talleres, el Zambo Smith, que subiese inmediatamente a la redacción. ...

—Oye, Juanito, te he llamado porque quiero saber quién bajó a talleres la nota de Perochena, quién pidió que la publiquen, porque esa nota no había sido chequeada por Rivarola y no había sido autorizada para que salga° —le dijo Patty. ...

—Fue don Bernardino Doria —dijo, señalando al gordo de la camisa de flores. ...

—¿O sea que tú eres el traidor, Doria? —gritó Patty. ...

—No me levante la voz°, señorita —protestó Doria—. Usted defiende los intereses de la patronal° y yo defiendo a mis colegas de la clase trabajadora. ...

—Estás despedido° del periódico.

aguerrida *hardened*	levante la voz *raise the voice*
ajustados *tight*	para que salga *to be published*
la cochinada *rotten thing*	patronal *employers union*
descolgó *(she) picked up*	la primicia *the first one*
despedido *fired*	

¿COMPRENDISTE BIEN?

A. Vuelve a mirar el relato y busca los siguientes detalles.

1. el número de personajes

2. dónde está Diego cuando lee la noticia

3. qué periódicos publicaron la noticia

4. dónde trabaja Zambo Smith

B. Indica si las siguientes oraciones son cieras (C), falsas (F) o si la información no se da (ND).

1. Alberto Rivarola no autorizó la publicación de la noticia.

2. Patty es la secretaria del director.

3. El señor Héctor Perochena fue atacado por un perro.

4. Vicky Pelayo cree que es una noticia importante pero que no se debe publicar.

5. El director está muy enojado y piensa que el haber publicado la noticia es una traición.

6. Diego trabaja en *La Prensa*.

TE TOCA A TI

- ¿Por qué razón crees que Doria escribió la noticia? ¿Estás de acuerdo con la forma en que la escribió? ¿Por qué?

- ¿Por qué crees que el director no quiere que publiquen la noticia? ¿La publicarías tú si fueras el director del periódico?

LITERATURA

Las historietas

En general, las historietas reflejan la cultura, el humor y las costumbres de un país. Podemos decir que son arte y literatura a la vez. Las historietas pueden ser cómicas, de aventuras, de detectives, de ciencia ficción, etc. Hay varios ilustradores hispanos que han creado personajes muy famosos:

Mafalda, del argentino Quino, es quizás la historieta más conocida y querida del mundo hispano. Esta niña y sus amigos han hecho reír a todo el mundo con sus preguntas ingenuas° y profundas. El español Ibáñez es el creador de las aventuras divertidas de los detectives *Mortadelo y Filemón*. Sus historietas se han publicado en muchos países.

¿Cuál es tu historieta favorita?

¿De qué se trata?

TELECOMUNICACIONES

Teléfonos para Latinoamérica

Hasta hace muy poco, llamar por teléfono a Latinoamérica era muy difícil; el sistema de telecomunicaciones era deficiente° y muchas personas no tenían teléfono. Pero la situación está cambiando. Países como Argentina, Bolivia, Chile, Ecuador, Perú y Venezuela han vendido parte de sus compañías de teléfonos estatales° a empresas privadas para intentar solucionar el problema. La Compañía Telefónica de España es una de las empresas que ha invertido° más dinero en este proyecto. Con estas inversiones, las zonas rurales que estaban aisladas, estarán conectadas con el resto del país.

¿Cómo crees que sería tu vida sin teléfono?

ARTE

La tecnología y el arte

El arte cambia constantemente. Hoy en día los artistas no sólo usan pintura y barro° para hacer sus obras, también usan luces de neón°, partes de coches, televisores, etc. En los últimos años la tecnología ha entrado en el mundo del arte. Las esculturas se mueven con electricidad. Los cuadros cambian de color. Los hologramas muestran imágenes que se transforman. Los artistas filman videos que luego proyectan° en un televisor. Los siguientes artistas hispanos, residentes en Estados Unidos, utilizan televisores en sus obras.

Antonio Muntades (España, 1942), usa varios televisores donde proyecta videos que él ha filmado. A veces repite la misma imagen en todas las pantallas; otras veces proyecta imágenes diferentes.

Francesc Torres (España, 1948) y Lourdes Portillo (México, 1944) también utilizan televisores en sus obras.

¿Qué materiales u objetos usarías tú para hacer una obra de arte?

el barro *clay*
deficiente *poor*
estatales *state-owned*
ingenuas *naive*
invertido *invested*
las luces de neón *neon lights*
proyectan *they project*

LOS JÓVENES Y EL PERIODISMO

1. EL ESPACIO CIBERNÉTICO EN ESPAÑOL

El periódico estudiantil de tu escuela tiene una sección en español. Tú vas a escribir un artículo sobre el espacio cibernético en español. Responde a la siguiente pregunta: ¿A qué información en español pueden acceder los estudiantes de tu escuela en la red mundial de computadoras? Describe cómo pueden hacerlo.

2. PROGRAMACIÓN HISPANA

Vas a crear un canal de televisión para jóvenes de habla hispana. ¿Cómo será? Planea hasta el último detalle la programación de un sábado. Haz una lista de los programas que tendrá, los nombres, indica de qué tipo serán y a qué hora serán.

3. LA IMAGEN DE LOS JÓVENES

Lee el siguiente estudio sobre la opinión que los jóvenes españoles tienen de la imagen que los anuncios presentan de ellos. Escribe un párrafo indicando si crees que tus compañeros(as) y amigos(as) piensan lo mismo.

En general, los jóvenes españoles creen que los medios de comunicación tienen bastante influencia en la opinión pública. Un 50% cree que los anuncios presentan una imagen negativa de los jóvenes; un 27% opina que los anuncios los presentan tal como son y un 23% opina que los anuncios los sobrevaloran.

4. MI PROGRAMA DE RADIO

¿Te gusta la radio? ¿Cuál es tu programa favorito? Ahora tienes la oportunidad de escribir un guión para tu propio programa de radio. ¡Ah!, no te olvides de ponerle un nombre al programa.

¿QUÉ SABES AHORA?

¿ERES UN(A) BUEN(A) PERIODISTA?

PARA CONVERSAR

Con tres o cuatro compañeros(as), planeen un noticiero de radio o de televisión. Incluyan varias secciones. Luego, presenten el noticiero a la clase.

— El noticiero tiene en sí 4 secciones: noticias locales, deportes, pronóstico del tiempo y espectáculos.
— Estoy de acuerdo, pero ¿por qué no hacemos también noticias internacionales...?

PARA ESCRIBIR

Escribe un artículo sobre un suceso reciente. Puede ser una noticia local, nacional o mundial. Usa las preguntas del buen periodista: ¿Qué? ¿Quién? ¿Cómo? ¿Cuándo? ¿Dónde? y ¿Por qué?

El equipo de tenis de Ecuador ganó ayer la Copa Sudamericana de Tenis frente al equipo de Chile, en la ciudad de Quito, Ecuador. "Nuestra victoria es el resultado de un trabajo de más de seis meses de preparación", dijo el entrenador del equipo de Ecuador...

PARA DESCRIBIR

Revisa el último número de un periódico o una revista y busca una fotografía que te guste. Inventa un artículo basándote en una descripción de lo que ocurre en la foto. Puede ser una situación real o ficticia.

VOCABULARIO TEMÁTICO

Secciones del periódico
Newspaper sections

los anuncios *advertisement*

las crónicas sociales *social page*

las noticias internacionales
international news

las noticias nacionales *national news*

los titulares *headlines*

Profesiones en los medios de comunicación
Professions in the media

el/la camarógrafo(a) *cameraperson*

el/la columnista *columnist*

el/la editor(a) *editor*

el/la locutor(a) *radio anchor*

el/la presentador(a) *TV anchor*

el/la productor(a) *producer*

el/la técnico(a) de sonido
sound technician

El espacio cibernético
Cyberspace

acceder a un programa
to gain access to a program

el buzón electrónico
electronic mailbox.

la edición electrónica *electronic edition*

la portada *front page or cover*

la página inicial *home page*

el programa de búsquedas
search program

la red mundial de computadoras
world-wide computer network

Expresiones y palabras

estar al día *to be up-to-date*

ponerse al día *to keep up with the news*

la serie *series*

Conozcamos PERÚ

Perú tiene una geografía y una cultura muy variadas. Desde el misterioso Macchu Pichu y la cultura inca hasta las hermosas playas de Huanchaco y el lago Titicaca... Perú te fascinará.

DATOS IMPORTANTES

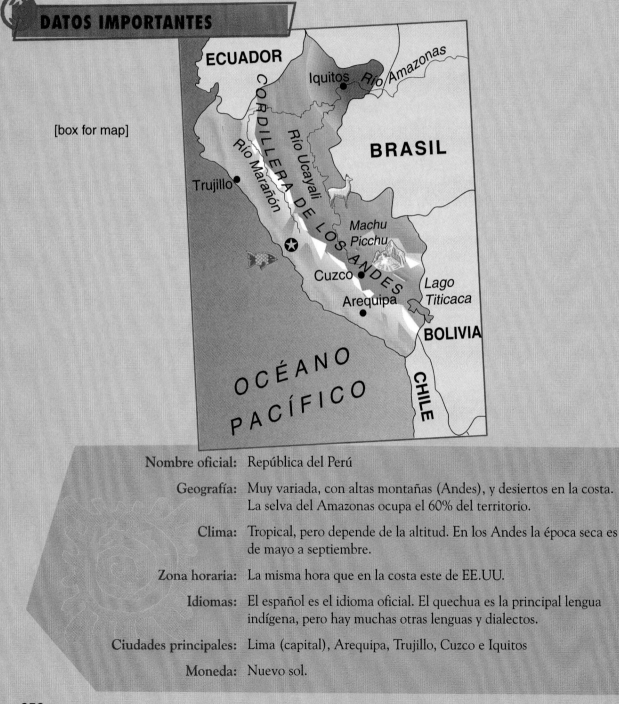

[box for map]

ECUADOR

Iquitos

Río Amazonas

BRASIL

CORDILLERA DE LOS ANDES

Río Ucayali

Río Marañón

Trujillo

Machu Picchu

Cuzco

Arequipa

Lago Titicaca

BOLIVIA

OCÉANO PACÍFICO

CHILE

Nombre oficial:	República del Perú
Geografía:	Muy variada, con altas montañas (Andes), y desiertos en la costa. La selva del Amazonas ocupa el 60% del territorio.
Clima:	Tropical, pero depende de la altitud. En los Andes la época seca es de mayo a septiembre.
Zona horaria:	La misma hora que en la costa este de EE.UU.
Idiomas:	El español es el idioma oficial. El quechua es la principal lengua indígena, pero hay muchas otras lenguas y dialectos.
Ciudades principales:	Lima (capital), Arequipa, Trujillo, Cuzco e Iquitos
Moneda:	Nuevo sol.

ADÓNDE IR Y QUÉ VER

LIMA

◎ En Lima hay muchos **museos,** como el **Museo de Antropología y Arqueología** y el **Museo de la Nación,** que muestran restos arqueológicos de las diferentes culturas peruanas.

◎ Visita las catacumbas de la **Iglesia de San Francisco,** de estilo español-árabe. La biblioteca de la iglesia tiene textos de la época de la colonización.

◎ El **Mercado Indio** es un mercado al aire libre donde puedes comprar artesanías indígenas baratas.

COMIDA

◎ **Anticuchos,** brochetas de corazón de res

◎ **Mazamorra,** postre hecho de maíz púrpura (violeta) con fruta seca.

◎ **Turrón de Doña Pepa,** masa de harina con miel

Planea un menú con platos peruanos para una comida completa.

ACTIVIDADES Y DEPORTES

◎ Puedes tomar un autobús e ir a la **playa** a tomar el sol y hacer surf. Algunas de las playas más bonitas son: El Silencio, Señoritas, Punta Hermosa, Naplo y Pucusana.

◎ Los jóvenes se reúnen en el distrito bohemio de **Barranco** para tomar un refresco y ver espectáculos en vivo.

◎ Para escuchar música peruana en vivo, cantar y bailar, ve a alguna de las **peñas** de la ciudad.

◎ Compra el periódico **El Comercio** para tener una lista de los cines, teatros y espectáculos en Lima.

SU GENTE

Un alto porcentaje de la población del Perú es indígena. Muchos indígenas todavía hablan el idioma y conservan la cultura de sus antepasados. La mayoría de los peruanos son descendientes de los indígenas y de los españoles.

Señala en un mapa la ruta y las expediciones de Pizarro.

SU HISTORIA

1300–1533	1533	1821	1824	1824–Presente
Gran imperio inca	Francisco Pizarro captura al inca Atahualpa ("el rey inca") y el imperio inca se convierte en una colonia española.	José de San Martín declara la independencia de Perú.	Simón Bolívar gana la guerra a los españoles.	Perú ha tenido varios gobiernos democráticos y dictaduras militares.

EL NORTE

◉ **Trujillo** es una ciudad de estilo colonial con muchos museos y edificios interesantes para ver, como la Casa de Urquiaga o la Catedral.

◉ **Las ruinas de Chan Chan,** son los restos de una impresionante ciudad, con canales y templos, construida en el año 1300 a.C. por los chimús.

◉ En **Lambayeque** está el Museo Bruning, que tiene una gran colección de objetos arqueológicos de las culturas Chimú, Moche, Chavín y Vicus.

FIESTAS

◉ **Fiesta de la Marinera** (finales de junio). La marinera es un hermoso baile de la costa peruana.

◉ Durante la **Fiesta de la Primavera,** en septiembre, se celebra la llegada de esta estación con música y bailes.

COMIDA

◉ **Cebiche,** pescado con limón, ají y cebolla

◉ **Seco de cabrito,** con carne, frijoles, yuca y cilantro

◉ **Jalea,** pescado y mariscos fritos

Compara los chasquis incas con el viejo Pony Express del oeste.

ACTIVIDADES Y DEPORTES

◉ **Huanchaco** es un pueblo pesquero a 15 km. de Trujillo. Este pueblo tiene las mejores playas para **nadar** y **tomar el sol.**

CUZCO Y MACHU PICCHU

◎ **La Plaza de Armas** es el corazón del área histórica de Cuzco, la capital del imperio inca.

◎ **El Palacio del Almirante** es una hermosa mansión de estilo colonial. Hoy día es el Museo Arqueológico y puedes ver objetos incas y preincaicos.

◎ **Templo Inca del Sol/Iglesia de Santo Domingo** era el lugar sagrado más importante para los incas. Los españoles construyeron una iglesia donde estaba el templo.

◎ **Machu Picchu,** una espectacular ciudad inca en ruinas, es el lugar arqueológico más importante de América del Sur.

> Usa el Internet. Visita Machu Picchu (http./www.rcp. net.pe/peru/cusco/ma-chupicchu. htm 1.) y entérate de por quién y cuándo fue descubierto.

FIESTAS

◎ **La Fiesta del Inti Raymi** (24 de junio) es la Fiesta del Sol y se celebra durante el solsticio de invierno. Es el festival indígena más importante.

◎ **El Señor de los Temblores** (lunes antes de Pascua) se conmemora el terremoto que en 1650 destruyó parte de Cuzco.

◎ Corpus Christi (en junio) es una celebración religiosa católica.

COMIDA

◎ **Pachamanca,** diversos tipos de carne, papas, maíz y vegetales cocinados en piedras calientes bajo tierra

◎ **Queso fresco,** con maíz y ají

ACTIVIDADES Y DEPORTES

◎ Para ir a Macchu Picchu desde Cuzco puedes tomar un tren. Pero si prefieres caminar, haz una excursión de 3 ó 4 días por el **Camino del Inca.**

EL SUR

◎ **Arequipa** es una ciudad hermosa, con edificios de piedra volcánica. No olvides visitar el Convento de Santa Catalina, un edificio religioso de la época colonial.

◎ Los indígenas de la **Isla Taquile** llevan sus trajes tradicionales y hablan su propia lengua. No tienen ni electricidad, ni carreteras, ni coches.

◎ Cerca de **Nazca** se encuentran las famosas y misteriosas líneas de Nazca. La única manera de ver estos dibujos es desde un avión.

FIESTAS

◎ **La Fiesta de San Jaime** (del 25 de julio al 1 de agosto) se celebra en la Isla Taquile con música, baile y desfiles. Las celebraciones terminan con la fiesta de la Paccha Mama, una fiesta tradicional indígena en honor a la tierra.

◎ **El Festival Internacional de la Vendimia** (10 días en marzo) tiene lugar en Ica. Hay desfiles, espectáculos de caballos de paso, mercados de artesanías, música y bailes.

◎ **Carnaval** (febrero) se celebra en todos los pueblos de la sierra, con coloridos disfraces, bailes y música toda la noche.

> Busca una foto de la líneas de Nazca. Con un(a) campañero(a) habla de quiénes las habrán hecho y de los posibles motivos para su creación.

COMIDA

◎ **Ocopa,** papas hervidas con salsa de queso y cacahuates

◎ **Rocoto relleno,** chiles grandes rellenos de carne y queso

◎ **Chupe de camarones,** sopa con camarones y huevo

ACTIVIDADES Y DEPORTES

◎ Ve al **Cañon del Colca,** uno de los más profundos del mundo. ¡No olvides tu cámara!

◎ El **lago Titicaca** es el lago navegable más alto del mundo (a 3.820 m sobre el nivel del mar) y el más largo de América del Sur (170 km).

◎ Si te gustan los animales, visita la **Península de Paracas** y las **Islas Ballestas.** Verás pájaros peruanos, como el guanay, y muchos animales marinos.

MEDIOS DE TRANSPORTE

Autobús: Los autobuses van a todas las regiones del país, excepto a la selva y a Macchu Picchu. Durante la época más turística, haz reservas con mucha antelación.

Tren: Sólo hay dos trenes que conectan la costa con la montaña, y uno entre Cuzco y Macchu Picchu. Los trenes de segunda clase son más baratos, pero más incómodos.

COMPRAS

◎ **Artesanías:** En el mercado de Cuzco puedes comprar cerámica, pinturas, mantas, ropa y joyas.

◎ **Alpaca:** Ve a la región de Puno si quieres un buen suéter de alpaca.

◎ **Cerámica:** En Trujillo tienen excelentes reproducciones de la cerámica hecha por la cultura moche.

> Investiga sobre estos animales: la alpaca, la llama y la vicuña. Di por qué son de gran valor para los peruanos.

DIRECCIONES Y NÚMEROS DE TELÉFONO IMPORTANTES

▣ **Consulado de Perú,** 215 Lexington Avenue, New York, NY 10016. Tel: (212) 481-7410.

▣ **Council on International Educational Exchange (CIEE),** 205 E 42nd St., New York, NY 10017. Tel: (212) 822-2600.

▣ **Embajada de Perú,** 1700 Massachusets Avenue, NW, Washington, DC 20036. Tel: (202) 833-9860.

CAPÍTULO 9

LOS ESPECTÁCULOS

¡QUE TE DIVIERTAS!

Una producción teatral en español.

Objetivos

COMUNICACIÓN
- tus reacciones a varios espectáculos
- por qué te gustó un espectáculo en particular

CULTURA
- qué es el cine chicano
- dónde se canta zarzuela
- qué baila el Ballet Hispánico de Nueva York

VOCABULARIO TEMÁTICO
- lo que más te gusta de una película y de la música
- películas, danza y teatro

ESTRUCTURA
- una persona o una cosa indefinida: el subjuntivo
- lo que alguien te recomendó que hicieras: el imperfecto del subjuntivo
- tus reacciones: el artículo neutro *lo*

LECTURA
- un fragmento de la obra de teatro *El delantal blanco*

REDACCIÓN
- la crítica de una película, de un disco, de un video o de un concierto
- la idea para una película
- la letra de una canción
- la segunda parte de una película
- la carta al/a la director(a) de una emisora

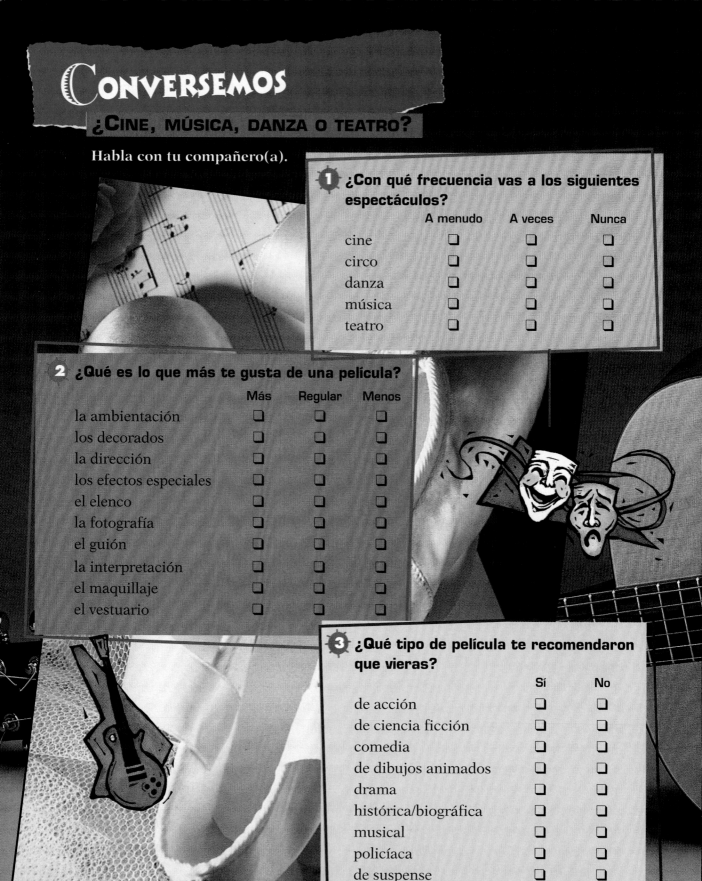

CONVERSEMOS

¿CINE, MÚSICA, DANZA O TEATRO?

Habla con tu compañero(a).

1 ¿Con qué frecuencia vas a los siguientes espectáculos?

	A menudo	A veces	Nunca
cine	❑	❑	❑
circo	❑	❑	❑
danza	❑	❑	❑
música	❑	❑	❑
teatro	❑	❑	❑

2 ¿Qué es lo que más te gusta de una película?

	Más	Regular	Menos
la ambientación	❑	❑	❑
los decorados	❑	❑	❑
la dirección	❑	❑	❑
los efectos especiales	❑	❑	❑
el elenco	❑	❑	❑
la fotografía	❑	❑	❑
el guión	❑	❑	❑
la interpretación	❑	❑	❑
el maquillaje	❑	❑	❑
el vestuario	❑	❑	❑

3 ¿Qué tipo de película te recomendaron que vieras?

	Sí	No
de acción	❑	❑
de ciencia ficción	❑	❑
comedia	❑	❑
de dibujos animados	❑	❑
drama	❑	❑
histórica/biográfica	❑	❑
musical	❑	❑
policíaca	❑	❑
de suspense	❑	❑
de terror	❑	❑

4 Cuando escuchas música, ¿qué es lo que más te atrae?

	Lo que más me atrae	Lo que menos me atrae
el arreglo instrumental	❏	❏
la letra	❏	❏
la melodía	❏	❏
el ritmo	❏	❏
la voz	❏	❏

5 ¿Conoces a alguien que tome clases de...?

	Sí, se llama...	No
ballet	❏	❏
claqué	❏	❏
danza folklórica	❏	❏
danza moderna	❏	❏

6 La última obra de teatro que viste fue...

	Sí	No
una comedia	❏	❏
un musical	❏	❏
una tragedia	❏	❏
una obra de vanguardia	❏	❏

REALIDADES

"Lo que más me atrae es el teatro, porque el actor o actriz **PUERTO RICO** tiene la oportunidad de ser muchos personajes diferentes y la libertad de expresar lo que siente en el alma."

¿Qué tipo de películas te gusta ver?

Opinan los jóvenes de Santiago de Chile.

%	Tipo
47,6%	de acción
25,1%	comedia
14,4%	romántica
13,4%	drama
8,6%	de ciencia ficción
2,5%	histórica/biográfica
1,6%	de dibujos animados

Fuente: Encuesta Consumo Cultural, Ceneca y Flasco.

¿A qué espectáculos fuiste en el último año?

Contestan los jóvenes de Buenos Aires, Argentina.

- **35,4%** conciertos de rock
- **33,5%** peñas
- **33,4%** ballet
- **32,5%** museos y galerías
- **31,1%** conciertos de música clásica
- **28,4%** ópera

Fuente: CEDES.

¿SABES QUE...?

Los carnavales son muy populares en los países hispanos. Los más famosos son los de la región del Caribe. Los carnavales de Cuba, Puerto Rico y las ciudades de la costa de Colombia y Venezuela son los que atraen a más turistas.

Y TÚ, ¿QUÉ PIENSAS?

1. El teatro es uno de los espectáculos favoritos de los jóvenes hispanos. Es común que las escuelas tengan grupos de teatro o de música. ¿Estás de acuerdo con la opinión de la joven de Puerto Rico? ¿Por qué?

2. A los jóvenes de Santiago les gustan más las películas de acción. ¿Qué tipo de películas te gustan más a ti?

3. En Buenos Aires hay muchos espectáculos porque a los porteños (habitantes de Buenos Aires) les encantan. Las peñas son lugares en los que la gente escucha música típica de Argentina. ¿Te gustaría ir a una peña?

PALABRAS EN ACCIÓN

1 Ésta sí se merece un Oscar

Con tu compañero(a) o en grupos de tres o cuatro, hablen de las últimas películas que han visto. ¿A cuáles les darían un Oscar en las siguientes categorías? ¿Están todos de acuerdo?

1. mejor decorado
2. mejor elenco
3. mejor fotografía
4. mejor guión

5. mejor maquillaje
6. mejor vestuario
7. mejores efectos especiales
8. ¡mejor película!

2 ¿Qué película deben ver?

¿Qué clase de película crees que le gustará a cada una de estas personas? Usa la lista como guía.

de acción	comedia		drama	de suspense
de ciencia ficción	de dibujos animados		musical	policíaca

A Paco, a quien le fascinan los monstruos. —> A Paco le gustarán las películas de terror o de ciencia ficción.

1. A Ana María, una niña de cinco años.
2. A Yolanda, que lee las novelas de detectives.
3. A Humberto, que es bailarín.
4. A Susana, una chica muy sentimental.
5. A Quique, que siempre cuenta chistes.

¿SABES QUE...?

El cine argentino fue muy importante en América Latina en los años 30. Hoy día aún lo es. Un ejemplo es la directora María Luisa Bemberg (1922–1995), que hizo seis películas que la hicieron famosa en el mundo: *Momentos* (1981), *Señora de nadie* (1982), *Camila* (1984), *Miss Mary* (1986), *Yo, la peor de todas* (1990), y *De eso no se habla* (1993).

3 La canción del verano

Eres un(a) compositor(a) y tu compañero(a) es un(a) cantante que quiere que escribas una canción para su nuevo disco. Hablen de cómo van a ser los diferentes aspectos de la canción.

el arreglo instrumental	la letra	el ritmo
la interpretación	la melodía	la voz

— *Quiero que el ritmo sea muy rápido.*
— *No estoy de acuerdo, porque la melodía es muy suave.*

4 Escuela de danza y de teatro

Tu compañero(a) y tú quieren tomar clases de danza y teatro pero no saben adónde ir. Lean los anuncios de las escuelas y decidan cuál sería la mejor, según sus intereses.

— *Yo quiero ir a la Escuela de teatro Córdoba para hacer teatro de vanguardia.*
— *Yo prefiero hacer danza moderna en el Estudio Espacio Abierto.*

Rocío Flores
Instituto de danza

Flamenco
••••
Danzas folklóricas
••••
Ballet

c/Garcilaso, 123
Tel. 252-9923

Escuela de teatro Córdoba

40 años de experiencia preparando actores para teatro clásico y de vanguardia.

Durango n.º 321 Col. Roma

Estudio Espacio Abierto

danza moderna y claqué

teatro musical

comedia

Héroes nº 235, Col. Guerrero

Tel. 597-0015

Atención jóvenes bailarines

Se buscan jóvenes que sepan bailar, que tengan entre 16 y 20 años, que sean simpáticos, que tengan mucha energía y que estén disponibles los jueves y los viernes de 5:00 p.m. a 7:30 p.m. para formar parte del cuerpo de baile de *En onda,* un programa musical del Canal 7.

Envíen currículum y foto a:

En onda
Apartado 7
Canal 7
Santo Domingo

Para hablar de personas o cosas indefinidas, usa el subjuntivo.

1. Use the subjunctive after indefinite expressions to indicate that you do not know if a certain person or thing exists. Compare the following pair of sentences.

Se buscan chicos que sepan bailar.	We are looking for people who know how to dance.
En mi escuela hay un chico que sabe bailar.	In my school there is a boy who knows how to dance.

   Also compare this pair of sentences.

   Busco a alguien que pueda enseñarme a tocar el piano.

   Por fin he encontrado a alguien que puede enseñarme a tocar el piano.

2. Use the subjunctive after negative expressions if you do not know if a person or thing exists. Compare:

   No conozco a nadie que tenga una bicicleta.
   Ayer conocí a una chica que tiene una bicicleta.

1 De la *Guía de espectáculos*

Estás en Barcelona con los miembros del Club de Español. Mira los espectáculos que aparecen en la *Guía de espectáculos.* Contesta las preguntas.

¿Hay algún espectáculo que...

1. le interese a Olivia, a quien le fascina la danza moderna?

2. le parezca interesante a Juan José, un aficionado al teatro?

3. le guste a Leonor, a quien le encanta el ballet?

4. te interese a ti?

2 Un elenco excelente

El club de teatro de tu escuela va a representar un musical y tu compañero(a) y tú tienen que escoger el elenco y el equipo de producción. ¿A quiénes van a escoger?

> *poder ser el protagonista—>*
> *¿Conoces a alguien que pueda ser el protagonista?*

1. dibujar bien

2. tocar el piano

3. poder hacer uno de los papeles secundarios

4. poder ser el/la director(a)

5. saber bailar

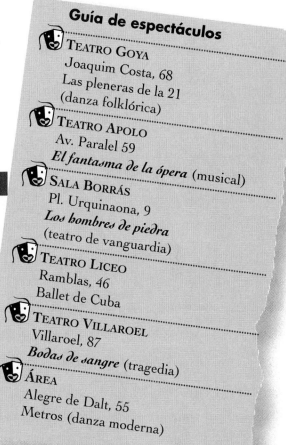

Guía de espectáculos

TEATRO GOYA
Joaquim Costa, 68
Las pleneras de la 21
(danza folklórica)

TEATRO APOLO
Av. Paralel 59
El fantasma de la ópera (musical)

SALA BORRÁS
Pl. Urquinaona, 9
Los hombres de piedra
(teatro de vanguardia)

TEATRO LICEO
Ramblas, 46
Ballet de Cuba

TEATRO VILLAROEL
Villaroel, 87
Bodas de sangre (tragedia)

ÁREA
Alegre de Dalt, 55
Metros (danza moderna)

3 Compañero(a) de baile

Quieres participar en un concurso de baile este sábado pero tu compañero(a) de baile se torció el tobillo y tienes que buscar otro(a) y ¡rápido! Escribe un anuncio, siguiendo este modelo.

> *Busco a un chico que sepa bailar bien, que tenga 16 años, que no sea muy alto...*

```
CSW57...79...

18 de marzo

Jorge: Anoche escuché el nuevo disco de Chayanne
en casa de Carolina. Si puedes, te sugiero que
te lo compres, ¡es fantástico! Otra cosa,
Carolina dice que no te pierdas el concierto de
Magneto este sábado, va a ser sensacional. Hasta
pronto.
                                        Raquel

. . . . . . . . . . . . . . . . . . . . . . . . .

26 de marzo

Raquel: ¿Por qué me sugeriste que comprara el
disco de Chayanne? ¿No te conté que ya los tengo
todos? Gracias por recomendarme que fuera a ver
a Magneto. El concierto fue genial. Escríbeme
pronto.
                                        Jorge
```

Para hablar de lo que alguien te recomendó que hicieras, usa el imperfecto del subjuntivo.

1. You have used the present subjuntive for many purposes, for example, to suggest that someone do something.

   Te sugiero que vayas al circo.   *I suggest that you go to the circus.*

2. Use the imperfect subjunctive for the same reasons you use the present subjunctive, but only when the first part of the sentence is in the past (imperfect or preterite). Compare these pairs of sentences.

Present: *Espero que no te pierdas el video de Prince.*
  Past: *Esperaba que no te perdieras el video.*

Present: *No conozco a nadie que tenga entradas para ese concierto.*
  Past: *No conocí a nadie que tuviera entradas para ese concierto.*

1 ¡Hablemos de música!

A. Tu amigo(a) es un(a) fanático(a) de la música. Después de escuchar un disco o de ir a un concierto, te llama para recomendártelo. Relata sus comentarios.

> **"Dudo que te guste el disco de Aranza."**
> **— Mi amigo dudaba que me gustara el disco de Aranza.**

1. "Recomiendo que vayas al concierto de Luz."
— Mi amigo recomendó que...

2. "Sugiero que asistas a la fiesta de Ana."
— Mi amiga sugirió que...

3. "No quiero que te pierdas el programa musical de Celia Cruz."
— Mi amigo no quería que...

4. "No dejes de escuchar la canción de Jon Secada."
— Mi amiga me dijo que...

B. Con tu compañero(a), recomienden conjuntos, cantantes, discos o videos. Compartan sus comentarios con la clase.

> **"Te recomiendo que escuches el nuevo disco de..."**
> **"Javier me recomendó que..."**

2 Entrevista

Eres el/la editor(a) de una revista y, al leer esta entrevista, ves que faltan algunas palabras. Completa la entrevista con la forma apropiada de los siguientes verbos.

estudiar	reaccionar	seguir
poder	gustar	ser

3 Noticias

¿Qué ha pasado en el mundo de la música recientemente? ¿Ha grabado tu conjunto favorito un nuevo disco? Escribe tus reacciones completando las oraciones.

> **Me sorpendió que (nombre de artista) tuviera éxito con su último disco.**

1. Me encantó que...

2. Me alegré de que...

3. Me pareció fantástico que...

4. Fue increíble que...

P: De niño, ¿tus padres querían que _____ cantante?

R: No. Mamá quería que _____ arquitectura y papá prefería que _____ la carrera de música clásica.

P: ¿Esperabas que el público _____ con tanto entusiasmo en tu último concierto?

R: No, me sorprendió que le _____ tanto.

P: Me han dicho que ya no te vas a casar con Marta Parra. ¿Es cierto?

R: Bueno, sí... esperaba que _____ reconciliarnos pero dudo que sea posible.

ENCUENTROS

con *Gabriel* **Estévez** • *Juan José* **Semper**
Antonio **Ibáñez** • *Mercedes* **Palacios**

Directora: AMALIA HERRERA • Guión: MIGUEL COSTA
Música: TIRANO • Producción: CONCHITA GÓMEZ

Lo que dicen los críticos:

"¡Un gran éxito! Lo que más me gustó fue el final, ¡sorprendente, brillante!"
(El Mercurio)

"No se pierda esta película. Lo mejor son los efectos especiales." **(El Siglo)**

"Una de las mejores películas del año. Lo malo es que sólo dura dos horas." **(El Sur)**

Para expresar tus reacciones, usa el artículo neutro *lo*.

1. To express an abstract idea, use *lo* followed by an adjective.

Lo bueno de la película es la ambientación.	What's good about the film is the setting.
Lo malo es el final.	The bad part is the ending.

2. You may also use *lo* followed by *de* or *que*.

Lo que más me gustó fue la dirección.	What (that which) I liked best was the directing.
Lo del robo me pareció absurdo.	The part about the robbery seemed absurd to me.

1 ¡Se la recomiendo!

Trabajas en una tienda de videos y un(a) cliente(a) te pide que le recomiendes una película. Escoge una película que conozcas y completa las siguientes oraciones para describirla.

1. Lo bueno de la película es que...

2. Lo malo (triste, divertido) es que...

3. Lo del final me pareció...

4. Lo que más me gustó fue...

5. Lo que no me gustó tanto fue...

2 Los famosos

Ser famoso(a) tiene cosas positivas y cosas negativas. Con tu compañero(a) discutan las ventajas y desventajas de formar parte del mundo del cine y ser famoso(a).

— *Lo de ser famoso debe ser muy aburrido, porque los fotógrafos te siguen todo el día.*
— *Sí, pero lo bueno es que conoces a mucha gente interesante.*

3 El especialista

Eres el/la director(a) de una película de aventuras y hoy vas a filmar unas escenas peligrosas. Dale instrucciones al doble del/de la protagonista.

Lo que vas a hacer en la primera escena es manejar una moto a toda velocidad. En la segunda escena lo más importante es que saltes de la moto. Lo más fácil es la última escena.

TEATRO: LITERATURA Y ESPECTÁCULO

El teatro es literatura y espectáculo a la vez...

- ¿Qué tipo de obras de teatro te gustan?
- ¿Has actuado alguna vez en una obra de teatro? ¿Te gustaría hacerlo?
- ¿Has visto una obra de teatro en la televisión alguna vez?

A diferencia del cuento, la novela y la poesía, el teatro es un género literario escrito para ser representado ante el público. Las obras de autores del teatro clásico español de los siglos XVI y XVII, como Lope de Vega, Tirso de Molina y Calderón de la Barca, siguen representándose hoy día.

El teatro moderno español incluye nombres como Jacinto Benavente, Federico García Lorca, Alfonso Sastre y Antonio Buero–Vallejo.

En Latinoamérica las figuras literarias más destacadas son poetas, cuentistas y novelistas. Aquí presentamos a uno de los dramaturgos contempóraneos latinoamericanos de mayor prestigio, el chileno Sergio Vodanovic.

LAS ACOTACIONES°

En una representación teatral, los actores tienen la responsabilidad de dar vida a los personajes que interpretan. Esto lo consiguen a través de su manera de hablar, de andar, sus gestos, su apariencia y su vestuario.

Las acotaciones ayudan no sólo al actor sino también al lector a comprender mejor un personaje. Ten en cuenta las acotaciones del fragmento de *El delantal blanco* para conocer mejor los personajes.

¡CONOZCAMOS AL AUTOR!

Sergio Vodanovic (Chile, 1926) es un dramaturgo muy conocido por su crítica social. Sus obras son muy populares en Latinoamérica. Uno de sus temas preferidos es la manipulación psicológica del poder, tanto personal como gubernamental o militar. Algunas de sus obras son *El senador no es honorable* y *El delantal blanco*, obra que ganó el Premio Municipal de Drama y fue producida como película.

UNA OJEADA — ¿TÚ O USTED?

El hecho de que dos personas o personajes se hablen de tú (se tuteen) o de usted puede demostrar el tipo de relación que existe entre ellos. Fíjate cómo se hablan las dos mujeres de la siguiente lectura. ¿Notas un cambio repentino°? ¿Qué crees que significa?

las acotaciones *stage directions*
cambio repentino *sudden change*

El delantal blanco

(Fragmento)

INTRODUCCIÓN

Vas a leer un fragmento de una obra de teatro con dos personajes: una señora y su empleada. La escena se desarrolla en la playa donde están de veraneo con Alvarito, el hijo de la señora.

Para la señora, la sociedad está dividida en dos grupos: la gente que tiene dinero y distinción (como ella) y la gente que no los tiene, y nunca los tendrán (como su empleada). La señora propone a la empleada que jueguen a cambiar de ropa: la señora va a ponerse el delantal° blanco de la empleada y la empleada va a ponerse el blusón° de la señora. La señora cree que así va a poder demostrar que las diferencias entre ellas son tan esenciales que van más allá de la ropa que lleven. En el siguiente fragmento, que aparece hacia el final de la obra, las dos ya han empezado su juego.

* * *

LA EMPLEADA: Alvarito se está metiendo muy adentro. Vaya a vigilarlo.

LA SEÑORA: (*Se levanta inmediatamente y se adelanta.*) ¡Alvarito!
   ¡Alvarito! No se vaya tan adentro... Puede venir una ola.
   (*Recapacita° de pronto y se vuelve desconcertada hacia la empleada.*)

LA SEÑORA: ¿Por qué no fuiste tú?

LA EMPLEADA: ¿Adónde?

LA SEÑORA: ¿Por qué me dijiste que yo fuera a vigilar a Alvarito?

LA EMPLEADA: (*Con naturalidad.*) Ud. lleva el delantal blanco.

LA SEÑORA: Te gusta el juego, ¿ah?

Una pelota de goma, impulsada por un niño que juega cerca, ha caído a los pies de la empleada. Ella la mira y no hace ningún movimiento. Luego mira a la señora. Ésta, instintivamente, se dirige a la pelota y la tira en la dirección en que vino. La empleada busca en la bolsa de playa de la señora y se pone sus anteojos° para el sol.

los anteojos *glasses*
el blusón *robe*
el delantal *apron*

recapacita *(she) reconsiders*
se habría molestado
   would (you) have bothered

274

LA SEÑORA: *(Molesta.)* ¿Quién te ha autorizado para que uses mis anteojos?

LA EMPLEADA: ¿Cómo se ve la playa vestida con un delantal blanco?

LA SEÑORA: Es gracioso. ¿Y tú? ¿Cómo ves la playa ahora?

LA EMPLEADA: Es gracioso.

LA SEÑORA: *(Molesta.)* ¿Dónde está la gracia?

LA EMPLEADA: En que no hay diferencia.

LA SEÑORA: ¿Cómo?

LA EMPLEADA: Ud. con el delantal blanco es la empleada; yo con este blusón y los anteojos oscuros soy la señora.

LA SEÑORA: ¿Cómo?... ¿Cómo te atreves a decir eso?

LA EMPLEADA: ¿Se habría molestado° en recoger la pelota si no estuviese vestida de empleada?

LA SEÑORA: Estamos jugando.

LA EMPLEADA: ¿Cuándo?

LA SEÑORA: Ahora.

LA EMPLEADA: ¿Y antes?

LA SEÑORA: ¿Antes?

LA EMPLEADA: Sí, cuando yo estaba vestida de empleada...

LA SEÑORA: Eso no es un juego. Es la realidad.

LA EMPLEADA: ¿Por qué?

LA SEÑORA: Porque sí.

LA EMPLEADA: Un juego... un juego más largo... como el "paco-ladrón".°
    A unos les corresponde ser "pacos", a otros "ladrones".

LA SEÑORA: (*Indignada.*) ¡Ud. se está insolentando!

LA EMPLEADA: ¡No me grites! La insolente eres tú.

LA SEÑORA: ¿Qué significa eso? ¿Ud. me está tuteando?

LA EMPLEADA: ¿Y acaso tú no me tratas de tú?

LA SEÑORA: ¿Yo?

LA EMPLEADA: Sí.

LA SEÑORA: ¡Basta ya! ¡Se acabó este juego!

LA EMPLEADA: ¡A mí me gusta!

el "paco-ladrón" *cops and robbers*

LA SEÑORA: ¡Se acabó! *(Se acerca violentamente a la empleada.)*

LA EMPLEADA: *(Firme)* ¡Retírese!

* * *

Al final de la obra, la señora se enoja con la empleada y empieza a gritar y a pelear con ella. Un grupo de bañistas, pensando que la señora es realmente la empleada, va a proteger a la empleada. Al final, dos hombres se llevan a la señora de la playa y la empleada se queda tranquila con Alvarito.

¿COMPRENDISTE BIEN?

A. ¿Cuáles de los siguientes adjetivos usarías para describir a la señora?

aristocrática	generosa	rica
arrogante	modesta	simpática
dominante	pobre	tímida

B. Indica si las siguientes oraciones son ciertas, falsas o si la información no se da.

1. Al principio, la señora pensó que el juego sería interesante.
2. Al final, a la señora no le gusta el juego.
3. Alvarito tiene ocho años.
4. A la empleada le gusta el juego.
5. La señora es alta y rubia.
6. Normalmente la señora lleva delantal blanco.
7. El esposo de la señora se llama Álvaro.
8. La señora cree que la empleada la ha insultado.
9. La señora normalmente tutea a su empleada.
10. La señora cree que ella y la empleada son de la misma clase social.

C. ¿Qué aspectos de la obra te parecen cómicos? ¿Cuáles te parecen más serios?

TE TOCA A TI

- ¿Qué significa el título de la obra?
- ¿Con cuál de los dos personajes simpatizas? ¿Por qué?
- ¿Qué piensas del final? Con tu compañero(a), o en grupos pequeños, inventen su propio final para la obra. Luego, represéntenlo ante la clase.

CINE

Cine chicano

El cine chicano (hecho por personas chicanas sobre temas chicanos) empezó en los años sesenta. Al principio se hicieron documentales, telenovelas y programas para la televisión. Entre las primeras películas encontramos dramas (*Los Álvarez*, 1981), películas históricas (*Seguín*, 1982) y musicales (*Fiebre latina*, 1981).
En 1982 se celebró el primer Festival de Cine Chicano en Detroit y desde entonces, se celebra cada año.

Jesús Treviño (El Paso, 1946) es un director de cine chicano muy reconocido. Comenzó su carrera en la televisión de Los Ángeles (KCET-TV). En su primera película, *Yo soy chicano* (1972), cuenta la historia del pueblo mexicano. Su película más importante es *Raíces de sangre* (1976). En ella se plantea un conflicto entre trabajadores de ambos lados de la frontera entre Estados Unidos y México.

¿Has visto alguna película chicana?

MÚSICA

La zarzuela

La zarzuela es un género dramático que incluye canto y recitación. Se creó en España en el siglo XVII y aún es muy popular. Podemos decir que la zarzuela es una mezcla de música tradicional y popular en forma de ópera. En las representaciones normalmente intervienen una orquesta, solistas (un barítono y una soprano) y un coro. También hay personajes cómicos que hacen reír al público. Las zarzuelas más famosas se compusieron entre 1850 y 1950. Algunas de las más conocidas son *Marina* (1885) de Pascual Emilio Arrieta y *La Verbena de la Paloma* (1894) de Tomás Bretón.

BAILE

El Ballet Hispánico de Nueva York

En 1970, Tina Ramírez fundó el Ballet Hispánico de Nueva York, la compañía hispana de danza moderna más importante de Estados Unidos. Tina Ramírez creó el Ballet Hispánico para luchar contra los estereotipos que la gente tiene sobre la danza hispana. Esta compañía actúa por todo el mundo. La mayoría de sus bailarines son hispanos. Las coreografías combinan el ballet con bailes tradicionales hispanos, como el flamenco, la salsa, la rumba o el tango.

Además de la compañía, Tina también creó la Escuela del Ballet Hispánico de Nueva York. Esta escuela tiene 1.000 alumnos(as) de entre 4 y 19 años.

¿Qué bailes hispanos conoces?

¿Trataste de bailarlos alguna vez? ¿Te gustó?

¿Serías BUEN(A) CRÍTICO(A)?

1. HABLEMOS DE MÚSICA

Escribe la crítica de un disco, un concierto o un video musical pensando en los elementos de la lista. Usa como guía la crítica de *Circo*, una revista mexicana.

1. la letra
2. el ritmo
3. la melodía
4. la voz del/de la artista
5. el arreglo instrumental
6. la interpretación

MAGNETO BUSCA... TU LIBERTAD

¿Eres fanático de Magneto? Pues, aquí está lo que esperabas: Tu libertad. Éste es un disco compuesto por 10 temas de amor, madurez y entusiasmo. Con él, buscan transmitir un mensaje a los jóvenes donde expresan lo que sienten a través de la música...

2. GUIONISTA POR UN DÍA

Eres un(a) guionista y quieres vender una idea para una película a un(a) productor(a) de cine. Escribe tu idea teniendo en cuenta los siguientes elementos:

> *Es una película romántica pero con mucha acción. La acción se desarrolla en un pueblo de Paraguay. El protagonista es un hombre de 35 años que trabaja en un café. La protagonista es una mujer de 40 años, tiene 4 hijos y trabaja en un banco...*

1. El tipo de película
2. El lugar donde se desarrolla la acción
3. La descripción de los protagonistas
4. Un resumen breve de la acción

3. MI CANCIÓN

¿Has escrito la letra de una canción alguna vez? Ahora tienes la oportunidad de hacerlo. Puedes utilizar la música de una canción que ya conoces o ¡puedes escribir tu propia música!

4. CINE: SEGUNDA PARTE

Escribe la segunda parte de una película que te guste mucho.
Preséntala ante la clase.

¿QUÉ SABES AHORA?

TU OPINIÓN CUENTA

PARA CONVERSAR

Organiza un debate con tus compañeros(as) sobre las ventajas y desventajas de ver películas en el cine, en video, en discos láser y en computadoras.

> — *Lo bueno de ver películas en el cine es que los efectos especiales se ven mejor.*
> — *Sí, pero lo malo es que hay gente que habla durante la función. Lo bueno de los videos es que son fáciles de conseguir y los puedes ver en tu casa más de una vez...*

PARA ESCRIBIR

¿Qué piensas sobre los programas de radio actuales? ¿Les falta algo? ¿Les sobra algo? Escribe una carta al/a la director(a) de tu emisora de radio favorita diciéndole lo que piensas de la programación, lo que te gusta y lo que cambiarías.

PARA DESCRIBIR

Investiga sobre un(a) artista de habla española (actor, actriz, músico(a), bailarín(a)) y escribe una breve biografía. Prepara cinco preguntas que te gustaría hacerle en una entrevista.

VOCABULARIO TEMÁTICO

Tipos de espectáculos
Types of enterteinment
el ballet *ballet*
el circo *circus*
el claqué *tap dancing*
las comedias *comedies*
la danza *dance*
la danza moderna *modern dance*
las danzas folklóricas *folk dances*
los dramas *dramas*
los musicales *musicals*
la ópera *the opera*
las peñas *Argentinian folkloric club*
el teatro de vanguardia
  avant–garde plays
las tragedias *tragedies*

Aspectos de una película
Aspects of a movie
la ambientación *setting*
los decorados *sets*
la dirección *direction*
los efectos especiales *special effects*
el elenco *cast*
la fotografía *photography*
el guión *script*
el vestuario *costumes*

Tipos de películas
Types of movies
de acción *action film*
biográfica *biographical*
de ciencia ficción *science fiction film*
comedia *comedy*
drama *drama*
histórica *historical*
musical *musical*
policíaca *police film*
romántica *romance*
de suspense *suspense film*
de terror *horror film*

Elementos musicales
Music elements
el arreglo instrumental *arrangement*
la interpretación *performance*
la letra *lyrics*
la melodía *tune*
el ritmo *rhythm*
la voz *voice*

Palabras y expresiones
el bailarín/la bailarina *dancer*
la función *the show*
el ocio *leisure*

Conozcamos CHILE

Un viaje a Chile te puede parecer largo y caro. Pero nunca se sabe. Es posible que algún día vayas en un programa de intercambio y conozcas este país único por su geografía.

DATOS IMPORTANTES

Nombre oficial: República de Chile.

Geografía: Está delimitado por el Océano Pacífico al oeste y la Cordillera de los Andes al este. Al norte está Atacama, el desierto más seco del mundo y al sur, la Antártida.

Clima: Hay muchos tipos. En Santiago es muy agradable. La época fría es de mayo a octubre. En la Antártida las temperaturas son extremas.

Zona horaria: La hora en la costa este de EE.UU. + 1 hora

Idioma(s): Español en todas las comunidades. Lenguas indígenas en algunas regiones.

Ciudades principales: Santiago (capital), Valparaíso, Concepción

Moneda: Peso chileno

Mapa:
BOLIVIA
Desierto de Atacama
OCÉANO PACÍFICO
CORDILLERA DE LOS ANDES
▲ Aconcagua (6959 m)
Valparaíso
Viña del Mar
Santiago
Concepción
ARGENTINA
Valdivia
Osorno
Estrecho de Magallanes
Cabo de Hornos
Tierra del Fuego

Escribe un anuncio para la televisión sobre Chile y su gran variedad de diversiones y geografía.

SU GENTE

Los chilenos son descendientes de diferentes culturas indígenas y de españoles. En Chile también hay una gran población de europeos: italianos, ingleses, alemanes y rusos, entre otros.

SU HISTORIA

? — 1500	1541-1552	1818	1970-1973	1973-1989	1990-Presente
...bitado por dife-...tes culturas indí-...nas: mapuches, ...narás, diaguitas y ...ucanos, entre ...os	El español Pedro de Valdivia empieza la con-quista.	Independencia de España bajo el mando del General San Martín y de Bernardo O'Higgins	Gobierna el partido socialista de Salvador Allende.	Gobierna la dic-tadura militar de Pinochet.	Gobierno democrático. Hoy día, Chile tiene la economía más dinámica de Latinoamérica

Investiga la vida del General San Martín y la de Bernardo O'Higgins. ¿Cuál era el mejor líder, según tu opinión? Explica por qué.

ADÓNDE IR Y QUÉ VER

SANTIAGO

◎ Santiago, antigua y moderna a la vez, es una de las ciudades más cosmopolitas de América Latina.

◎ Ve a la **Plaza de Armas**, el centro histórico de la ciudad, con edificios como la Catedral, el Correo Central y la Municipalidad de Santiago.

◎ Es emocionante subir al **Cerro San Cristóbal** en el teleférico. La vista de la ciudad es magnífica desde allí.

◎ Te gustará mucho el **barrio bohemio de Bellavista**, con pequeños cafés y galerías de arte. Allí también está "La chascona", la casa de Pablo Neruda.

Escucha a Pablo Neruda recitando un poema suyo en el Web Site: http//www.chile.cl/historia/odamanzana.html

FIESTAS

◎ **El Día de la Independencia** (18 de septiembre) se celebra en todo el país, especialmente en Santiago. La gente sale a las calles y hay puestos por todas partes donde se escucha música y se comen empanadas.

COMIDA

◎ Las **empanadas** están rellenas de carne, pollo o mariscos.

◎ Las **cazuelas** son un cocido de carne o de pollo con verduras.

◎ El **mote con huesillos** es un postre delicioso hecho con duraznos secos y trigo.

ACTIVIDADES Y DEPORTES

◎ Los jóvenes de Santiago conversan y toman refrescos en los cafés y heladerías de las calles **General Hollen** y **Suecia**.

◎ Puedes hacer un picnic en el **Parque O'Higgins** y pasarla bien en el parque de diversiones **Fantasilandia.**

◎ Visita el **Centro Cultural Mapucho**, en la antigua estación de trenes del norte. Podrás ir a exposiciones de arte, teatros, cafés y librerías.

◎ En el barrio **Lacotarria** hay muchos eventos literarios: lecturas de poesía, exposiciones de libros... Ve también al **Espaciocal**, una sala de cine-arte.

VIÑA DEL MAR

◎ Ve a la **Quinta Vergara**, la antigua casa de una familia muy rica. Ahora es un parque público maravilloso. Allí se celebra el Festival de Viña del Mar.

◎ Las **playas de Viña** son muy bonitas (20 km de playa). Las que están más cerca de la ciudad son las del **Recreo** y **Caleta Abarca.**

◎ El **Hipódromo de Sausalito** es genial si te gustan las carreras de caballos.

FIESTAS

◎ El famoso **Festival Internacional de la Canción en Viña del Mar** se celebra cada verano, en un magnífico anfiteatro de la Quinta Vergara. Es uno de los festivales más importantes de la canción latinoamericana.

> Inventa nombres de caballos para una carrera en el Hipódromo de Sausalito.

COMIDA

◎ El **caldillo de congrio** es un cocido de pescado.

◎ El **mariscal** es una especie de cebiche con muchos mariscos.

◎ La **paila marina** es un cocido de mariscos.

ACTIVIDADES Y DEPORTES

◎ En verano, ve a las famosas **competiciones de deportes acuáticos** en la Laguna de Sausalito.

◎ Visita el **Museo de Bellas Artes**, también en la Quinta Vergara.

◎ Camina o da un paseo en **victoria** (carruaje de caballos) por la ciudad de Viña. Las victorias están por todos lados y son más baratas que los taxis.

VALDIVIA Y OSORNO

◎ Visita la **Plaza de Armas** de cada ciudad. Son el centro de la vida social y cultural.

◎ El **Fuerte de Niebla** y el **Fuerte de Corral** son dos fortalezas en el delta del río Callecalle construidas por los españoles para protegerse contra los piratas.

◎ Cruza el puente que va a **Isla Teja** a pie. Visita los jardines y el **Museo Histórico y Arqueológico.**

FIESTAS

◎ **Las Semanas Musicales de Frutillar** son concursos internacionales de música clásica. Se celebran durante el verano.

COMIDA

◎ El **valdiviano** es una sopa hecha con carne seca y papas.

◎ Las **humitas** se hacen con masa de maíz, pollo y carne.

ACTIVIDADES Y DEPORTES

◎ Ve a las famosas **pastelerías** de Valdivia. Puedes tomar el té a las 5 de la tarde y comer pasteles alemanes, como el *strudel* de manzana, el *kuchen* de fresas y muchos otros.

◎ En los lagos y ríos puedes hacer todo tipo de **deportes acuáticos**.

◎ Todo Chile es un paraíso para **pescar**, pero la región de Valdivia y Osorno es la ideal.

◎ Todos los miércoles y los sábados, a la orilla del río Callecalle, se organizan **ferias de productos agrícolas y artesanías**. Hay música y son muy divertidas.

ISLA DE PASCUA

(Rapa Nui, que significa "ombligo del mundo".)

◎ Esta isla es una antigua colonia polinesia. Está a 3.200 km de la costa de Chile (más de cinco horas por avión).

◎ En este enorme "museo al aire libre" puedes ver los **moais**, unas gigantescas estatuas de piedra volcánica.

◎ Hay más de 600 moais.

◎ Algunos pesan más de 80 toneladas y miden hasta 60 pies.

◎ No se sabe quién los hizo, cuándo, cómo, ni por qué.

◎ **Hanga Roa** es el pueblo principal en Rapa Nui. Camina por el pueblo y conoce a la gente de origen polinesio. Muchos hablan rapa nui, español, inglés y francés.

Describe cómo debe de ser vivir en la Isla de Pascua, a 3.200 km de Chile.

◎ Ve al **Museo Antropológico Sebastián Englert** y aprende más sobre los moais y el encuentro de la cultura polinesia con las culturas europeas.

COMIDA

◎ Puedes comer muchos **mariscos** en los restaurantes del pueblo pesquero Hanga Roa. O puedes comprarlos y cocinarlos tú mismo(a).

◎ Algunos restaurantes son: **Maitai, Mamá Sabina, Aringa Ora.** Y tienen precios razonables.

ACTIVIDADES Y DEPORTES

◎ La mejor época para ir a Rapa Nui es durante el **verano**. Hay más gente y es más divertido.

◎ Ve a **Anakena y a Ovahe**, las atractivas playas al norte de la isla. ¡Ten cuidado con los tiburones!

◎ Puedes **caminar, alquilar una moto** o **un caballo** para ver el pueblo y el resto de isla.

Busca una foto de los moais de la Isla de Pascua. Escribe tu propia teoría sobre el porqué de su existencia.

DÓNDE ALOJARTE

Albergues juveniles: Generalmente abren sólo los meses de enero y febrero. Encontrarás información sobre ellos en **Sernatur**, lugares de campamento, escuelas o iglesias.

Lugares para acampar: Se puede acampar por todo el país, especialmente en los parques nacionales. Allí también hay refugios gratis o muy económicos.

MEDIOS DE TRANSPORTE

Avión: Para ir al norte, están las líneas aéreas LADECO y LAN Chile. Vuelan a todas partes del país. Para ir a la Isla de Pascua hay que ir en avión.

Taxis colectivos: Puedes compartir taxis con personas que no conoces para viajar de una ciudad a otra.

Barco: A pesar de tener una costa tan extensa, no hay grandes posibilidades de viajar por mar. Sin embargo, un viaje por el sur a través de los canales puede ser fascinante.

◎ Chile es famoso por su joyería en oro, plata, bronce y cobre. El lapizlázuli es una piedra semipreciosa de color azul que se encuentra especialmente en Chile y Afganistán.

◎ Los artículos de cuero, como zapatos, carteras y cinturones son de muy buena calidad y no son tan caros.

◎ Puedes comprar una estatua pequeñita de piedra o de madera, réplica de un moai.

INFORMACIÓN ESPECIAL

◎ LADECO y LAN-Chile ofrecen una tarifa especial que se llama "Visite Chile". Es un pasaje válido por 21 días. Se compra fuera de Chile y sirve para visitar muchas ciudades.

> Busca la foto de un lapizlázuli en un libro de piedras preciosas y minerales. Descríbelo.

DIRECCIONES Y NÚMEROS DE TELÉFONO IMPORTANTES

◻ **Embajada y Consulado de Chile.** 1732 Massachusetts Ave. NW, Washington, DC 20036. Tel: (202) 785-1746.

◻ **Aerolíneas,** LAN-Chile (800) 735-5526.

CAPÍTULO 10

EL FUTURO

¿QUÉ NOS ESPERA?

Las nuevas tecnologías cambiarán nuestras vidas.

Objetivos

COMUNICACIÓN
- cómo será el futuro
- tus metas para el futuro

CULTURA
- qué astronautas hispanos han ido al espacio
- quiénes son algunos de los pintores surrealistas hispanos
- por qué Valencia es la capital de la ciencia

VOCABULARIO TEMÁTICO
- qué necesitamos hacer para tener un futuro mejor
- los problemas de nuestra sociedad

ESTRUCTURA
- el futuro: el condicional y el imperfecto del subjuntivo
- lo que te traerá el futuro: el subjuntivo con *cuando* y otras conjunciones
- los inventos del futuro: el subjuntivo con conjunciones tales como *para que* y *a menos que*

LECTURA
- como una escritora mexicana imagina el futuro

REDACCIÓN
- la carta al director de una revista
- un párrafo sobre las escuelas del futuro
- tus predicciones para este año
- tu propio cuento
- una carta escrita en el año 2020

CONVERSEMOS

¿QUÉ VES EN LA BOLA DE CRISTAL?

Habla con tu compañero(a).

1 **¿Qué debemos hacer para que el futuro sea mejor? Organiza esta lista, según tu preferencia (1 a 8).**

Debemos actuar para que...

____ el medio ambiente se mantenga limpio

____ el transporte no contamine

____ la educación sea para todos

____ la tecnología se use con fines benéficos

____ las ciudades sean más seguras

____ las familias estén más unidas

____ las relaciones internacionales sean más cordiales

____ todos nos mantengamos sanos

2 **¿Te gustaría que no hubiera...?**

	Es importante	No es importante
analfabetismo	❏	❏
desempleo	❏	❏
enfermedades	❏	❏
guerras	❏	❏
hambre	❏	❏
pobreza	❏	❏
prejuicios	❏	❏

292

3 **¿Crees que algún día habrá escasez de...?**

	Sí	No	No sé
agua	❑	❑	❑
comida	❑	❑	❑
oxígeno	❑	❑	❑
petróleo	❑	❑	❑
recursos naturales	❑	❑	❑
trabajo	❑	❑	❑
vivienda	❑	❑	❑

4 **¿Cómo te gustaría que fuera la gente del futuro?**

	Más	Menos
agresiva	❑	❑
competitiva	❑	❑
egoísta	❑	❑
espiritual	❑	❑
humanitaria	❑	❑
sana	❑	❑
tolerante	❑	❑
trabajadora	❑	❑

REALIDADES

"Latinoamérica, para mí, está pasando por altas y bajas. Si la situación realmente se arregla **PUERTO RICO** en el futuro, vamos a mejorar, pero si sigue como va, vamos cuesta abajo. A mí me preocupa mucho la pobreza y el desempleo, y más en Puerto Rico, donde nací."

"El analfabetismo es un problema importante en Latinoamérica. Hay 42 **CHILE** millones de analfabetos en el continente. Pero en algunos países, como Chile, el analfabetismo no es un problema serio: más del 90% de los chilenos sabe leer y escribir."

¿Cómo podemos acabar con el hambre? El futuro de la alimentación está en la biodiversidad (la existencia de varias especies). Los incas cultivaban una gran variedad de vegetales: la quinua, la oca, el olluco, la arracacha y el tarwi. Hoy, en Perú existen centros de experimentación donde se intenta aprovechar la biodiversidad para producir alimentos mejores.

PERÚ

Y TÚ, ¿QUÉ PIENSAS?

1. Para el año 2000, más de 40 millones de jóvenes latinoamericanos estarán buscando trabajo. ¿Qué relación crees que tiene esto con la opinión del joven puertorriqueño?

2. El problema del analfabetismo no es general en Latinoamérica. En países como Cuba, Argentina, Uruguay, Chile y Costa Rica, más del 90% de la población sabe leer y escribir. ¿Cómo crees que los demás países pueden acabar con el analfabetismo?

3. Cuatro plantas —el trigo, el arroz, el maíz y la papa— constituyen el 60% de la alimentación mundial. ¿Por qué crees que hay poca diversidad de cultivos? ¿Cómo podemos aumentarla?

4. Los jóvenes uruguayos prefieren un tipo de sociedad que proponga objetivos y metas claras. ¿Qué tipo de sociedad prefieres tú? Pregúntales a tus compañeros(as) y compara sus respuestas. Luego, discutan las ventajas y desventajas de cada tipo de sociedad.

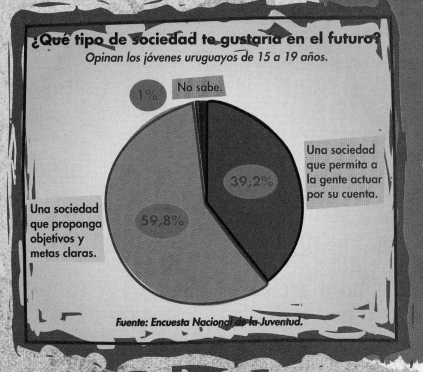

¿Qué tipo de sociedad te gustaría en el futuro?
Opinan los jóvenes uruguayos de 15 a 19 años.

1% No sabe.

39,2% Una sociedad que permita a la gente actuar por su cuenta.

59,8% Una sociedad que proponga objetivos y metas claras.

Fuente: Encuesta Nacional de la Juventud.

PALABRAS EN ACCIÓN

¿OPTIMISMO O PESIMISMO?

1 ¿Qué les parece?

Con tu compañero(a), hablen de cómo creen que serán los siguientes aspectos de la vida del futuro. ¿Son optimistas o pesimistas? ¿Por qué?

el transporte	la salud	las relaciones internacionales
la educación	la tecnología	el medio ambiente
las ciudades	las familias	

— *Soy optimista con respecto a las relaciones internacionales, porque los países intentan evitar las guerras.*
— *Yo soy pesimista con respecto al medio ambiente, porque cada día hay más contaminación.*

2 Utopía

Es el siglo XXIII. Tu compañero(a) y tú son profesores(as) de historia y tienen que explicarles a sus estudiantes el significado de los siguientes problemas sociales del siglo XX.

el analfabetismo	la guerra
el desempleo	el hambre
las enfermedades	la pobreza
	los prejuicios

— *¿Qué era la pobreza?*
— *Mucha gente no tenía suficiente dinero para vivir.*

3 Noticiero del año 2020

Tu compañero(a) y tú son locutores(as) de un canal de televisión en el año 2020. Escojan tres temas de la siguiente lista y preparen el noticiero para hoy.

agua	recursos naturales
comida	trabajo
petróleo	vivienda

vivienda —> *Buenas tardes. Bienvenidos al Noticiero Siglo XXI. Hoy se terminó la construcción de un edificio de 200 pisos que dará vivienda a 25.000 personas...*

4 De tal palo, tal astilla

Con tu compañero(a) comenten si creen que la gente del futuro será diferente a nosotros. Hablen de las siguientes características.

agresiva	espiritual	tolerante
competitiva	humanitaria	trabajadora
egoísta	sana	

— *Yo creo que la gente será diferente, más humanitaria, porque habrá aprendido de nuestros errores.*

— *Yo opino que la gente será menos trabajadora porque las máquinas lo harán todo.*

Querida Felicia:

¡Felicidades en el día de tu graduación! Aunque te vas a Lima a estudiar, me gustaría que siguiéramos siendo amigos. Sería ideal que pudiéramos hablar por teléfono de vez en cuando para que no te olvides de mí.
¡Buena suerte!

Besos y abrazos de tu amigo

Marco Antonio

Para hablar del futuro, usa el modo condicional y el imperfecto del subjuntivo.

1. You have used the imperfect subjunctive when the first part of the sentence is in the past (imperfect or preterite). You also use the imperfect subjunctive after conditional phrases.

Yo te recomendaría que fueras más tolerante.	I would recommend that you be more tolerant.
Sería bueno que no existieran los prejuicios.	It would be good if prejudice didn't exist.

2. Recall how to form the imperfect subjunctive. Remove the *-on* from the preterite form of ***ellos*** and add the following endings: *-a, -as, -a, -amos, -ais, -an*.

decir	*dijeron*	dijer-		**jugar**	*jugaron*	jugar-
dormir	*durmieron*	durmier-		**sentir**	*sintieron*	sintier-
hacer	*hicieron*	hicier-		**tener**	*tuvieron*	tuvier-
ir	*fueron*	fuer-				

1 Recuerdo para el anuario

¡Tus compañeros(as) y tú se gradúan hoy! Completa la siguiente nota que escribes en el anuario de tu mejor amigo. Usa los siguientes verbos para hacerlo.

alcanzar	escribir	poder
conocer	llamar	tener

Querido Paul:

   Ojalá que tengas mucha suerte. Me gustaría que me _____ de vez en cuando y que me _____ por teléfono en las vacaciones. También me gustaría que _____ tus metas, que _____ a la chica de tus sueños y que _____ muchos hijos. Sería bueno que _____ seguir siendo amigos.

2 Futuros padres

¿Piensas tener hijos algún día? Si tuvieras hijos, ¿cómo los criarías? ¿Serías comprensivo(a)? Con tu compañero(a), comenten cómo reaccionarían en las siguientes situaciones.

> *Tu hija de 15 años quiere salir con un joven de 22 años. —>*
> — *Yo no pemitiría que saliera con ese chico.*
> — *Antes de darle permiso, insistiría en que me lo presentara.*

1. Tu hijo quiere usar tu coche, pero cuando lo usa lo deja sin gasolina.

2. Tu hija ha gastado toda su paga semanal y ahora te pide dinero para ir al cine.

3. Tu hijo saca malas notas y quiere buscar un trabajo para después de las clases.

4. Tu hija le faltó el respeto a la abuela y no quiere pedirle perdón.

5. Tu hijo no hizo sus tareas y quiere pasar el fin de semana en casa de un amigo.

3 Para un futuro mejor

¿Cómo podríamos solucionar algunos de los problemas de hoy para que el futuro fuera mejor? Escribe una solución para cada tema de la lista.

desempleo	salud	relaciones internacionales
guerra	prejuicios	transporte
hambre	medio ambiente	familias más unidas

Para acabar con el analfabetismo deberíamos hacer que todo el mundo tuviera acceso a una buena educación.

Arturo Martínez

CUANDO TENGA MI PROPIA EMPRESA, SERÉ MUY FELIZ.

Xiomara Flores

Tan pronto como pueda, estudiaré medicina. Quiero especializarme en pediatría.

Nilsa Barrera

Mi máximo deseo es terminar con la violencia y que la gente sea menos egoísta. Cuando seamos más humanos, habrá más paz.

Para hablar del futuro, usa ciertas conjunciones seguidas del subjuntivo.

1. Use the present subjunctive after the following conjunctions to talk about the future, that is, things that have not yet happened and may never happen.

cuando	*when*
después de que	*after*
hasta que	*until*
tan pronto como	*as soon as*

Cuando vaya a la universidad, pienso estudiar ecología.	When I go to college, I plan to study ecology.
No seré feliz hasta que me gradúe y encuentre un buen trabajo.	I won't be happy until I graduate and find a good job.

2. If, however, you are talking about things that happen routinely or have already occurred, you use the indicative. Compare the following examples.

Habitual: *Cuando estudio, siempre saco buenas notas.*
Past: *Cuando estudié, saqué buenas notas.*
Future: *Cuando estudie, sacaré buenas notas.*

1 Planes

Con tu compañero(a), hablen sobre cómo creen que se sentirán o qué harán en las siguientes ocasiones:

— *¿Qué harás cuando termines esta tarea?*
— *Cuando termine esta tarea, escucharé música.*

1. cuando llegues a casa esta tarde
2. tan pronto como termine el año escolar
3. después de que te gradúes
4. cuando tengas vacaciones

2 ¡Qué felicidad!

Con tu compañero(a), digan qué es lo que los(las) hará felices. Usen esta lista como guía.

con tu familia	en la escuela
con tus amistades	en la comunidad

— *¿Cuándo serás feliz con tu familia?*
— *Seré feliz tan pronto como mi mamá pueda descansar y no trabaje tanto.*

3 Algún día

Con tu compañero(a), hablen sobre las cosas que no podrán hacer hasta que cumplan con ciertos requisitos.

— *No podré comprarme un coche usado hasta que ahorre dos mil dólares.*
— *Mis padres no me dejarán salir hasta que termine los exámenes.*

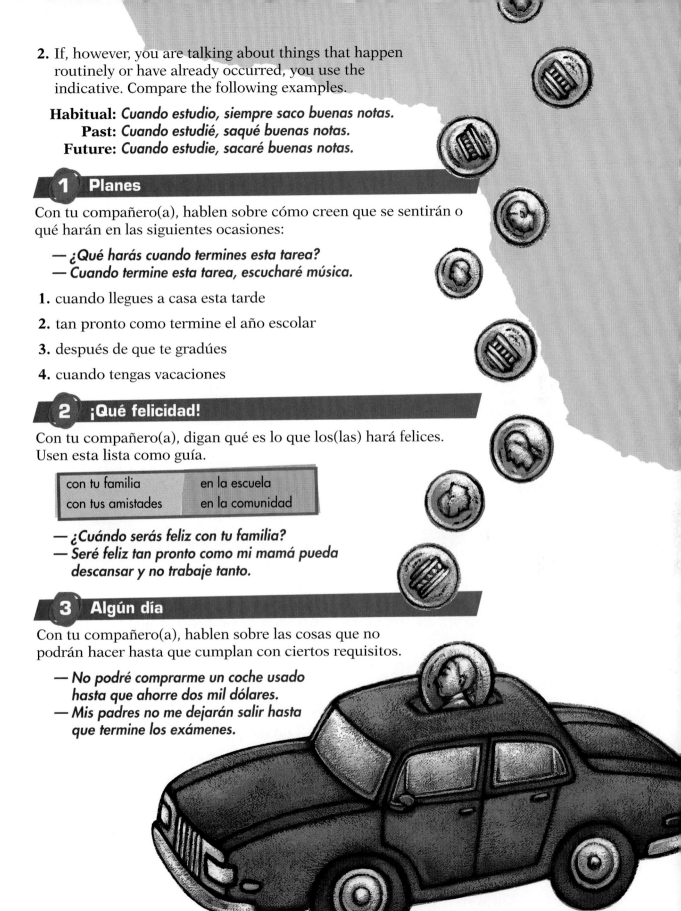

301

PARA COMUNICARNOS MEJOR

ANTES DE QUE LLEGUE EL FUTURO...

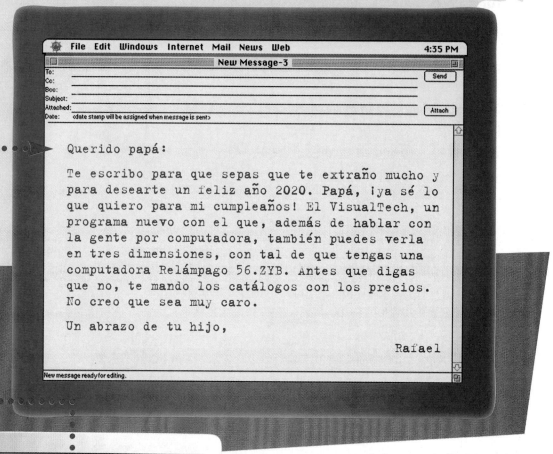

```
File  Edit  Windows  Internet  Mail  News  Web          4:35 PM
                        New Message-3
To:  _____    [Send]
Cc:  _____
Bcc: _____
Subject: _____
Attached: _____    [Attach]
Date:  <date stamp will be assigned when message is sent>
```

Querido papá:

Te escribo para que sepas que te extraño mucho y
para desearte un feliz año 2020. Papá, ¡ya sé lo
que quiero para mi cumpleaños! El VisualTech, un
programa nuevo con el que, además de hablar con
la gente por computadora, también puedes verla
en tres dimensiones, con tal de que tengas una
computadora Relámpago 56.ZYB. Antes que digas
que no, te mando los catálogos con los precios.
No creo que sea muy caro.

Un abrazo de tu hijo,

Rafael

```
New message ready for editing.
```

```
File  Edit  Windows  Internet  Mail  News  Web     4:53 PM
                   New Message-3
```

Querido Rafael:

Hijo, el VisualTech parece muy
interesante, pero no te lo voy
a comprar a menos que pases
todos los exámenes.

Un fuerte abrazo de Papá.

Para expresar propósito o condición, usa ciertas conjunciones con el subjuntivo.

1. Use the subjunctive following these conjunctions.

a fin de que }	*so that, in order that*
para que	
con tal de que	*provided that, as long as*
a menos que	*unless*
sin que	*without*
antes (de) que	*before*
en caso de que	*in case (that)*

*En caso de que tengas algún problema
con la computadora, llama a este número.*

2. When these conjunctions refer to an event in the past, use the imperfect subjunctive. Compare the use of the present subjunctive and imperfect subjunctive in the following sentences.

> **Present:** *Te llamo para que sepas que estoy en casa.*
> **Past:** *Carmen llamó a su primo para que supiera que estaba en casa.*

1 El robot de mis sueños

Conversa con tu compañero(a) sobre el robot de tus sueños. Di tres cosas que quieres que haga el robot.

— *¿Para qué quieres el robot?*
— *Para que me lleve el desayuno a la cama.*

2 ¿Para qué servía?

Es el año 2050 y tu nieto(a) está mirando un catálogo del año 1995. Quiere saber para qué servían los siguientes aparatos y máquinas. Descríbelos con tu compañero(a) usando *para que, en caso de que, con tal que* o *a menos que*.

el horno microondos	el fax	la plancha
la aspiradora	el lavaplatos	el refrigerador

— *¿Para qué servía el horno microondas?*
— *Servía para que uno pudiera preparar la comida rápidamente.*
— *¿Cuándo se usaba?*
— *En caso de que uno no tuviera tiempo para cocinar.*

3 ¡Qué invento!

Eres muy optimista sobre el futuro. Con tu compañero(a), comenten qué invento solucionará la escasez de las cosas de la lista. Usa las preposiciones de la página anterior.

petróleo	comida	recursos naturales
agua	oxígeno	

— *¿Crees que algún día habrá escasez de petróleo?*
— *Antes de que se termine el petróleo habrá coches que usen energía solar.*

¿CÓMO VES EL FUTURO?

Nadie sabe lo que va a ocurrir en el futuro...

- ¿Crees que las computadoras reemplazarán a las personas? Da ejemplos.

- ¿Cómo crees que será una entrevista de trabajo en el futuro?

- ¿Crees que la tecnología nos ayudará a predecir el futuro?

NOTA CULTURAL CIENCIA FICCIÓN

Es un género literario y cinematográfico que usa como base conceptos científicos o tecnológicos que el autor o autora desarrolla según su imaginación. Entre los primeros autores de este género están la británica Mary Shelley (*Frankenstein*), el francés Julio Verne (nos habló del helicóptero, del viaje a la luna, del submarino y de la televisión cuando nada de eso existía). Laura Esquivel, el mexicano Rodolfo Usigli, el español Eduardo Mendoza y los argentinos Jorge Luis Borges y Adolfo Bioy Casares están entre los autores hispanos que han escrito ciencia ficción.

LA REALIDAD DENTRO DE LA IRREALIDAD

Una de las características del fragmento que aparece en las próximas páginas es la mezcla de la realidad y la irrealidad. Busca dos oraciones que reflejen esto.

¡CONOZCAMOS A LA AUTORA!

Laura Esquivel nace en Ciudad de México en 1950. Entra en el mundo del cine con los guiones de dos películas, *Chido Guán y Tacos de Oro*. Su primera novela, *Como agua para chocolate*, se convierte en una película de fama internacional. Su última novela es *La ley del amor* (fragmento en las próximas páginas).

UNA OJEADA ¿CÓMO SON?

Echa una ojeada a la lectura de las próximas páginas. Busca por lo menos tres palabras que te indiquen que esto es un fragmento de una novela futurística. ¿Cuáles de las siguientes palabras usarías para describir este fragmento? Explica tus respuestas.

cómico	policial	satírico
espiritual	romántico	trágico

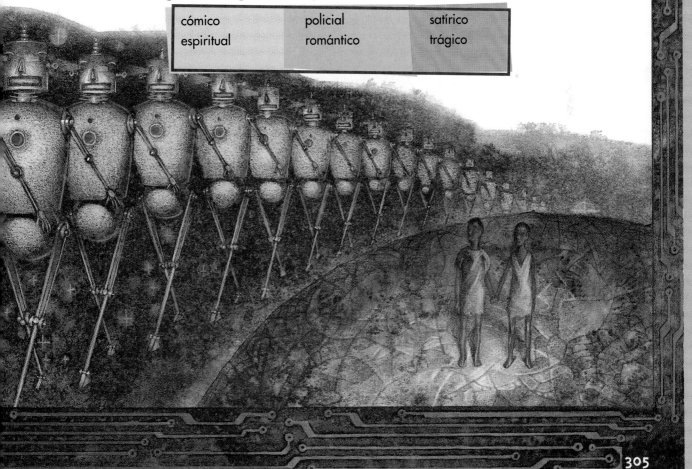

LA LEY DEL AMOR

Según la ley del amor, cuando existe odio entre dos personas en una vida, las reencarnaciones futuras las reunirán tantas veces como sea necesario hasta que aprendan a amarse. Después de miles de vidas, el premio será encontrar a su alma gemela°. Azucena acaba de conocer° a Rodrigo, su alma gemela, y está totalmente enamorada de él. Pero, sin ninguna explicación y sin dejar rastro, Rodrigo desaparece...

El aerófono del doctor Díez no le permitió la entrada a Azucena. Eso era un indicio° de que el doctor estaba ocupado con algún paciente y lo había dejado bloqueado. A Azucena, entonces, no le quedó otra que pasar primero a su oficina para desde ahí llamar a su vecino de consultorio° y hacer una cita como era debido[...] Era una tremenda falta° de educación presentarse en medio de una casa u oficina sin haberse anunciado con anterioridad, pero Azucena estaba tan desesperada que pasaba por alto° esas mínimas reglas de cortesía. Claro que para eso estaba la tecnología, para impedir que se olvidaran las buenas costumbres[...]

Lo primero que escuchó en cuanto la puerta del aerófono de su consultorio se abrió fue un "¡Qué poca!" colectivo. Azucena se sorprendió de entrada, pero luego se apenó enormemente. Sus plantas habían pasado siete días sin agua y tenían todo el derecho de recibirla de esa manera. Azucena acostumbraba dejarlas conectadas al plantoparlante, una computadora que traducía en palabras sus emisiones eléctricas[...] De inmediato les puso agua[...]

el alma gemela *twin soul*
acaba de conocer *has just met*
el consultorio *doctor's office*

la falta *lack*
indicio *sign*
pasaba por alto *ignored*

Azucena, entonces, procedió a escuchar sus mensajes aerofónicos. El más desesperado era el de un muchacho que era la reencarnación de Hugo Sánchez, un famoso futbolista del siglo XX. A partir del 2200, el muchacho, que nuevamente era futbolista, formaba parte de la selección terrenal. Próximamente se iba a celebrar el campeonato interplanetario de futbol y se esperaba que diera una muy buena actuación. Lo que pasaba era que sus experiencias como Hugo Sánchez lo tenían muy traumado[...] Por más que Azucena había trabajado con él en varias sesiones de astroanálisis, no había podido borrarle° del todo la amarga° experiencia que tuvo cuando no lo dejaron° jugar en el campeonato mundial en 1994. La siguiente llamada era la de la esposa del muchacho, que en su vida pasada había sido el doctor Mejía Barón, el entrenador que no dejó jugar a Hugo Sánchez. Los habían puesto° en esta vida juntos para que aprendieran a amarse°, pero Hugo no la perdonaba[...]

Ya no pudo escuchar los demás recados pues sus plantas empezaron a hacer un escándalo. Gritaban histéricas. A través de la pared estaban escuchando una tremenda discusión° proveniente de la oficina del doctor Díez y a ellas para nada les gustaban las malas vibras. Azucena de inmediato abrió la puerta que daba al pasillo, y tocó la puerta del doctor Díez[...] La puerta del doctor Díez se abrió intempestivamente. Un hombre fornido° la empujó° contra la puerta de su consultorio. Azucena chocó contra el cristal. El letrero de Azucena Martínez, Astroanalista, cayó hecho añicos°. Tras el hombre fornido salió otro aun más enfurecido° y, tras él, el doctor Díez, pero al ver a Azucena en el piso detuvo° su carrera y se acercó a auxiliarla°[...]

Azucena no pudo contener más tiempo el llanto°. El doctor la abrazó paternalmente. Azucena, con voz entrecortada° por los sollozos, se desahogó° con él. Le platicó cómo fue que se encontró con su alma gemela y lo poco que le duró el gusto. Cómo pasó en un mismo día del abrazo al desamparo°[...] Le dijo que ya lo había buscado en todos lados y que no había rastro° de él. La única esperanza que la quedaba era localizarlo a través del aparato que él (el doctor Díez) acababa de descubrir. En cuanto Azucena mencionó lo del invento, el doctor Díez volteó a ver si alguien los escuchaba, y tomando a Azucena del brazo la introdujo en su consultorio[...] El doctor Díez habló en voz baja como si alguien estuviera escuchándolo.

—Mire, Azucena. Usted es una amiga muy querida y me encantaría ayudarla, pero no puedo.

amarga *bitter*	**detuvo** *stopped*	**no había podido borrarle** *had not been able to erase*
amarse *to love each other*	**discusión** *argument*	
añicos *tiny pieces*	**el llanto** *weeping*	**no lo dejaron** *did not allow him*
aun más enfurecido *even more furious*	**empujó** *pushed*	**el rastro** *trace*
auxiliarla *help her*	**fornido** *muscular*	**se desahogó** *she vented*
el desamparo *abandonment*	**los habían puesto** *had put them*	**la voz entrecortada** *broken voice*

La desilusión enmudeció° a Azucena. Un velo de tristeza le cubrió° los ojos.

—Sólo fabriqué° dos aparatos. Uno lo tiene la policía, y de ninguna manera me lo prestarían pues lo están ocupando día y noche para localizar al asesino del señor Bush. Y el otro tampoco puedo utilizarlo porque no estoy autorizado a entrar en CUVA (Control Universal de Vidas Anteriores) donde lo tienen… Aunque déjeme pensar… Ahorita hay un puesto° vacante… Tal vez si usted entra a trabajar ahí lo podría usar…

—¿Está loco? Ahí sólo admiten burócratas de nacimiento. Ya parece que me van a dejar entrar…

—Yo la puedo ayudar a convertirse° en una burócrata de nacimiento.

—¿Usted? ¿Cómo?

El doctor sacó un aparato minúsculo del cajón de su escritorio y se lo mostró a Azucena.

—Con esto[…]

* * *

—Siéntese, por favor.

—Gracias.

—Veo que usted es astroanalista.

—Así es.

—Ese es un trabajo muy bien pagado, ¿qué le hizo venir a aplicar para un puesto de oficinista?

Azucena se sentía muy nerviosa. Sabía que una cámara fotomental estaba fotografiando cada uno de sus pensamientos°. Esperaba que la microcomputadora que el doctor Díez le había instalado en la cabeza estuviera enviando pensamientos de amor y paz. Si no, estaba perdida[…]

—Lo que pasa es que estoy agotada° emocionalmente. Mi doctor me recomendó unas vacaciones[…] Usted comprende, trabajo muchas horas escuchando todo tipo de problemas.

—Sí, entiendo. Y creo que usted, a su vez, entiende la importancia que tiene el conocimiento de vidas anteriores para entender el comportamiento de cualquier persona.

—Claro que sí.

—Entonces, estimo que no se opondrá a que le hagamos un examen trabajando directamente en el campo de su subconsciente, para de esa manera obtener nuestras conclusiones finales en cuanto a° si usted es la persona capacitada para ocupar el puesto en nuestra oficina o no.

Azucena sintió que un sudor frío le recorría la espalda. Tenía miedo, mucho miedo[…] Así que más le valía que el aparato del doctor Díez siguiera funcionando correctamente, si no, no sólo se iba a quedar sin el puesto de "averiguadora oficial"°, sino que recibiría un castigo terrible: que le borraran la memoria de sus vidas pasadas y… ahí sí que ¡adiós Rodrigo!

---

agotada *exhausted*
averiguadora oficial *official investigator*
convertirse *to become*
en cuanto a *regarding*

enmudeció *was speechless*
fabriqué *(I) manufactured*
pensamientos *thoughts*
un puesto *a position*

¿COMPRENDISTE BIEN?

A. 1. ¿Cuál es la profesión de Azucena?
   2. ¿Cuál es el problema de uno de los pacientes de Azucena?
   3. ¿Cómo se llama el colega de Azucena?
   4. ¿Qué está ocurriendo en la oficina del vecino?
   5. ¿Qué le pasa a Azucena?
   6. ¿Qué hace el doctor para ayudarla?
   7. ¿Qué quiere el doctor que Azucena haga?
   8. ¿Por qué está nerviosa Azucena en la entrevista?
   9. ¿Qué tipo de examen le van a hacer a Azucena?
   10. ¿Cuál es el castigo que teme Azucena?

B. Indica en qué parte del relato se experimentan las siguientes emociones. Apoya tus respuestas con las oraciones del texto.

   miedo   enojo   angustia   tristeza   dolor   frustración

C. Busca las palabras de la lectura que corresponden a las definiciones siguientes.
   1. un aparato que recibe mensajes y permite entrar a una casa u oficina
   2. un aparato que convierte la energía de las plantas en palabras
   3. una competencia deportiva entre la Tierra, Venus, Saturno, etc.
   4. una terapia que ayuda a resolver los traumas de vidas pasadas
   5. un aparato que saca fotos de lo que se piensa

TE TOCA A TI

- ¿Qué harías tú si conocieras a tu alma gemela y de pronto la perdieras?

- ¿Qué piensas de una microcomputadora que te puede convertir en otro tipo de persona? Explica. ¿En qué tipo de persona te gustaría convertirte? ¿Por qué?

- ¿Por qué crees que sería importante recordar las vidas pasadas? ¿Qué vidas pasadas crees que tuviste? No pienses mucho, di lo primero que te venga a la mente.

ARTE

Pintura del futuro

¿Cómo va a ser el mundo en el futuro? Nadie lo sabe. Sin embargo, el futuro está presente en el arte, la literatura y el cine. Podemos ver representados seres de otros planetas, naves espaciales, otros mundos... productos de la imaginación del artista.

En el mundo de la pintura latinoamericana hay varios artistas que pintan temas relacionados con el futuro, entre ellos: Raquel Forner (Argentina, 1911), Rufino Tamayo (México, 1899-1991) y Roberto Matta (Chile, 1912).

Roberto Matta Echaurren vivió en Francia, Estados Unidos, Italia, México e Inglaterra. En 1940, el Museo de Arte Moderno de Nueva York (MoMA) compró un cuadro suyo. Hoy podemos admirar sus obras por todo el mundo. Sus pinturas hablan de la era cósmica, del espacio y de la ciencia ficción.

¿Qué te parece este cuadro de Roberto Matta?

ASTRONOMÍA

Hispanos en el espacio

Los países cada vez gastan más dinero en investigación espacial, porque el futuro de nuestro planeta parece estar en el espacio. Además, ¿quién no ha soñado con viajar a la Luna o a Marte? Hasta ahora sólo unos pocos astronautas lo han conseguido. Por eso son los héroes de nuestro tiempo. Cuatro astronautas hispanos han volado ya al espacio.

Franklin R. Chang-Díaz (Costa Rica, 1950), que ya ha realizado cuatro vuelos, fue el primer hispano que salió al espacio en enero de 1986.

En su primera misión, en 1991, Sidney M. Gutiérrez (Estados Unidos, 1951) fue piloto del satélite *Spacelab*. En la segunda, en 1994, fue el comandante de la nave.

Ellen Ochoa (Estados Unidos, 1958) realizó su primer viaje espacial en 1993.

Michael López Alegría (España, 1958) fue el primer astronauta español que salió al espacio. Lo hizo en 1995 a bordo de la nave *Columbia*. Ésta fue la segunda misión más larga en la historia de la NASA. Duró 16 días.

¿Te gustaría viajar al espacio?

¿Crees que nuestro futuro está en el espacio?

CIENCIA

La Ciudad de las Ciencias

En Valencia (España) se está construyendo el proyecto científico más grande de Europa: la Ciudad de las Ciencias. En esta "ciudad" habrá tres edificios: uno dedicado a las telecomunicaciones, otro al ocio y el tercero a la ciencia. La torre de telecomunicaciones tendrá 382 metros y será la tercera más alta del mundo. También se construirá el planetario más grande de España. En él se proyectarán imágenes del universo. Actualmente existe un gran centro de exposiciones en Valencia, donde se informa a la gente sobre este proyecto.

¿Has estado alguna vez en un planetario? ¿Te gustó?

¿Qué te gustaría que hubiera en la Ciudad de las Ciencias?

¿AISLAMIENTO O VIDA SOCIAL?

1. ¿UNA VIDA SOLITARIA?

Hay quienes piensan que la gente del futuro llevará una vida solitaria. Lee el siguiente fragmento de un artículo que apareció en una revista y escríbele una carta al director que lo publicó expresando tus reacciones.

A través de la pantalla de alta definición, alimentada por la televisión por cable y los satélites, cada persona recibirá en su casa todos los espectáculos y transmisiones que sea capaz de asimilar. Desde el salón audiovisual, el *homo electronicus* recibirá clases de piano a distancia, jugará una partida de ajedrez con el maestro ruso de turno, o participará en juegos de aventuras a escala planetaria. El ocio privatizado, que garantiza reposo y seguridad, se impondrá al ocio participativo de las fiestas populares y los acontecimientos deportivos.

2. LAS ESCUELAS DEL FUTURO

¿Cómo crees que serán las escuelas del futuro? ¿Crees que serán tal como las conocemos o que los jóvenes se educarán en casa por medio de la tecnología? Explica tu punto de vista.

3. LIBROS Y PREDICCIONES

Varios autores han escrito sobre años específicos en el futuro. Algunos ejemplos son la novela *1984* (escrita en 1948) y la película *2001: odisea del espacio* (del año 1968). Tú eres un escritor que, en el año 1902, escribió un libro sobre este año. ¿En qué te has equivocado? ¿En qué has acertado?

4. TU PROPIO CUENTO

Escribe un cuento sobre el futuro. Puede tratar del tema que más te guste. Recuerda que aunque sea muy corto, debe tener un principio, un desarrollo y un final. ¡Y un título también!

¿QUÉ SABES AHORA?

¿QUÉ HARÁS?

PARA CONVERSAR

¿Qué imagen quieres que la gente del futuro tenga de tu generación? Con tu compañero(a), comenten qué pondrían en una cápsula del tiempo para las futuras generaciones.

— Yo pondría un disco compacto de mi conjunto favorito.
— Pues yo pondría una foto de la clase.

PARA ESCRIBIR

¿Cómo serán las vacaciones del futuro? ¿Serán similares a las que tenemos ahora o muy diferentes? Estás de vacaciones en el año 2020. Escríbele una carta a un(a) amigo(a) y cuéntale dónde estás, qué haces, qué tiempo hace, etc.

Querida Ana:
Estoy de vacaciones en Martongo (una ciudad que está en el fondo del mar). Después de que termine esta carta, saldré de excursión para conocer mejor este lugar y tomar muchas fotos.

PARA DESCRIBIR

Muchas personas piensan que hay vida fuera de nuestro planeta. ¿Cómo crees que son los extraterrestres? Haz una descripción detallada de un extraterrestre, según tu imaginación.

VOCABULARIO TEMÁTICO

Cosas con las que debemos acabar
Things we should get rid of

el analfabetismo *illiteracy*

el desempleo *unemployment*

la guerra *war*

la pobreza *poverty*

los prejuicios *prejudices*

Cómo (no) debe ser la gente del futuro
How people should (shouldn't) be in the future

agresiva *agresive*

espiritual *spiritual*

humanitaria *humanitarian*

solitaria *lonely*

tolerante *tolerant*

trabajadora *hard-working*

Palabras y expresiones
Words and expressions

actuar por su cuenta *to act independently*

cordial *friendly*

fines benéficos *beneficial purposes*

permitir *to allow*

proponer *to propose*

Conozcamos

ARGENTINA

Argentina, al igual que Estados Unidos, es un país de inmigrantes. Los argentinos son descendientes de españoles, italianos, irlandeses, rusos, polacos, libaneses, turcos... Argentina es más que un país, es un rico conglomerado de culturas. ¿Quieres saber más? Ahora te contamos mucho más.

DATOS IMPORTANTES

BOLIVIA
PARAGUAY
CHILE
Cataratas del Iguazú
San Miguel de Tucumán
BRASIL
Aconcagua (6959 m)
Córdoba
URUGUAY
Río Paraná
Mendoza
Buenos Aires
Río de la Plata
Mar del Plata
PATAGONIA
Gaimán
OCÉANO ATLÁNTICO
Estrecho de Magallanes
Islas Malvinas (R.U.)
Ushuaia
Tierra del Fuego
Cabo de Hornos

Nombre oficial:	República Argentina
Geografía:	Argentina es el octavo país más grande del mundo. Tiene altas montañas como los Andes; las cataratas del Iguazú; las extensas pampas y los famosos glaciares.
Clima:	Argentina está en el Hemisferio Sur, por eso los meses de verano son diciembre, enero y febrero.
Zona horaria:	hora en la costa este de EE.UU. + 2 horas
Idioma:	Español
Ciudades principales:	Buenos Aires (capital), Córdoba, Rosario y Mendoza.
Moneda:	Peso argentino

Señala en un mapa del mundo, todos los países de donde vinieron inmigrantes a Argentina.

SU GENTE

La mayoría de argentinos son descendientes de europeos: italianos, españoles, ingleses, alemanes... que todavía mantienen su cultura, su lengua y su religión. La mayoría de los indígenas están en el norte del país y en la Patagonia.

SU HISTORIA

1536	1816	1946	1955–1983	1989-Presente
Los españoles fundan la ciudad de "Santa María de los Buenos Ayres".	Argentina se independiza de España	Perón es elegido presidente de Argentina.	Golpe militar por el general Jorge Videla y la Junta Militar. Período de dictadura militar.	Carlos Menem es el presidente del gobierno.

Entérate de la vida de "Evita" Perón. ¿Qué la hace tan interesante, como para hacer una obra de teatro de su vida?

ADÓNDE IR Y QUÉ VER

BUENOS AIRES

◎ Pasea por **La Boca**, un colorido **barrio** construido por inmigrantes italianos. Dicen que aquí nació el famoso tango argentino.

◎ Visita el **Museo Histórico Nacional** en el parque Lezama y aprende un poco más sobre la historia de Argentina.

◎ Si quieres comprar ropa de moda, puedes ir a las calles **Florida** o **Lavalle**. Pero si te gustan las antigüedades, ve a la Feria de San Telmo en la Plaza Dorrego.

◎ Observa el Río de la Plata (el río más ancho del mundo) desde el **Tren de la Costa.** Este tren recorre las antiguas estaciones de Buenos Aires hasta el delta del Tigre.

FIESTAS

◎ El **Día del Estudiante** (el 21 de septiembre) los estudiantes hacen fiestas y picnics en los parques de la ciudad.

◎ El **Teatro Colón** es muy famoso por sus óperas, ballets y conciertos de música clásica. La edición del domingo del periódico *Clarín* te informa sobre los eventos culturales de la ciudad.

En un plan para el "Día del Estudiante" en tu escuela, ¿qué actividades incluirías?

◎ En los barrios de La Boca y San Telmo hay muchos lugares donde puedes ver **espectáculos de tango** magníficos.

◎ En verano, el **Ayuntamiento de Buenos Aires** organiza conciertos de música rock, actuaciones de teatro y danza al aire libre, ¡gratis!.

COMIDA

◎ **Empanadas** de carne

◎ **Asado** de carne

◎ **Dulce de leche**, hecho de leche cocida lentamente con azúcar y vainilla

317

ACTIVIDADES Y DEPORTES

◎ En **el Tigre** puedes tomar el sol, alquilar un bote y navegar por el río Paraná.

◎ **Palermo** es un parque donde la puedes pasar muy bien. Puedes visitar el Jardín Botánico, el Jardín Zoológico, el Campo de Polo, el Hipódromo y el Planetarium.

◎ Los porteños van de vacaciones a las playas de **Mar del Plata** (a unas 4 horas de Buenos Aires). Allí puedes nadar, hacer tabla a vela, tomar el sol y pescar.

LA PROVINCIA DE MENDOZA

◎ La ciudad de **Mendoza** es una ciudad muy activa y moderna. A los mendocinos (gente de Mendoza) les gusta pasear y comprar flores en **La Peatonal Sarmiento**, una calle sin coches, en el centro de la ciudad.

◎ Si te gusta la naturaleza, visita **Potrerillos**, **Cacheuta** y **Uspallata**, unos pueblos de montaña en los Andes. Puedes montar a caballo, acampar, hacer caminatas y mucho más.

FIESTAS

◎ Si quieres salir por la noche en Mendoza, ve a la zona de **La Puntilla**, donde se encuentran las discotecas más bonitas.

◎ Durante la **Fiesta de la Vendimia,** en marzo, se celebra la cosecha de la uva. Se hacen desfiles, espectáculos musicales, fuegos artificiales y al final se elige a la Reina Nacional de la Vendimia.

Compara la Fiesta de la Vendimia con la celebración del Tournament of the Roses en California.

COMIDA

◎ **Matambre**, huevos, aceitunas y vegetales envueltos en carne

◎ **Chimichurri**, salsa para la carne hecha con aceite, vinagre, perejil, ajo, cebolla y ají

◎ **Milanesa**, carne rebozada (breaded) en huevo y pan rallado (bread crumbs)

ACTIVIDADES Y DEPORTES

◎ En el **Parque General San Martín**, en Mendoza, puedes jugar al tenis, al fútbol y remar en el lago.

◎ Al sur de la provincia está el **río Atuel**. Allí puedes navegar en balsa, pescar y acampar.

◎ Si te gusta la aventura, sube el pico del Aconcagua, el más alto del continente americano.

EL NOROESTE

◎ **San Miguel de Tucumán**, es una hermosa ciudad colonial donde, en 1816, se declaró la independencia del país. Visita el Museo Folklórico que muestra instrumentos y ropa indígena.

◎ En el pueblo **Tilcara** (a 2461 m.), todavía existe una fortificación precolombina, **El Pucará** con magníficas vistas.

◎ **Salta**, es una ciudad colonial muy bonita, con muchas iglesias y plazas. Toma el teleférico hasta el **Cerro San Bernardo** para tener una vista espectacular del Valle de Salta.

◎ Una de las mayores atracciones de **Jujuy** es su Iglesia Catedral. Ésta tiene un púlpito de estilo barroco español laminado de oro.

> Busca información sobre los glaciares. Luego escribe tres características y tres observaciones tuyas sobre ellos.

FIESTAS

◎ **Semana de Jujuy** (en agosto) es una fiesta en honor a la evacuación del pueblo durante la Guerra de la Independencia.

◎ En Tilcara hay un **mercado** donde los indígenas venden sus artesanías: cerámica, joyas y ropa de lana de muchos colores.

COMIDA

◎ **Empanadas jujeñas**, con carne y papas

◎ **Locro**, sopa de maíz, carne, papas, tocino, cerdo y cebolla

◎ **Humita en chala**, tamales de maíz envueltos en una hoja de maíz

◎ **Quesillo con miel de caña**, queso blando cubierto de miel de caña de azúcar

ACTIVIDADES Y DEPORTES

◎ Admira el colorido paisaje y la belleza natural de las montañas de la **Quebrada de Humahuaca**.

◎ ¿Te gustan las aventuras? Toma el **Tren de las Nubes** desde Salta hasta la Quebrada del Toro y tendrás una vista magnífica de este cañón desértico.

LA PATAGONIA

◎ **Usuahia**, en Tierra del Fuego, es la ciudad que está más al sur del mundo.

◎ El **Perito Moreno** es el único glaciar del mundo que sigue creciendo.

◎ La **Península Valdés** es una gran reserva natural. En sus costas hay colonias de lobos y elefantes marinos. En la Isla de los Pájaros hay millones de pájaros exóticos, como los flamencos y los cormoranes.

◎ **Gaiman** (o Pequeña Gales) es un pueblo que fue fundado por inmigrantes galeses. La influencia galesa se puede ver por todas partes, como por ejemplo en las "Casas de Té".

Lee las descripciones de los platos argentinos. Enumera cada plato de 1 a 10, según tu preferencia. (Diez es el que te gustaría más probar.)

COMIDA

◎ Bariloche es muy famoso por sus postres con **chocolate artesanal**.

◎ Argentina tiene **helados** excelentes gracias a la gran influencia italiana.

◎ **Parrillada** de carne

ACTIVIDADES Y DEPORTES

◎ Muchos argentinos y también brasileños pasan las vacaciones de invierno esquiando en **Bariloche**.

◎ Cerca de Bariloche está el **Parque Nacional Nahuel Huapi**. Este parque es un lugar ideal para navegar, hacer tabla a vela y pasear en canoa.

DÓNDE ALOJARTE

Casas de familias: Además de dormir, en las casas de familias puedes comer, tomar un baño caliente, lavar tu ropa y ¡son muy baratas!.

Hoteles: Hay hoteles desde 1 hasta 5 "estrellas". En general, los de una estrella son los más baratos.

Escribe tres ventajas de vivir con una familia en vez de en un hotel.

MEDIOS DE TRANSPORTE

AVIÓN: las compañías LADE y TAN, a veces son más baratas que el autobús.

AUTOBÚS: normalmente son cómodos, rápidos y tienen baño. Haz reservas con anticipación si piensas viajar durante la época turística. Los estudiantes pueden conseguir un 20% de descuento.

> Busca información sobre vuelos a tres sitios diferentes de Argentina. ¿Cuál elegirías para un viaje y por qué? Comparte los datos con la clase.

COMPRAS

◎ **Artículos de piel:** zapatos, bolsos, carteras, chaquetas

◎ **Ponchos:** en **Güemes,** en la provincia de Salta

◎ **Plata:** objetos y joyas, en Salta

INFORMACIÓN ESPECIAL

En Argentina, puedes obtener descuentos en museos, teatros, hoteles, trenes, pasajes de avión y mucho más, con una **Tarjeta de Estudiante.**

DIRECCIONES Y NÚMEROS DE TELÉFONO IMPORTANTES

▣ **Council on International Educational Exchange (CIEE)** 205 E 42nd St., New York, NY 10017. Tel: (212) 822-2600.

▣ **Embajada de Argentina,** 1600 New Hampshire Avenue, NW, Washington, DC 20009. Tel: (202) 939-6400.

▣ **Oficina de Turismo del Gobierno Argentino** 12 W 56th Street, New York, NY 10019. Tel: (212) 603-0433.

Regular Verbs

Infinitive / Present Participle / Past Participle	Indicative					Subjunctive		Imperative
	Present	Imperfect	Preterite	Future	Conditional	Present	Imperfect	
-ar verbs								
comprar	compro	compraba	compré	compraré	compraría	compre	comprara	
comprando	compras	comprabas	compraste	comprarás	comprarías	compres	compraras	compra / no compres
comprado	compra	compraba	compró	comprará	compraría	compre	comprara	compre
	compramos	comprábamos	compramos	compraremos	compraríamos	compremos	compráramos	compremos
	compráis	comprabais	comprasteis	compraréis	compraríais	compréis	comprarais	
	compran	compraban	compraron	comprarán	comprarían	compren	compraran	compren
-er verbs								
comer	como	comía	comí	comeré	comería	coma	comiera	
comiendo	comes	comías	comiste	comerás	comerías	comas	comieras	come / no comas
comido	come	comía	comió	comerá	comería	coma	comiera	coma
	comemos	comíamos	comimos	comeremos	comeríamos	comamos	comiéramos	comamos
	coméis	comíais	comisteis	comeréis	comeríais	comáis	comierais	
	comen	comían	comieron	comerán	comerían	coman	comieran	coman
-ir verbs								
compartir	comparto	compartía	compartí	compartiré	compartiría	comparta	compartiera	
compartiendo	compartes	compartías	compartiste	compartirás	compartirías	compartas	compartieras	comparte / no compartas
compartido	comparte	compartía	compartió	compartirá	compartiría	comparta	compartiera	comparta
	compartimos	compartíamos	compartimos	compartiremos	compartiríamos	compartamos	compartiéramos	compartamos
	compartís	compartíais	compartisteis	compartiréis	compartiríais	compartáis	compartierais	
	comparten	compartían	compartieron	compartirán	compartirían	compartan	compartieran	compartan

VERBOS

Infinitive / Present Participle / Past Participle	Indicative Present	Imperfect	Preterite	Future	Conditional	Subjunctive Present	Imperfect	Imperative
caer(se) cayendo caído	caigo caes cae caemos caéis caen	caía caías caía caíamos caíais caían	caí caíste cayó caímos caísteis cayeron	caeré caerás caerá caeremos caeréis caerán	caería caerías caería caeríamos caeríais caerían	caiga caigas caiga caigamos caigáis caigan	cayera cayeras cayera cayéramos cayerais cayeran	cae / no caigas caiga caigamos caigan
dar dando dado	doy das da damos dais dan	daba dabas daba dábamos dabais daban	di diste dio dimos disteis dieron	daré darás dará daremos daréis darán	daría darías daría daríamos daríais darían	dé des dé demos deis den	diera dieras diera diéramos dierais dieran	da / no des dé demos den
decir diciendo dicho	digo dices dice decimos decís dicen	decía decías decía decíamos decíais decían	dije dijiste dijo dijimos dijisteis dijeron	diré dirás dirá diremos diréis dirán	diría dirías diría diríamos diríais dirían	diga digas diga digamos digáis digan	dijera dijeras dijera dijéramos dijerais dijeran	di / no digas diga digamos digan
destruir destruyendo destruido	destruyo destruyes destruye destruimos destruís destruyen	destruía destruías destruía destruíamos destruíais destruían	destruí destruiste destruyó destruimos destruisteis destruyeron	destruiré destruirás destruirá destruiremos destruiréis destruirán	destruiría destruirías destruiría destruiríamos destruiríais destruirían	destruya destruyas destruya destruyamos destruyáis destruyan	destruyera destruyeras destruyera destruyéramos destruyerais destruyeran	destruye / no destruyas destruya destruyamos destruyan
estar estando estado	estoy estás está estamos estáis están	estaba estabas estaba estábamos estabais estaban	estuve estuviste estuvo estuvimos estuvisteis estuvieron	estaré estarás estará estaremos estaréis estarán	estaría estarías estaría estaríamos estaríais estarían	esté estés esté estemos estéis estén	estuviera estuvieras estuviera estuviéramos estuvierais estuvieran	está / no estés esté estemos estén
hacer haciendo hecho	hago haces hace hacemos hacéis hacen	hacía hacías hacía hacíamos hacíais hacían	hice hiciste hizo hicimos hicisteis hicieron	haré harás hará haremos haréis harán	haría harías haría haríamos haríais harían	haga hagas haga hagamos hagáis hagan	hiciera hicieras hiciera hiciéramos hicierais hicieran	haz / no hagas haga hagamos hagan

Verbos

Irregular Verbs

Infinitive / Present Participle / Past Participle	Indicative					Subjunctive		Imperative
	Present	Imperfect	Preterite	Future	Conditional	Present	Imperfect	
ir yendo ido	voy	iba	fui	iré	iría	vaya	fuera	
	vas	ibas	fuiste	irás	irías	vayas	fueras	ve / no vayas
	va	iba	fue	irá	iría	vaya	fuera	vaya
	vamos	íbamos	fuimos	iremos	iríamos	vayamos	fuéramos	vayamos
	vais	ibais	fuisteis	iréis	iríais	vayáis	fuerais	
	van	iban	fueron	irán	irían	vayan	fueran	vayan
oír oyendo oído	oigo	oía	oí	oiré	oiría	oiga	oyera	
	oyes	oías	oíste	oirás	oirías	oigas	oyeras	oye / no oigas
	oye	oía	oyó	oirá	oiría	oiga	oyera	oiga
	oímos	oíamos	oímos	oiremos	oiríamos	oigamos	oyéramos	oigamos
	oís	oíais	oísteis	oiréis	oiríais	oigáis	oyerais	
	oyen	oían	oyeron	oirán	oirían	oigan	oyeran	oigan
poner poniendo puesto	pongo	ponía	puse	pondré	pondría	ponga	pusiera	
	pones	ponías	pusiste	pondrás	pondrías	pongas	pusieras	pon / no pongas
	pone	ponía	puso	pondrá	pondría	ponga	pusiera	ponga
	ponemos	poníamos	pusimos	pondremos	pondríamos	pongamos	pusiéramos	pongamos
	ponéis	poníais	pusisteis	pondréis	pondríais	pongáis	pusierais	
	ponen	ponían	pusieron	pondrán	pondrían	pongan	pusieran	pongan
saber sabiendo sabido	sé	sabía	supe	sabré	sabría	sepa	supiera	
	sabes	sabías	supiste	sabrás	sabrías	sepas	supieras	sabe / no sepas
	sabe	sabía	supo	sabrá	sabría	sepa	supiera	sepa
	sabemos	sabíamos	supimos	sabremos	sabríamos	sepamos	supiéramos	sepamos
	sabéis	sabíais	supisteis	sabréis	sabríais	sepáis	supierais	
	saben	sabían	supieron	sabrán	sabrían	sepan	supieran	sepan
salir saliendo salido	salgo	salía	salí	saldré	saldría	salga	saliera	
	sales	salías	saliste	saldrás	saldrías	salgas	salieras	sal / no salgas
	sale	salía	salió	saldrá	saldría	salga	saliera	salga
	salimos	salíamos	salimos	saldremos	saldríamos	salgamos	saliéramos	salgamos
	salís	salíais	salisteis	saldréis	saldríais	salgáis	salierais	
	salen	salían	salieron	saldrán	saldrían	salgan	salieran	salgan
ser siendo sido	soy	era	fui	seré	sería	sea	fuera	
	eres	eras	fuiste	serás	serías	seas	fueras	sé / no seas
	es	era	fue	será	sería	sea	fuera	sea
	somos	éramos	fuimos	seremos	seríamos	seamos	fuéramos	seamos
	sois	erais	fuisteis	seréis	seríais	seáis	fuerais	
	son	eran	fueron	serán	serían	sean	fueran	sean

Irregular Verbs

Infinitive / Present Participle / Past Participle	Indicative					Subjunctive		Imperative
	Present	Imperfect	Preterite	Future	Conditional	Present	Imperfect	
tener teniendo tenido	tengo tienes tiene tenemos tenéis tienen	tenía tenías tenía teníamos teníais tenían	tuve tuviste tuvo tuvimos tuvisteis tuvieron	tendré tendrás tendrá tendremos tendréis tendrán	tendría tendrías tendría tendríamos tendríais tendrían	tenga tengas tenga tengamos tengáis tengan	tuviera tuvieras tuviera tuviéramos tuvierais tuvieran	ten / no tengas tenga tengamos tengan
traer trayendo traído	traigo traes trae traemos traéis traen	traía traías traía traíamos traíais traían	traje trajiste trajo trajimos trajisteis trajeron	traeré traerás traerá traeremos traeréis traerán	traería traerías traería traeríamos traeríais traerían	traiga traigas traiga traigamos traigáis traigan	trajera trajeras trajera trajéramos trajerais trajeran	trae / no traigas traiga traigamos traigan
venir viniendo venido	vengo vienes viene venimos venís vienen	venía venías venía veníamos veníais venían	vine viniste vino vinimos vinisteis vinieron	vendré vendrás vendrá vendremos vendréis vendrán	vendría vendrías vendría vendríamos vendríais vendrían	venga vengas venga vengamos vengáis vengan	viniera vinieras viniera viniéramos vinierais vinieran	ven / no vengas venga vengamos vengan
ver viendo visto	veo ves ve vemos veis ven	veía veías veía veíamos veíais veían	vi viste vio vimos visteis vieron	veré verás verá veremos veréis verán	vería verías vería veríamos veríais verían	vea veas vea veamos veáis vean	viera vieras viera viéramos vierais vieran	ve / no veas vea veamos vean

Stem-Changing Verbs

Infinitive / Present Participle / Past Participle	Indicative					Subjunctive		Imperative
	Present	Imperfect	Preterite	Future	Conditional	Present	Imperfect	
jugar (u > ue) jugando jugado	juego juegas juega jugamos jugáis juegan	jugaba jugabas jugaba jugábamos jugabais jugaban	jugué jugaste jugó jugamos jugasteis jugaron	jugaré jugarás jugará jugaremos jugaréis jugarán	jugaría jugarías jugaría jugaríamos jugaríais jugarían	juegue juegues juegue juguemos juguéis jueguen	jugara jugaras jugara jugáramos jugarais jugaran	juega / no juegues juegue juguemos jueguen
pedir (e > i) pidiendo pedido	pido pides pide pedimos pedís piden	pedía pedías pedía pedíamos pedíais pedían	pedí pediste pidió pedimos pedisteis pidieron	pediré pedirás pedirá pediremos pediréis pedirán	pediría pedirías pediría pediríamos pediríais pedirían	pida pidas pida pidamos pidáis pidan	pidiera pidieras pidiera pidiéramos pidierais pidieran	pide / no pidas pida pidamos pidan
poder (o > ue) pudiendo podido	puedo puedes puede podemos podéis pueden	podía podías podía podíamos podíais podían	pude pudiste pudo pudimos pudisteis pudieron	podré podrás podrá podremos podréis podrán	podría podrías podría podríamos podríais podrían	pueda puedas pueda podamos podáis puedan	pudiera pudieras pudiera pudiéramos pudierais pudieran	puede / no puedas pueda podamos puedan
querer (e > ie) queriendo querido	quiero quieres quiere queremos queréis quieren	quería querías quería queríamos queríais querían	quise quisiste quiso quisimos quisisteis quisieron	querré querrás querrá querremos querréis querrán	querría querrías querría querríamos querríais querrían	quiera quieras quiera queramos queráis quieran	quisiera quisieras quisiera quisiéramos quisierais quisieran	quiere / no quieras quiera queramos quieran
reír (e > i) riendo reído	río ríes ríe reímos reís ríen	reía reías reía reíamos reíais reían	reí reíste rió reímos reísteis rieron	reiré reirás reirá reiremos reiréis reirán	reiría reirías reiría reiríamos reiríais reirían	ría rías ría riamos riáis rían	riera rieras riera riéramos rierais rieran	ríe / no rías ría riamos rían

Verbs with Spelling Changes

Infinitive / Present Participle / Past Participle	Indicative Present	Imperfect	Preterite	Future	Conditional	Subjunctive Present	Imperfect	Imperative
conocer (c > zc) conociendo conocido	conozco conoces conoce conocemos conocéis conocen	conocía conocías conocía conocíamos conocíais conocían	conocí conociste conoció conocimos conocisteis conocieron	conoceré conocerás conocerá conoceremos conoceréis conocerán	conocería conocerías conocería conoceríamos conoceríais conocerían	conozca conozcas conozca conozcamos conozcáis conozcan	conociera conocieras conociera conociéramos conocierais conocieran	conoce / no conozcas conozca conozcamos conozcan
empezar (z > c) empezando empezado	empiezo empiezas empieza empezamos empezáis empiezan	empezaba empezabas empezaba empezábamos empezabais empezaban	empecé empezaste empezó empezamos empezasteis empezaron	empezaré empezarás empezará empezaremos empezaréis empezarán	empezaría empezarías empezaría empezaríamos empezaríais empezarían	empiece empieces empiece empecemos empecéis empiecen	empezara empezaras empezara empezáramos empezarais empezaran	empieza / no empieces empiece empecemos empiecen
leer (e > y) leyendo leído	leo lees lee leemos leéis leen	leía leías leía leíamos leíais leían	leí leíste leyó leímos leísteis leyeron	leeré leerás leerá leeremos leeréis leerán	leería leerías leería leeríamos leeríais leerían	lea leas lea leamos leáis lean	leyera leyeras leyera leyéramos leyerais leyeran	lee / no leas lea leamos lean
navegar (g > gu) navegando navegado	navego navegas navega navegamos navegáis navegan	navegaba navegabas navegaba navegábamos navegabais navegaban	navegué navegaste navegó navegamos navegasteis navegaron	navegaré navegarás navegará navegaremos navegaréis navegarán	navegaría navegarías navegaría navegaríamos navegaríais navegarían	navegue navegues navegue naveguemos naveguéis naveguen	navegara navegaras navegara navegáramos navegarais navegaran	navega / no navegues navegue naveguemos navegue
proteger (g > j) protegiendo protegido	protejo proteges protege protegemos protegéis protegen	protegía protegías protegía protegíamos protegíais protegían	protegí protegiste protegió protegimos protegisteis protegieron	protegeré protegerás protegerá protegeremos protegeréis protegerán	protegería protegerías protegería protegeríamos protegeríais protegerían	proteja protejas proteja protejamos protejáis protejan	protegiera protegieras protegiera protegiéramos protegierais protegieran	protege / no protejas proteja protejamos protejan

GUSTAR

Infinitive / Present Participle / Past Participle	Indicative				Conditional	Subjunctive	
	Present	Imperfect	Preterite	Future		Present	Imperfect
gustar gustando gustado	me te le gusta / gustan nos os les	me te le gustaba / gustaban nos os les	me te le gustó / gustaron nos os les	me te le gustaría / gustrán nos os les	me te le gustaría / gustarían nos os les	me te le guste / gusten nos os les	me te le gustra / gustaran nos os les

Indicative		Subjunctive	
Present Perfect		*Present Perfect*	
he	comprado	haya	comprado
has	comido	hayas	comido
ha	compartido	haya	compartido
hemos		hayamos	
habéis		hayáis	
han		hayan	

The **Glosario Español-Inglés** contains almost all of the words from **Juntos Tres**, including vocabulary presented in the *Adelante* sections. It also lists most words from **Juntos Uno** and **Dos**.

The number following each entry indicates the chapter in which the word or expression is first introduced. The letter *A* following an entry refers to the *Adelante* sections; the letter *E* refers to the *Encuentros* section in Level I; Roman numerals I and II indicate that the word was presented in **Juntos Uno** or **Juntos Dos**, respectively.

Most verbs appear in the infinitive form. Stem-changing verbs appear with the change in parentheses after the infinitive.

A

a *at; to,* E

   a la(s)... *at . . . (time),* E

abajo *downstairs,* I4

el/la **abogado(a)** *lawyer,* II12

abrazarse *to hug each other,* II6

el **abrelatas** *can opener,* 5

el **abrigo** *coat,* I6

abril *April,* E

abrir *to open,* I3

   abrir una lata *to open a can (food),* 5

Abróchense los cinturones. *Fasten your seatbelts.,* III

el/la **abuelo(a)** *grandfather/grandmother,* E

aburrido(a) *boring,* E

aburrirse *to get bored,* II5

acampar *to camp out,* II2

acariciar *to caress,* A3; *to stroke,* A4

acceder *to gain access,* 8

el **accidente** *accident,* II3

   los **accidentes geográficos** *topographical features,* II2

Acción de Gracias *Thanksgiving,* II7

el **aceite** *oil,* II7

   el **aceite de castor** *castor oil,* A5

   el **aceite de oliva** *olive oil,* II7

la **aceituna** *olive,* II7

aceptar *to accept,* I10

acompañar *to accompany,* IIA3

acostarse (o>ue) *to go to bed,* II8

las **acotaciones** *stage directions,* A9

la **actividad** *activity,* E

   la **actividad deportiva** *sports activity,* II11

el/la **actor/actriz** *actor/actress,* II5

la **actuación** *performance,* II5

actuar *to act,* II5

   actuar por su cuenta *to act independently,* 10

acuático(a) *aquatic,* I5

acuerdo *agreement,* II3

   de acuerdo *in agreement,* A8

   el **acuerdo de paz** *peace agreement,* II3

adaptado(a) *adapted,* I12

adecuado(a) *suitable,* II10

adelgazar *to lose weight,* A4

además de *in addition to,* II7

adiós *goodbye,* E

admirar *to admire,* I12

el/la **adolescente** *teenager,* II11

¿Adónde? *Where?,* I1

adquirir *to acquire,* I11

la **aduana** *customs,* E

las **advertencias** *warnings,* A6

la **aerolínea** *airline,* III

el **aeropuerto** *airport,* E

el **aerosol** *aerosol,* 7

afeitarse *to shave,* II9

África *Africa,* 3

las **afueras** *suburbs,* I4

la **agencia** *agency,* I11

   la **agencia de intercambio estudiantil** *student exchange program agency,* I11

el/la **agente** *agent,* I11

   el/la **agente de aduanas** *customs officer,* III

   el/la **agente de migración** *immigration officer,* III

agobiado(a) *overwhelmed,* A2

agosto *August,* E

agotado(a) *exhausted,* A10

agraz *unripe,* A5

agregar *to add,* A5

agresivo(a) *aggressive,* 10

el/la **agricultor(a)** *farmer,* 6

agridulce *bittersweet,* A5

el **agua mineral** *mineral water,* I2

el **aguacate** *avocado,* I2

aguantar a *to stand,* 1

aguerrir *to harden,* A8

ahogar *to stifle,* A4

ahora *now,* E

ahorrar *to save,* 3

el **aire** *air,* I2

   el **aire acondicionado** *air conditioner,* II4

el **ajedrez** *chess,* I6

el **ají (Argentina)** *pepper,* II7

el **ajo** *garlic,* 5

   al (a+el=al) *to the,* E

   al aire libre *outdoors,* I2

el **alarido** *cry; shout,* A4

el **albergue juvenil** *youth hostel, 3*
el/la **alcalde/alcadesa** *mayor, A7*
alcanzar *to reach, A2; to achieve, 6*
las **aldeas** *villages, A7*
alegrarse *to be glad, 4*
alegre *cheerful, 1*
el **alemán** *German (language), I7*
alentar a *to encourage, 1*
la **alergia** *allergy, 4*
las **aletas** *flippers, I5*
la **alfombra** *rug, I4*
el **álgebra** *algebra, I7*
algo *something, II3*
el **algodón** *cotton, II8*
alguien *somebody; anybody, II3*
algún *some; any, II3*
alguno(a) *someone; anyone; some; any, II3*
alimentarse bien *to eat healthfully, II10*
los **alimentos sanos** *healthy food, 4*
aliñar *to dress; to season, 5*
el **alma** *soul, A7*
el **alma gemela** *twin soul, A10*
el **almacén** *department store, I10*
la **almendra** *almond, II7*
la **almohada** *pillow, II1*
el **almohadón de plumas** *feather pillow, A4*
el **almuerzo** *lunch, E*
el **alpinismo** *mountain climbing, 3*
alquilar *to rent, I5*
alto(a) *tall; high, E*
la **altura** *height, I12*
el **aluminio** *aluminum, II11*
el/la **amado(a)** *beloved, A2*
el **amanecer** *sunrise, 2*
amanecer *to awake, A4*
amargo(a) *bitter, A10*
amarillo(a) *yellow, E*
amarse *to love each other, A10*
ambicioso(a) *ambitious, II12*
la **ambientación** *atmosphere, 9*
el **ambiente** *environment, II12*
la **ambulancia** *ambulance, II3*

América Central *Central America, 3*
América del Sur *South America, 3*
el/la **amigo(a)** *friend, E*
la **amistad** *friendship, A1*
el **amor** *love, A1*
ampliamente *widely, A8*
el **analfabetismo** *illiteracy, 10*
anaranjado(a) *orange, E*
el/la **anciano(a)** *senior citizen, II11*
andar con muletas *to use crutches, 4*
andino(a) *from the Andes, 5*
el/la **anfitrión/anfitriona** *host, II3*
el **ángel** *angel, II5*
el **anillo** *ring, I10*
el **animal** *animal, II2*
el **aniversario** *anniversary, I3*
anoche *last night, I7*
los **anteojos** *eye-glasses, A9*
antiguo(a) *ancient, I1*
las **Antillas** *Caribbean Islands, A7*
los **antojitos** *snacks, 4*
el **antropoide** *ape-like creature, A4*
el **anuncio** *advertisement, 8*
añadir *to add, II7*
añicos *tiny pieces, A10*
el **año** *year, E*
el **Año Nuevo** *New Year, II7*
apagar *to turn off, I9*
apagar un incendio *to put out a fire, II3*
el **aparato electrónico** *electronic appliance, I9*
aparecer *to appear, IIA5*
el **apellido** *last name, E*
aportar *to provide, A6*
apoyarse *to support each other, 2*
apreciado(a) *appreciated, 1*
aprender *to learn, I5*
apretar *to grasp, A5*
aprovechar *to take advantage (of something), A5*
la **aptitud** *quality, II12*
los **apuntes** *notes, I7*
aquí *here, E*
el **árbol** *tree, I4*

el **archipiélago** *archipelago, A7*
la **arena** *sand, I5*
arenoso(a) *grainy, A5*
los **aretes** *earrings, I10*
el **argumento** *plot, II6*
el **armario** *locker, I7*
la **arquitectura** *architecture, II4*
arrancar *to tear (out), A2*
arrastrarse *to keep on going, A4*
el **arreglo instrumental** *musical arrangement, 9*
arriba *upstairs, I4*
arrojar *to throw, A8*
el **arroz** *rice, I2*
el **arte** *art, E*
las **artesanías** *arts and crafts, I1*
el **artículo** *article, I10*
el/la **artista** *artist, 6*
el **asado** *barbecue, II7*
asar *to roast, II7*
el **ascensor** *elevator, II4*
Asia *Asia, 3*
el **asiento** *seat, III1*
el **asiento de pasillo** *aisle seat, III1*
el **asiento de ventanilla** *window seat, III1*
el/la **asistente social** *social worker, II12*
asistir *to take care of, II10*
el **aspecto** *appearance, II9; aspect, 9*
la **aspereza** *roughness, A2*
la **aspiradora** *vacuum, 1*
la **aspirina** *aspirin, II10*
asustarse *to get scared, II3*
la **atención médica** *medical assistance, II11*
atender (e>ie) *to serve, 6; to assist, II11*
aterrizar *to land, III1*
atraer *to draw to; to attract, A9*
atrapar *to trap, A1*
atravesar *to cross, A3*
atreverse *to dare, A1*
atrevido(a) *daring, 1*
el **atún** *tuna, I2*
los **audífonos** *headphones, III1*
Australia *Australia, 3*
el **auto (Perú)** *car, I12*

el **autobús** bus, E
la **autopista** expressway, II4
la **autorización** authorization; permission, I11
 auxiliar to help, A10
el/la **auxiliar de vuelo** flight attendant, II1
el **ave** bird, A3
la **avenida** avenue, E
 averiguar to find out, 3
el **avión** plane, I11
 en avión by plane, II2

B

el **bachillerato** high school education, II12
 bailar to dance, E
el/la **bailarín/bailarina** dancer, 9
el **baile** dance, I8
 bajar to turn down, I9
el **bajo** bass, II5
 bajo(a) short, E
 bajo en calorías low in calories, II10
el **ballet** ballet, 9
el **baloncesto** basketball, E
la **balsa** raft, II2
 bañarse to take a bath, I8
la **banda de rock** rock band, I8
la **bañera** bathtub, I4
el **baño María** double boiler, II7
 barato(a) inexpensive, I1
la **barba** beard, A5
la **barbacoa** barbecue, I3
 bárbaro(a) (Argentina) great; terrific, I11
el **barco** boat, I12
 barrer to sweep, II7
el **barro** clay, A8
 bastante enough; quite, I5
 bastante bien pretty well, I5
la **basura** trash, II2
el **basurero** garbage can, II11
la **batería** drum set, II5
el **batido** milkshake, E
 batir to beat, 5
 beber to drink, I2
la **bebida** beverage, I2
 la **bebida alcohólica** alcoholic beverage, II10

la **beca** scholarship, 6; fellowship, II12
el **béisbol** baseball, E
la **belleza** beauty, A3
el/la **benefactor(a)** benefactor, II5
 benéfico(a) beneficial, 10
 besarse to kiss each other, II6
la **biblioteca** library, I1
la **bicicleta** bicycle, I1
 bien good; well; fine, E
los **bienes manufacturados** manufactured goods, II4
 ¡Bienvenidos! Welcome!, E
 bilingüe bilingual, II12
los **binoculares** binoculars, II2
 biográfico(a) biographical, 9
la **biología** biology, I7
el **bistec** steak, I2
 blanco(a) white, E
la **blusa** blouse, I8
el **blusón** robe, A9
la **boda** wedding, I3
la **bodega** grocery store, I10
el **bolero** bolero, I9
el **boliche** bowling alley, II5
el **bolígrafo** pen, E
la **bolita** marble, II6
la **bolsa** bag, I10
el **bolso de mano** handbag, I11
el/la **bombero(a)** firefighter, II3
la **bondad** goodness, A2
 bonito(a) pretty, E
 bordado(a) embroidered, I10
el **borde afilado** sharp edge, A4
 borinquén (borinquen) Puerto Rican, A2
el/la **borinqueño(a)** Puerto Rican, I5
el **borrador** eraser, E
 borrar to erase, A10
el **bosque** forest, 7
las **botas** boots, I6
 las **botas de montaña** hiking boots, II2
 las **botas de motorista** motorcycle boots, II9
 las **botas tejanas** cowboy boots, I10
el **bote a motor** motorboat, I5
la **botella** bottle, II2
el **botón** button, II9

el **brazo** arm, A4
el **broche** pin, I10
el **brote** outbreak, A6
la **brújula** compass, II2
 bucear to (scuba) dive, I5
el **buceo** snorkeling, II2
 buen(o, a) good, E
 ¡Buen provecho! Enjoy your meal!, I2
 Buenas noches Good evening; Good night, E
 Buenas tardes Good afternoon, E
 Buenos días Good morning, E
la **bulla** commotion, A3
 bullir to boil, A6
 burlarse de to make fun of, 1
 buscar to look for, I12
el **buzón electrónico** electronic mailbox, 8
el **buzo** diver, II4

C

el **caballero** gentleman, E
el **caballo** horse, II8
 a caballo in between, A6
la **cacerola** pot, 5
 cada each, I6
la **cadena** chain, II3
 caerse to fall, 4; to collapse, II3
el **café** coffee, I2
la **cafetería** cafeteria, E
la **caja** box, II7
el/la **cajero(a)** cashier, II12
las **calabazas** pumpkins, A4
las **calamidades** calamities, A7
el **calcio** calcium, II10
la **calcomanía (Rep. Dominicana)** sticker, II6
la **calculadora** calculator, I7
el **calendario** calendar, E
 calentar to heat, II7
 calentar sobras to warm leftovers, 5
la **calidad** quality, II9
 caliente hot, I2
la **calle** street, E
el **calzado** footwear, II9
la **cama** bed, I4
la **cámara** camera, I10
 la **cámara cinematográfica** movie camera, II4

la **cámara de video** *video camera, II4*

el/la **camarógrafo(a)** *cameraperson, 8*

cambiar *to exchange; to change, I10*

cambiar dinero *to exchange money, I11*

cambiar el canal *to change the channel, I9*

el **cambio repentino** *sudden change, A9*

caminar *to walk, I1*

la **caminata** *hiking, 3*

el **camión** *truck, II8*

la **camisa** *shirt, I8*

la **camisa sin mangas** *sleeveless shirt, II9*

la **camiseta** *T-shirt, E*

el **campamento de verano** *summer camp, II12*

la **campaña** *campaign*

el **campeonato** *championship, II3*

el/la **campesino(a)** *peasant, II1*

el **campo** *countryside, I4*

el **canal** *channel, I9*

la **canallada** *vile trick, A8*

la **canasta** *basket (as in basketball), I7*

la **canción** *song, II5*

cansado(a) *tired, II2*

el/la **cantante** *singer, II5*

cantar *to sing, I1*

las **cantidades** *quantities, II7*

la **cantimplora** *canteen, II2*

la **caña** *reed, A2*

la **caña de azúcar** *sugar cane, II8*

la **caña de pescar** *fishing pole, II6*

el **cañón** *canyon, II2*

la **capa de ozono** *ozone layer, 7*

el **capataz** *foreman, II8*

la **capital** *capital, E*

el **capítulo** *chapter, I7*

la **caravana** *trailer, I4*

el **cardo** *thistle, A2*

caribeño(a) *Caribbean, II5*

la **caricia** *caress, A4*

el **cariño** *affection, 1*

la **carne** *meat, I2*

la **carne picada** *ground meat, II7*

la **carnicería** *meat market, 5*

caro(a) *expensive, I2*

la **carpeta** *folder; binder, I7*

la **carrera** *race, II8*

la **carretera resbaladiza** *slippery road, II8*

el **carrito** *toy car, II6; grocery cart, A5*

el **carro de bomberos** *firetruck, II3*

la **carroña** *carrion, A7*

la **carta** *letter, I11*

el **cartel** *poster, E*

el **cartón** *cardboard, 7*

la **casa** *house, I3*

en casa *at home, I4*

el **casabe de la yuca** *vegetable patty, A7*

la **cáscara** *skin, 5*

el **casco** *helmet, II2*

casi *almost, I10*

castaño(a) *brunette, E*

castigar *to punish, 7*

las **cataratas** *waterfalls, II2*

el **catarro** *cold, II10*

la **catedral** *cathedral, II2*

catorce *fourteen, E*

causar *to cause, II3*

cauteloso(a) *cautious, A3*

los **cazadores** *hunters, A7*

los **cazatalentos** *scouts, A6*

el **cebiche (ceviche)** *fish cocktail, A5*

la **cebolla** *onion, II7*

ceder el paso *to yield, II8*

la **celebración** *celebration, I3*

celebrar *to celebrate, I3*

el **cemento** *cement, II4*

los **cemíes** *conical shaped idols of the Taíno culture, A7*

la **cena** *dinner, I2*

el **centímetro** *centimeter, II2*

el **centro** *center, II2; downtown, I1*

el **centro comercial** *shopping center, I1*

el **centro comunitario** *community center, II11*

el **centro cultural** *cultural center, II5*

el **Centro de Alto Rendimiento** *High Performance Center, II10*

el **centro de jubilados** *center for retired people, II11*

el **centro de reciclaje** *recycling center, II11*

el **centro deportivo** *sports center, II11*

el **centro recreativo** *recreational center, II11*

cepillar *to brush, II8*

cepillarse (los dientes) *to brush (one's teeth), I8*

el **cepillo** *brush, II8*

el **cepillo de dientes** *toothbrush, E*

la **cerámica** *ceramics, II11*

cerca *nearby, I1*

cerca de *near, I4*

el **cerdo** *pig, II8*

el **cereal** *cereal, I2*

el **cerebro** *brain, A5*

cero *zero, E*

cerrar *to close, II4*

el **cerro** *hill, II4*

el **certificado** *certificate, I11*

el **certificado de estudios** *school transcript, I11*

el **certificado médico** *health certificate, I11*

el **césped** *lawn, 1*

el **chaleco** *vest, I8*

el **chaleco salvavidas** *life jacket, I5*

el **champú** *shampoo, E*

la **chaqueta** *jacket, I8*

chau *bye, E*

¡ché! (Argentina) *hey!, II7*

el **cheque** *check, I10*

el **cheque de viajero** *traveler's check, I11*

el/la **chico(a)** *boy; girl, E*

el **chile** *chili, 5*

el **chisme** *gossip, 8*

el **chiste** *joke, II5*

chocar *to crash, II3*

chocar con el coche *to have a car accident, 4*

el **chocolate** *chocolate, I2*

los **chorritos** *gushes, A5*

chupar *to suck, A4*

el **ciclismo** *bicycling, 3*

los **cielos** *skies; heavens, A2*

cien *one hundred, E*

el/la **científico(a)** *scientist, 6*

el **cilantro** *cilantro, 5*

la **cima** *peak, A2*

cinco *five, E*

cincuenta *fifty, E*

el **cine** *movie, E*

el **cinturón** *belt, I10*

el **circo** *circus, 9*

el **cirujano** *surgeon, A4*

la **cita** *date, II6*
la **ciudad** *city, E*
el/la **ciudadano(a)** *citizen, II11*
el **claqué** *tap dancing, 9*
¡Claro! *Of course!, I3*
la **clase** *classroom; class, E*
clavar *to fix, A2*
el/la **cliente/clienta** *client, I2*
el **clima** *climate, 7*
la **clínica** *clinic, II11*
el **coche** *car, I1*
   en coche *by car, I1*
la **cochinada** *rotten thing, A8*
la **cocina** *kitchen, I4*
   cocinar *to cook, E*
el/la **cocinero(a)** *cook, II7*
el **código postal** *zip code, E*
coger *to catch, II6*
colapsado(a) *blocked, 6*
la **colcha** *bedspread, A4*
la **colección** *collection, II6*
coleccionar *to collect, II6*
el **colibrí** *humming bird, A7*
el **collar** *necklace, I10*
colocar *to place; to put, A3*
el **color** *color, E*
el/la **columnista** *columnist, 8*
columpiarse *to swing, II6*
el **columpio** *swing, II6*
combinar *to combine, II10*
la **comedia** *comedy, 9*
el **comedor** *dining room, I4*
comer *to eat, E*
cómico(a) *funny, I9*
   el/la **cómico(a)** *comedian/comedienne, II5*
la **comida** *food; meal; dish, I2*
   la **comida rápida** *fast food, I2*
la **comisaría** *police station, A3*
como *like, II9*
¿Cómo? *How?, E*
   ¿Cómo serían? *How would they be?, 1*
la **cómoda** *chest of drawers, I4*
cómodo(a) *comfortable, II4*
la **compañía** *company, II12*
comparar *to compare, II1*
el **compartimiento de arriba** *overhead bin, II1*
compartir (e>i) *to share, I2*
el **complejo** *complex, A1*

el **comportamiento** *behavior, 1*
la **composición** *composition, I7*
comprar *to buy, I1*
las **compras** *purchases, I10*
   de compras *shopping, E*
comprender *to understand, I7*
comprensivo(a) *understanding, 2*
la **computadora** *computer, E*
común *common, 2*
   en común *in common, 2*
comunicativo(a) *communicative, II12*
la **comunidad** *community, II11*
con *with, E*
   con pelos y señales *thoroughly, A3*
las **conchas** *shells, A4*
el **concierto** *concert, I1*
la **condición** *condition, II12*
el **condimento** *condiment, 5*
el/la **conductor(a)** *driver, II12*
conectado(a) *connected, II4*
el **conejo** *rabbit, II8*
la **conferencia** *lecture, II5*
de confianza *trustworthy, 2*
confiar (en alguien) *to trust (someone), 2*
conmigo *with me, I1*
conocer *to know, I3*
el **conocimiento** *consciousness, A4*
conseguir *to obtain, A4*
el/la **consejero(a)** *counselor, I11*
el **consejo** *advice, I6*
conservar *to preserve, II2*
considerado(a) *considerate, 2*
construir *to build, II3*
el **consulado** *consulate, I11*
el **consultorio** *doctor's office, A10*
en contacto *in contact, A3*
la **contaminación** *pollution, II11*
contaminar *to pollute, 7*
contarse cuentos *to tell each other stories, II6*
contarse secretos *to tell each other secrets, 2*
contemporáneo(a) *contemporary, II5*

el **contenedor** *container, II11*
contento(a) *glad; happy, I12*
el **contestador automático** *answering machine, I8*
contestar *to answer, I1*
contigo *with you, I1*
continuamente *continually, II6*
en contra *against, A1*
contratar *to hire, II8*
el **control de seguridad** *security check, III1*
el **control remoto** *remote control, I9*
convencer *to convince, A1*
convertir(se) en *to become, IIA3; to turn into, IIA4*
convertirse *to become, A10*
la **coordinación** *coordination, II10*
copioso(a) *abundant, A5*
el **corazón** *heart, A1*
la **corbata** *necktie, I10*
el **cordero** *lamb, II7*
cordial *friendly, 10*
la **cordillera** *mountain range, I12*
el **coro** *choir, I7*
la **corporación** *corporation, II5*
el **corral** *corral, II8*
el **correo** *post office, I4*
   por correo *by mail, I4*
   el **correo electrónico** *e-mail, II4*
   el **correo urgente** *express/next-day mail, II4*
correr *to run, II10*
cortar *to cut, IIA2*
   cortar el césped *to mow the lawn, 1*
   No corte las flores. *Don't pick the flowers., II2*
cortarse *to cut (oneself), 4*
   cortarse el pelo *to get a haircut, II9*
   cortarse las uñas *to cut one's nails, II9*
el **corte** *cut, II9*
   el **corte a navaja** *razor cut, II9*
   el **corte de pelo** *haircut, II9*
cortés *courteous, I11*
corto(a) *short, E*

la **cosa** *thing, E*
la **cosecha** *crop, II8*
la **costa (este, oeste, etc.)** *(East, West, etc.) coast, 3*
costar (o>ue) *to cost, I8*
costarricenses *Costa Rican , A2*
la **costumbre** *habit, II6; custom, I11*
cotizado(a) *valued, A6*
crear *to create, I1*
creativo(a) *creative, II12*
crecer *to grow up, IIA1*
creer *to believe, IIA3*
la **cremallera** *zipper, II9*
cremoso(a) *creamy, II7*
crepusculares *twilight, A4*
criar *to raise, A3*
criticar *to criticize, 1*
la **crónica** *chronicle, A3*
la **crónica social** *social page, 8*
crudo(a) *raw, 5*
crujir *to crunch, A5*
la **Cruz Roja** *Red Cross, II3*
el **cuaderno** *notebook, E*
a cuadros *checkered, II9*
¿Cuál(es)? *What?; Which?, E*
cualquier *any, IIA6*
¿Cuándo? *When?, E*
¿Cuánto(a, os, as)? *How much?; How many?, E*
¿Cuánto cuesta(n)? *How much does it/do they cost?, E*
¿Cuánto mide(n)? *How tall is it/are they?, II12*
¿Cuánto tiempo hace que...? *How long ago . . . ?, II7*
¿Cuántos años tienes? *How old are you?, E*
en cuanto a *regarding*
cuarenta *forty, E*
el **cuarto** *room, I4*
el **cuarto de baño** *bathroom, I4*
cuatro *four, E*
cuatrocientos *four hundred, E*
cubano(a) *Cuban, I10*
cubrir *to cover, A3*
la **cuchara** *spoon, I2*
la **cucharita** *teaspoon, 5*
el **cuchillo** *knife, I2*
el **cuello** *neck, II10*

los **cuentistas** *short-story writers, A3*
el **cuento** *short story, I7*
el **cuento de miedo** *scary story, II6*
la **cuerda** *rope, II6*
el **cuero** *leather, I10*
de cuero *made of leather, I10*
el **Cuerpo de Paz** *Peace Corps, II12*
cuidar *to take care of, II2*
culpable *guilty, A1*
cultivar la tierra *to till the soil, II8*
la **cultura** *culture, I11*
el **cumpleaños** *birthday, E*
cumplir *to obey; to comply, 1*
cumplir... años *to turn... years old, II6*
curarse *to get better, A4*
el **currículum** *resumé, II12*

D

la **dama** *lady, E*
la **danza** *dance, II5; dancing, II11*
la **danza folklórica** *folk dance, 9*
la **danza moderna** *modern dance, 9*
danzas criollas *Argentine dance, II8*
el **daño** *harm, A7*
dar *to give, I10*
dar cuenta *to inform, A8*
dar de comer a los animales *to feed the animals, II8*
dar la bienvenida *to welcome, II3*
dar un discurso *to give a speech, II3*
darse la mano *to shake hands, 2*
de *of; from, E*
del (de+el=del) *of/ from the, I1*
¿De qué color es? *What color is it?, E*
¿De qué es? *What is it made of?, I10*
debajo de *under, I4*

deber (de) *to have (to); to ought (to), I6*
la **debilidad** *weakness, A4*
decepcionar *to disappoint, A2*
décimo(a) *tenth, II12*
decir (e>i) *to say; to tell, I11*
decir mentiras *to tell lies, 2*
Di no a las drogas. *Say no to drugs., II10*
¡No me digas! *Is that so?, II3*
el **decorado** *set, 9*
decorar *to decorate, I3*
el **dedo** *finger, 4*
la **defensa personal** *self-defense, II10*
deficiente *poor, A8*
dejar *to allow, A1; to leave behind, II5*
dejar de *to stop, A5*
no dejar de *to not miss, 3*
no dejar en paz *to bother, 1*
el **delantal** *apron, A9*
delante de *in front of, I4*
deleitar *to take delight, A5*
delicioso(a) *delicious, I2*
demasiado(a) *too much, A2*
demostrar *to show, 1*
dentro de *inside, I4*
el **deporte** *sport, E*
el/la **deportista** *athlete, II10*
deportivo(a) *casual, II9*
la **derecha** *right (side), E*
derecho *straight, I1*
los **derechos** *rights, A1*
el **derrame de petróleo** *oil spill, 7*
derretir *to melt, 7*
desahogarse *to vent (one's feelings), A10*
desalentar *to discourage, A4*
el **desamparo** *abandonment, A10*
desanimar *to discourage, A3*
desapacible *unpleasant, A4*
el **desayuno** *breakfast, I2*
descansar *to rest, II10*
descifrar *to decipher, II3*
descolgar *to pick up, A8*
desconfiar (de alguien) *to mistrust (someone), 2*

desconocer to not recognize, A2

descoyuntar to distort, A5

descremado(a) fat free, II10

descubrir to discover, I1

el **descuento** discount, II1

desear to desire; to wish, I2

desechables disposable, A7

el **desempleo** unemployment, 10

los **desencantos** disappointments, A2

el **desfile** parade, II5

desgraciado(a) wretch, A8

el **desierto** desert, I12

desmayarse to faint, 4

despedir to fire (someone), A8

despegar to take off, II1

desperdiciar to waste, 7

después after, E

destacarse to stand out, A3; to excel, A4

destruir to destroy, II3

desvanecido(a) faint, A4

la **desventaja** disadvantage, II4

los **detalles** details, II6

detener to stop, A10

detrás de behind, I4

devolver (o>ue) to give back; to return, I10

el **día** day, E

dibujar to draw, E

los **dibujos** drawings, II5

los **dibujos animados** cartoons, I9

el **diccionario** dictionary, E

la **dicha** happiness, A4

diciembre December, E

diecinueve nineteen, E

dieciocho eighteen, E

dieciséis sixteen, E

diecisiete seventeen, E

los **dientes** teeth, I8

la **dieta** diet, 4

diez ten, E

diez mil ten thousand, I8

difícil difficult, E

la **difusión** diffusion, II5

el **dinero** money, II5

el **dinero en efectivo** cash, I10

la **dirección** address, E; direction, 9

la **dirección obligatoria** detour, II8

dirigirse a to address someone, II7

disciplinado(a) disciplined, II12

el **disco compacto** compact disc; CD, I1

la **discoteca** disco; dance club, I1

discusión argument, A10

discutir to argue, 2

el/la **diseñador(a)** designer, II9

el **diseño** design, II9

la **diversidad biológica** biological diversity, II2

divertido(a) fun; funny; amusing, E

divertirse (e>ie) to have fun, I11

doblarse to bend, A5

doce twelve, E

el **documental** documentary, I9

el **documento** document, I11

el **dólar** dollar, E

doler to hurt, II10

Me duele la cabeza. I have a headache., II10

Me duele... My . . . hurts, II10

¿Qué te duele? What is hurting you?, II10

el **dolor de cabeza** headache, 4

el **dolor de garganta** sore throat, 4

la **doma** rodeo show, II8

el/la **domador(a)** horse breaker, II8

domar to tame, II8

el **domingo** Sunday, E

el **donativo** donation, II11

¿Dónde? Where?, E

¿De dónde eres? Where are you from?, E

dormir (o>ue) to sleep, II10

dormirse (o>ue) to fall asleep, II5

el **dormitorio** bedroom, I4

dos two, E

dos mil two thousand, E

doscientos two hundred, E

el **drama** drama, 9

el/la **dramaturgo(a)** playwright, II11

ducharse to take a shower, I8

dulce sweet, I2

la **duración** duration, II1

durante during, II1

duro(a) hard, IIA6

E

e and (before a word that starts with an i), I1

echar encima to sprinkle, A5

la **ecología urbana** urban ecology, A7

económico(a) financial, 6

el **ecoturismo** ecotourism, II2

la **edad** age, II4

la **edición electrónica** electronic edition, 8

el **edificio de oficinas** office building, II4

el/la **editor(a)** editor, 8

la **educación física** physical education, E

educativo(a) educational, I9

EE.UU. U.S., I10

el **efecto especial** special effect, 9

egoísta selfish, 1

el/la **ejecutivo(a)** business man/business woman, II12

ejemplo example, II3

el **ejercicio** exercise, II10

el the, E

él he, E

la **elección** election, II3

elegante elegant, II9

elegir to elect, A1

el **elenco** cast, 9

eliminar to eliminate, A4

ella she, E

ellos(as) they, E

embalsamar to embalm, A3

la **emergencia** emergency, II1

en caso de emergencia in case of an emergency, II1

emocionante exciting, I5

emocionarse to be moved, II3

la **empanada** *small meat or vegetable pie, II7*

empañarse *to fog up, II4*

empezar (e>ie) *to begin, I7*

el/la **empleado(a)** *employee, II1*

el **empleo** *job, II12*

emprendedor(a) *self-starter, II12*

empujar *to push, A10*

en *in/on/at, E*

enamorarse *to fall in love, II6*

Encantado(a). *Nice to meet you., I3*

encantar *to love; to delight, I5*

¡Me encanta! *I love it!, I5*

encender (e>ie) *to turn on, I9*

encontrar (o>ue) *to find, E*

encontrarse (o>ue) *to meet each other, I8*

encontrarse (bien/mal) *to feel (good, bad), 4*

el **encuentro** *meeting, II3*

la **enemistad** *antagonism, A2*

la **energía** *energy, 7*

la **energía hidráulica** *hydroelectric energy, 7*

la **energía nuclear** *nuclear energy, 7*

la **energía solar** *solar energy, 7*

enero *January, E*

la **enfermedad** *illness, 4*

enfermo(a) *ill; sick, I7*

el/la **enfermo(a)** *sick (person), II11*

enfrentarse *to face, A1*

engordar *to gain weight, A4*

enmudecer *to be speechless, A10*

enojarse *to get angry, II6*

enormemente *enormously, II6*

la **ensalada** *salad, I2*

el/la **ensayista** *essayist, II4*

los **ensayos** *essays, A6*

enseguida *immediately; at once, II6*

enseñar *to teach, IIA1*

enterarse *to learn about, II3*

entero(a) *entire, A3*

enterrado(a) *buried, A5*

entrar *to enter, II4*

entre *between, I4*

los **entremeses** *appetizers, A5*

el/la **entrenador(a)** *trainer; coach, II12*

entrenar *to train; to coach, II10*

entretenido(a) *entertaining, I9*

la **entrevista** *interview, E*

entrometido(a) *nosy, 2*

entusiasta *enthusiastic, 2*

envolver *to wrap, A3*

enyesar *to put a cast on, 4*

equilibrado(a) *balanced, 4*

el **equipaje** *baggage, II1*

el **equipo de sonido** *sound equipment, II5*

equivocarse *to make mistakes, IIA6*

erizarse *to stand on end (hair), A4*

Es la.../Son las... *It's . . . o'clock, E*

escalera *step-aeorbics, II10*

el **escalofrío** *chill, A2; shiver, A4*

los **escalones** *steps, A3*

escaparse *to run away, II8*

la **escena** *scene, II1*

el **escenario** *stage, II5*

la **escoba** *broom, II4*

escoger *to choose, E*

esconder *to hide, II6*

escribir *to write, I2*

escribir un diario *to keep a diary, I12*

el **escritorio** *desk, E*

escuchar *to listen to, E*

la **escuela** *school, E*

ese(a, o, os, as) *that; those, I10*

ése(a, o, os, as) *that one; those, II9*

el **esnórquel** *snorkel, I5*

el **espacio cibernético** *Cyberspace, 8*

España *Spain, I7*

el **español** *Spanish (language), E*

español(a) *from Spain, E*

el **espanto callado** *hushed horror, A4*

la **especia** *spice, 5*

especial *special, I3*

especializado(a) *specialized, II10*

las **especies** *species, II2*

las **especies en peligro de extinción** *endangered species, II2*

espectacular *spectacular, I12*

el **espectáculo** *show, I12*

el **espejo** *mirror, I4*

la **esperanza** *hope, A2*

espinoso(a) *spiny, A5*

espiritual *spiritual, 10*

esquiar *to ski, I6*

la **estabilidad** *stability, II12*

el **establo** *stable, II8*

la **estación** *station, I1*

la **estación del año** *season, I6*

el **estadio** *stadium, I1*

los **estados centrales** *the Midwest, 3*

los **estados del norte** *the North, 3*

los **estados del sur** *the South, 3*

la **estancia** *ranch, II8*

el **estante** *bookcase, I4*

estar *to be, E*

está nublado *it's cloudy, I6*

estar al día *to be up-to-date, 8*

estatales *state-owned, A8*

el **este** *east, I6*

este(a, o, os, as) *this; these, I10*

éste(a, o, os, as) *this one; these, II9*

la **estela** *stele (stone monument), II3*

el **estéreo** *stereo, I9*

los **estiletes** *stylus, A4*

estirar *to stretch, A4*

el **estómago** *stomach, II10*

la **estrella** *star, A7*

el **estremecimiento** *shiver, A4*

el **estrés** *stress, II10*

el/la **estudiante** *student, E*

estudiar *to study, I7*

los **estudios** *studies, I11*

la **estufa** *stove, I4*

estupendamente *wonderfully; great, II6*

ética *ethics, A8*

las **etiquetas** *labels, A3*
Europa *Europe, 3*
el **evento deportivo** *sporting event, II4*
evitar *to avoid, II10*
evitar las grasas *to avoid fatty foods, II10*
el **examen (los exámenes)** *exam(s), I7*
la **excursión** *excursion; outing, I7*
la **excusa** *excuse, I7*
exigente *demanding, II9*
exigir *to demand, A2*
la **experiencia** *experience, I12*
experimentar *to experience, A1*
el **experimento** *experiment, I7*
explicar *to explain, E*
explorar *to explore, II2*
la **exportación** *export trade, II4*
el/la **exportador(a)** *exporter, II3*
la **exposición de arte** *art exhibit, I8*
extraescolar *extracurricular, I7*
el **extravío** *madness, A4*
No me extraña. *It doesn't surprise me., II3*

F

la **fábrica** *factory, II4*
fabricar *to manufacture, A10*
fabuloso(a) *fabulous, I5*
la **fachada** *façade, II3*
fácil *easy, E*
facturar *to check (baggage), II1*
la **falda** *skirt, I8*
la **falta (de)** *lack (of), A10*
faltar *to be missing, 7*
la **familia** *family, E*
famoso(a) *famous, I3*
fantástico(a) *fantastic, I9*
la **farmacia** *pharmacy, E*
fascinar *to fascinate, 3*
fatal *awful, I7*
favorito(a) *favorite, E*
el **fax** *fax, II4*
la **faz** *face, A2*
febrero *February, E*

la **fecha** *date, E*
¡Felicidades! *Congratulations!, I3*
¡Feliz cumpleaños! *Happy Birthday!, I3*
feo(a) *ugly, E*
feroces *fierce, A7*
fértil *fertile, A7*
fichar *to sign, A6*
el **fichero** *card catalogue, I7*
los **fideos** *spaghetti, II7*
la **fiebre** *fever, II10*
la **fiesta** *party, I3*
la **figurita** *action figure, II6*
fijar *to set, A3*
fijarse en *to pay attention to, IIA5*
filmar *to film, I12*
el **fin** *end, IIA2*
el **fin de semana** *weekend, E*
la **finca** *farm, I4*
los **fines benéficos** *beneficial purposes, 10*
la **firmeza** *firmness, 6*
la **física** *physics, I7*
el **flamenco** *flamingo, II2*
el **flan** *custard, I2*
el **flequillo** *bangs, II9*
la **flexibilidad** *flexibility, II10*
flexible *flexible, II12*
la **flor** *flower, I3*
floreado(a) *floral, II9*
florecer *to bloom, A5*
el **foco de atención** *center of attention, A1*
el **folleto** *brochure, E*
el **folleto turístico** *travel brochure, E*
fomentar *to promote, 7*
el **fondo** *bottom, A4*
formar parte de... *to be part of . . . , II4*
la **fórmula** *formula, I7*
fornido(a) *muscular, A10*
la **foto** *photograph, I1*
la **fotocopiadora** *photocopying machine, II4*
el/la **fotógrafo(a)** *photographer 3*
la **fotografía** *photography, 9*
franco(a) *sincere, A2*
el **francés** *French (language), I7*
con frecuencia *frequently, II6*
el **fregadero** *sink, I4*

freír (e>i) *to fry, II7*
fresco(a) *fresh, I2*
los **frijoles** *beans, I2*
frío(a) *cold, I2*
el **frisbi** *Frisbee, I5*
los **frisos** *friezes, A4*
frito(a) *fried, A5*
la **frontera** *border, I1*
la **fruta** *fruit, I2*
la **frutería** *fruit store, 5*
los **fuegos artificiales** *fireworks, II6*
la **fuente** *serving dish, 5*
la **fuente de tomar agua** *water fountain, I7*
fuera (de) *outside (of), I4*
fuerte *strong, IIA5*
la **fuerza** *strength, A1*
la **fuerza destructora** *destructive power, A7*
fumar *to smoke, II10*
No fumen *Smoking prohibited, II1*
la **función** *show, 9*
los **funcionarios** *officials, A2*
la **fundación** *founding, II6*
las **fundiciones de acero** *steel foundries, II4*
el **fútbol** *soccer, E*
el **fútbol americano** *football, E*
el **futuro** *future, II12*

G

la **galleta** *cookie, I3*
la **galletita** *biscuit, II7*
la **gallina** *hen, II8*
el **gallo** *rooster, II8*
la **ganadería** *cattle raising, A6*
el **ganado** *cattle, II8*
ganar *to win, I7*
ganar dinero *to earn money, 6*
la **ganga** *bargain, I10*
el **garaje** *garage, I4*
la **garganta** *throat, II10*
las **garras** *claws, A2*
la **gasolinera** *gas station, I4*
gastar *to spend, 1*
el **gato** *cat, E*
gauchesco(a) *of the gauchos, II8*
las **gemas** *gems, IIA2*
generalmente *usually, I1*

generoso(a) *generous, 2*
¡**Genial!** *Cool!, I3*
la **gente** *people, II11*
  la **gente sin hogar**
    homeless people, II11
la **geografía** *geography, E*
la **geometría** *geometry, I7*
el/la **gerente** *manager, II12*
  gesto tuyo *a gesture of*
    yours, A2
el **gimnasio** *gym, E*
el **glaciar** *glacier, 7*
el **globo** *balloon, I3*
  golpear *to hit 116;*
    to slam, A3
    golpearse *to hurt*
      oneself, 4
la **gomina** *styling gel, II9*
el/la **gorro(a)** *hat; cap, I6*
la **gota** *drop, 4*
  gracias *thank you;*
    thanks, E
    gracias a *thanks to, II7*
  gracioso(a) *funny, II5*
el **grado** *degree*
    (temperature), I6
la **graduación** *graduation, I3*
el **gramo** *gram, II7*
  grande *large, E*
  granero *barn, II8*
la **granja** *farm, I4*
el/la **granjero(a)** *farmer, II8*
la **grasa** *fat, II10*
  gratis *free, II1*
  grave *serious, 4*
la **gripe** *flu, II10*
  gris *gray, E*
  gritar *to shout, 2*
  grueso(a) *thick, A5*
el **grupo musical** *musical*
    group , II5
los **guantes** *gloves, I6*
  guapo(a) *handsome; pretty;*
    good-looking, E
el/la **guardafaunas** *ranger, 7*
  guardar *to keep, A2*
    guardar cama *to stay in*
      bed, 4
la **guardería** *day-care center, II11*
  de guardia *on duty, A3*
la **guerra civil** *civil war, II1*
  guerreros *bellicose, A7*
el/la **guía de turismo** *tour*
    guide, II12
la **guía turística** *travel*
    guide, II12

el **guión** *script, 9*
la **guitarra** *guitar, I3*
  la **guitarra eléctrica**
    electric guitar, II5
  gustar *to like; to be pleasing*
    to, I2

H

hablador(a) *talkative, 1*
hablar *to speak; to talk, E*
hacer *to be (with weather*
  expressions), I6
  hace buen tiempo *the*
    weather is nice, I6
  hace calor *it's hot, I6*
  hace fresco *it's cool, I6*
  hace frío *it's cold, I6*
  hace mal tiempo *the*
    weather is bad, I6
  hace sol *it's sunny, I6*
  hace viento *it's windy, I6*
hacer *to do; to make, I3*
  hacer abdominales *to do*
    sit-ups, II10
  hacer aerobics *to do*
    aerobics, II10
  hacer bicicleta *to do*
    stationary bicycle, II10
  hacer la cama *to make*
    the bed, 1
  hacer caminatas
    to hike, II2
  hacer caso *to pay*
    attention, 1
  hacer cinta
    to treadmill, II10
  hacer cola *to wait on*
    line, II5
  hacer ecoturismo *to take*
    nature trips, 3
  hacer ejercicio *to*
    exercise, II10
  hacer escalera *to do stair*
    climber, II10
  hacer flexiones *to do*
    push-ups, II10
  hacer fogatas *to*
    make bonfires, II2
  hacer el itinerario *to*
    plan the itinerary, I11
  hacer la maleta *to pack*
    the suitcase, I11
  hacer mandados *to run*
    errands, 1

  hacer pesas *to lift*
    weights, II10
  hacer una reserva *to*
    make a reservation, II1
  hacer la reserva de avión
    to make plane
    reservations, I11
  hacer los trámites *to do*
    paperwork, I11
  hacerse las uñas *to do*
    one's nails, II9
  hacer trabajos manuales
    to work with (your) hands
  hacer travesuras *to play*
    pranks, 1
  hace... que *it's*
    been . . . since, II7
  hacia *toward, II2*
el **hambre** *hunger, I2*
la **hamburguesa**
    hamburger, E
la **harina** *flour, II7*
  hasta *until, II2*
  Hasta luego. *See you*
    later., E
  Hasta mañana. *See you*
    tomorrow., E
  hay *there is/there are, E*
  Hay que... *One has*
    to/must . . . , II8
el **hecho** *event, A3*
  hecho(a) *done, II7*
la **heladería** *ice-cream*
    parlor, 5
el **helado (de vainilla)**
    (vanilla) ice cream, I2
la **herencia** *heritage, I7*
la **herida** *wound, 4*
el/la **hermano(a)** *brother/*
    sister, E
  los **hermanos** *brothers*
    and sisters; siblings, E
  hermoso(a) *beautiful, II12*
la **herramienta** *tool, II1*
  hervido(a) *boiled, A5*
  hervir (e>ie) *to boil, II7*
los **hidratos de carbono**
    carbohydrates, II10
el **hielo** *ice, I6*
la **hierba** *grass, A2*
el/la **hijo(a)** *son/daughter, I3*
  los hijos *children, I3*
  hinchado(a) *swollen, A4*
  hipocondríaco(a)
    hypochondriac, A3
  hispano(a) *Hispanic, I4*

la **historia** *history, E*
histórico(a) *historical, 9*
las **historietas** *comics, I9*
¡Hola! *Hi!; Hello!, E*
los/las **holandeses(as)** *Dutch, II4*
el **hombre** *man, I6*
el **hombro** *shoulder, II10*
honesto(a) *honest, II12*
la **hora** *time; hour, E*
¿A qué hora? *At what time?, E*
¿Qué hora es? *What time is it?, E*
el **horario** *schedule, E*
el **horario fijo** *regular schedule, II12*
el **horno** *oven, II4*
el **horno de leña** *wood burning oven, II4*
el **horno microondas** *microwave oven, II4*
el **horóscopo** *horoscope, 8*
horrible *awful; horrible, I2*
el **hospital** *hospital, II3*
la **hospitalidad** *hospitality, I5*
el **hotel** *hotel, I4*
el **hotel barato** *inexpensive hotel, 3*
el **hotel de lujo** *luxury hotel, 3*
hoy *today, E*
hubo *there was/there were, II3*
el **huerto** *fruit and vegetable garden, II8*
los **huevos** *eggs, I2*
los **huevos duros** *hard-boiled eggs, II7*
los **huevos fritos** *fried eggs, II7*
los **huevos revueltos** *scrambled eggs, II7*
humanitario(a) *humanitarian, 10*
hundido(a) *sunken, II4*
hundimiento *sinking, A4*
hundirse *to sink in, A5*
el **huracán** *hurricane, I6*

I

la **idea** *idea, E*
ideal *ideal, I4*
el **idioma** *language, I11*
la **iglesia** *church, I1*

ignorar *to ignore, 2*
imaginativo(a) *imaginative, 2*
el **imperio** *empire, I11*
el **impermeable** *raincoat, I6*
la **importación** *import, II12*
importante *important, II8*
imprescindibles *essential, A6*
impresionante *awesome; impressive, I12*
los **improperios** *abusive remarks, A8*
incansablemente *tirelessly, A2*
el **incendio** *fire, II3*
los **incendios forestales** *forest fires, A7*
el **incidente** *incident, 8*
incluir *to include, E*
increíble *amazing; incredible, 12*
la **independencia** *independence, II12*
independiente *independent, 12*
las **indicaciones** *instructions, II2*
indicio *sign, A10*
la **infección** *infection, 4*
la **información** *information, E*
la **informática** *computer science, I7*
informativo(a) *informative, I9*
el **informe** *report, I7*
la **ingeniería forestal** *environmental engineering, 6*
la **ingeniería metalúrgica** *metallurgical engineering, A6*
el/la **ingeniero(a)** *engineer, 6*
ingenuos(as) *naive, A3*
el **inglés** *English (language), E*
el **ingrediente** *ingredient, 5*
innecesario(a) *unnecessary, II11*
el **inodoro** *toilet, I4*
la **inscripción** *membership, II5*
inteligente *intelligent, E*
intentar *to attempt to, II6*
interesante *interesting, E*

la **interpretación** *performance, 9*
el/la **intérprete** *interpreter, II12*
la **inundación** *flood, II3*
invertir *to invest, A8*
el **invierno** *winter, I6*
la **invitación** *invitation, I3*
el/la **invitado(a)** *guest, I3*
invitar *to invite, I3*
la **inyección** *injection, 4*
ir *to go, I1*
ir de campamento *to go camping, II2*
ir de excursión *to go on an outing, II2*
ir al extranjero *to go abroad, I11*
ir de pesca *to go fishing, II6*
irse *to go away; to leave, II10*
irrumpir *to burst in, A8*
la **isla** *island, I5*
el **italiano** *Italian (language), I2*
el **itinerario** *itinerary, I11*
la **izquierda** *left, E*

J

el **jabón** *soap, E*
el **jamón** *ham, I2*
el **japonés** *Japanese (language), II12*
el **jarabe** *cough syrup, 4*
el **jardín** *garden, I4*
el/la **jardinero(a)** *gardener, II8*
la **jaula** *cage, A2*
el **jazz** *jazz, I9*
los **jeroglíficos** *hieroglyphics, II3*
la **jornada** *day, A2*
la **jornada completa** *full-time, II12*
joven *young, E*
los **jóvenes** *young people, I1*
la **joya** *jewel, I10*
la **joyería** *jewelry store, I10*
el/la **jubilado(a)** *retired person, II11*
el **juego** *game, II6*
el **jueves** *Thursday, E*
jugar (u>ue) *to play, I6*
jugar al escondite *to play hide-and-seek, II6*

jugar al rescate *to play tag, II6*

el **jugo** *juice, I2*

julio *July, E*

junio *June, E*

junto a *next to; by, I1; in addition to, A6*

juntos(as) *together, E*

K

el **kilo** *kilo, II2*

L

la(s) *the, E; her/it/ (them), I9*

los **labios** *lips, II3*

el **laboratorio** *laboratory, I7*

las **labores habituales** *daily tasks, A8*

labrar un acta *to file a report, A3*

la **laca** *hair spray, II9*

las **laderas** *mountainsides, 3*

el **lado** *side, I4*

a todos lados *everywhere, II9*

al lado de *next to, I4*

de lado a lado *from side to side, II5*

las **lágrimas** *tears, A2*

lagrimear *to shed (tears), A5*

la **lámpara** *lamp, I4*

la **lana** *wool, II2*

de lana *made of wool, II2*

lanzar *to pitch; to throw, I5*

el **lápiz** *pencil, E*

largo(a) *long, E*

a lo largo de *along, I4*

la **lástima** *shame, E*

lastimarse *to get injured, 4*

la **lata** *can, II2*

el **lavaplatos** *dishwasher, I4*

lavar *to wash, I8*

lavar los platos *to wash the dishes, II7*

lavarse (el pelo) *to wash (one's hair), I8*

el **lazo** *lasso, II8*

le *to/for him, her, it, you, I10*

le daba mucha pena *he/she was very sorry, A10*

la **leche** *milk, I2*

los **lechones** *suckling pigs, II6*

la **lechuga** *lettuce, I2*

el/la **lector(a)** *reader, A1*

la **lectura de poesía** *poetry reading, II5*

leer *to read, E*

lejos *far, I1*

lejos de *far from, I4*

lentamente *slowly, II6*

las **lentejas** *lentils, II10*

los **lentes de sol** *sunglasses, I5*

lento(a) *slow, I9*

el/la **leñador(a)** *logger, A7*

les *to/for them, you, I10*

lesionado(a) *injured, II10*

la **letra** *lyric, A2*

levantar *to raise, A8*

levantarse *to get up, II8*

la **leyenda** *legend, A2*

la **librería** *bookstore, I1*

el **libro** *book, E*

el **limón** *lemon, 5*

la **limonada** *lemonade, E*

limpiar la mesa *to clean off the table, II7*

limpio(a) *clean, II4*

liso(a) *plain, II9*

la **lista** *list, I3*

listo(a) *bright, 1; ready, I8*

la **literatura** *literature, E*

el **litro** *liter, II7*

lo(s) *him/it/(them), I9*

lo mismo *the same, 3*

Lo siento, no puedo. *I'm sorry, I can't., I3*

los *the, E*

en lugar de *instead of, II7*

a lunares *polka dots, II9*

el **lunes** *Monday, E*

los lunes (martes, etc.) *on Mondays (Tuesdays, etc.), E*

la **luz** *light, IIA3*

el/la **locutor(a)** *radio anchor, 8*

lograr *to achieve, A1*

las **luces de neón** *neon lights, A8*

luchar *to fight, A2*

la **luna de miel** *honeymoon, A4*

llamar *to call, I8*

llamar por teléfono *to phone, I8*

llamarse *to be named, E*

el **llanto** *weeping, A10*

las **llaves** *keys, I8*

la **llegada** *arrival, III1*

llegar *to arrive, I7*

llenar *to fill out, 6*

lleno(a) de *full of, II2*

llevar *to carry; to bring, I5; to wear; to take, I6*

llevarse... *to get along . . . , II6*

llorar *to cry, 2*

llover (o>ue) *to rain, I6*

Llueve a cántaros. *It's raining cats and dogs., I6*

la **lluvia** *rain, I6*

M

la **madera** *wood, II2*

de madera *made of wood, II2*

la **madrastra** *stepmother, E*

la **madre** *mother, E*

la **madrina** *godmother, I3*

maduro(a) *ripe, A5*

el/la **maestro(a)** *teacher, II2*

el **maíz** *corn, II8*

mal *badly, II6*

la **maleta** *suitcase, II1*

el/la **maletero(a)** *baggage handler, III1*

malhumorado(a) *bad-tempered, 1*

la **mamá** *mom, E*

el **mamey** *a tropical apricot-like fruit, I10*

mandar *to send, II4*

Mándalo por... *Send it by . . . , II4*

manejar *to drive, II8*

la **manera** *way, II7*

la **manguera** *hose, II8*

la **mano** *hand, E*

de segunda mano *second hand, II7*

la **manta** *blanket, II2*

el **mantel** *tablecloth, II7*

mantener *to keep, III1*

Mantenga limpio el océano. *Keep the ocean clean., II2*

para mantenerse en forma *to stay in shape, II10*

para mantenerse sano(a) *to stay healthy, II10*

la **mantequilla** *butter, I2*

la **manzana** *apple, I2*

mañana *tomorrow, E*

la **mañana** *morning, E*
   de la mañana *in the morning, E*

el **mapa** *map, E*

el **maquillaje** *makeup, I10*

maquillarse *to put on make up, II9*

la **máquina** *machine, II4*
   la **máquina de afeitar** *electric shaver, II9*
   la **máquina de escribir** *typewriter, II4*
   las **máquinas de ejercicio** *exercise machines, I8*

el **mar** *sea, I5*

el **maratón** *marathon, II3*

maravillosamente *marvelously, II6*

marcharse *to leave, A3*

los **mariachis** *members of a mariachi band, I1*

la **mariposa** *butterfly, II2*

marrón *brown, E*

el **martes** *Tuesday, E*

marzo *March, E*

más *more, I5*
   más... que *more . . . than, I9*
   más o menos *so-so; more or less, I5*
   más tarde *later, I8*

la **máscara** *mask, I12*
   la **máscara de bucear** *diving mask, I5*
   la **máscara de oxígeno** *oxygen mask, II1*

las **mascotas** *pets, E*

masticar *to chew, A5*

matar *to kill, II6*

las **matemáticas** *mathematics, E*

la **materia** *subject, E*

las **materias primas** *raw materials, A6*

mayo *May, E*

la **mayonesa** *mayonnaise, 5*

el **mayor** *elder, 1*

me *to/for me, E*

mediano(a) *medium, I10*

el/la **médico(a)** *doctor, II3*

las **medidas de seguridad** *security measures, II1*

medio(a) *half, II7; middle, A1*

el **medio ambiente** *environment, II2*

los **medios de comunicación** *media, I9*

mejor... que *better . . . than, I9*

mejorar *to improve, II11*
   mejoremos *let's improve, II11*

la **melodía** *melody, 9*

el **melón** *melon, I2*

menos... que *less . . . than, I9*

menospreciado(a) *underestimated, A1*

los **mensajeros** *messengers, A3*

la **mentira** *lie, 2*

el **menú** *menu, I2*

el **mercado** *market, I1*
   el **mercado de pulgas** *flea market, II7*
   el **mercado laboral** *job market, A6*

la **merienda** *afternoon snack, I2*

el **mes** *month, I7*

la **mesa** *table, I4*
   la **mesa de noche** *night table, I4*

el/la **mesero(a)** *waiter/ waitress, I2*

la **meta** *goal, 6; finish line (as in a race), II3*

metido en *inside of, A8*

el **metro** *subway, E; meter, I12*

la **mezcla** *mixture, II7*

mezclar *to mix, IIA4*

mí *me, E*

mi(s) *my, E*

el **micrófono** *microphone, II5*

el **microscopio** *microscope, I7*

el **miércoles** *Wednesday, E*

la **migración** *immigration desk, II1*

mil *one thousand, I8*

mil cien *one thousand one hundred, I8*

mil quinientos *one thousand five hundred, I8*

el/la **militar** *soldier, 6*

mirar *to watch; to look at, E*

el/la **misionero(a)** *missionary, I4*

misterioso(a) *mysterious, I12*

la **mochila** *backpack; bookpack, E*

la **moda** *fashion; style; trend, I8*
   de moda *in style, I8*

el/la **modelo(a)** *model, 6*

moderno(a) *modern, I1*

mojar *to dampen; to wet, IIA1*

el **molde** *baking pan, II7*

el **mole** *mole (a thick chili sauce), I2*

molestar *to bother, A3*
   No moleste a los animales. *Don't disturb the animals, II2*

el **momento** *moment, I7*
   en este momento *right now, I8*

la **moneda** *coin, II6*

el **mono** *monkey, II2*

montar *to ride; to mount, E*
   montar a caballo *to horseback ride, II2*
   montar en bicicleta *to ride a bike, E*

el **monte** *hill, III1*

morado(a) *purple, E*

la **mostaza** *mustard, 5*

el **mostrador** *counter, III1; stand, A5*

mostrar *to show, IIA6*
   mostrar confianza *to show confidence, 6*

la **moto** *motorcycle, I7*

mucho(a, os, as) *a lot (of); many, E*
   Mucho gusto. *Nice to meet you., E*
   mucho más *much more, I1*

los **muebles** *furniture, I4*
   los **muebles e immuebles** *goods and property, A3*
   en muecas *faces, A5*

el **muelle** *dock, II6*

la **muerte** *death, II3*

la **mujer** *woman, I6*

la **muleta** *crutch, 4*

el **Mundial de Fútbol** *World Cup, II3*

la **muñeca** *wrist, 4; doll, II6*

el **muñequito** *action figure, II6*

el **mural** *mural, II11*

el **murciélago** *bat (animal)*, II2
el **músculo** *muscle*, II10
el **museo** *museum*, I1
la **música** *music*, E
   la **música bailable** *dance music*, I9
   la **música clásica** *classical music*, I9
   la **pop music** *pop music*, I9
   la **música tejana** *Texan (country) music*, I3
   la **música Tex-Mex** *Tex-Mex music*, I9
el **musical** *musical*, 9
el/la **músico(a)** *musician*, II5
muy *very*, E
   Muy bien, gracias. *Very well, thank you.*, E

N

nacer *to be born*, II6
nada *nothing*, E
   Nada especial. *Nothing special.*, I3
nadar *to swim*, I5
nadie *no one*, II3
la **naranja** *orange*, I2
natal *native*, 10
la **naturaleza** *nature*, II11
   la **naturaleza muerta** *still life*, A5
la **náusea** *nausea*, 4
la **navegación** *sailing*, II2
navegar *to sail*, I5
   navegar los rápidos en balsa *to go white water rafting*, II2
la **Navidad** *Christmas*, II7
necesario(a) *necessary*, II8
las **necesidades** *needs*, II10
necesitar *to need*, E
negro(a) *black*, E
nervioso(a) *nervous*, II2
nevar (e>ie) *to snow*, I6
ni...ni *neither . . . nor*, II3
el **nido** *nest*, A4
el/la **nieto(a)** *grandson/ granddaughter*, 1
   los **nietos** *grandchildren*, 1
ningún/ninguno(a) *none*, II3
el/la **niñero(a)** *baby sitter*, II12
la **niñez** *childhood*, 2
los/las **niños(as)** *children*, II11

no *no; not*, E
la **noche** *evening; night*, E
   de la noche *in the evening*, E
el **nombre** *name*, E
el **noreste** *northeast*, II2
el **noroeste** *northwest*, II2
el **norte** *north*, I6
nos *to/for us; ourselves*, I10
nosotros(as) *we*, E
la **nota** *grade*, I7
las **noticias** *news*, II3
   la **noticia del día** *cover story*, II3
   las **noticias internacionales** *international news*, 8
   las **noticias nacionales** *national news*, 8
el **noticiero** *newscast*, I9
novecientos *nine hundred*, E
la **novela** *novel*, I7
noventa *ninety*, E
noviembre *November*, E
el/la **novio(a)** *boyfriend/ girlfriend*, I3
nudoso(a) *knotty*, A5
nuestro(a) *our*, I4
nueve *nine*, E
nuevo(a) *new*, E
   de nuevo cuño *upcoming*, A6
la/las **nuez/nueces** *walnut/walnuts*, II7
el **número** *number*, E
   el **número de teléfono** *telephone number*, E
   el **número de zapato** *shoe size*, I10
nunca *never*, I6

O

o *or*, I2
el **obispo** *bishop*, II4
la **obra** *play*, II5
   observar *to watch; to observe*, II2
la **ocasión** *occasion*, I3
el **océano** *ocean*, II12
ochenta *eighty*, E
ocho *eight*, E
ochocientos *eight hundred*, E
el **ocio** *leisure*, 9
octubre *October*, E

ocultar *to hide; to conceal*, 2
ocurrir *to happen*, 3; *to take place*, II1
el **odio** *hate*, A2
el **oeste** *west*, I6
ofender *to offend*, 1
la **oficina** *office*, E
   la **oficina de cambio** *exchange office*, E
   la **oficina de información** *information office*, E
   la **oficina del director** *principal's office*, I7
el/la **oficinista** *office worker*, II4
ofrecer *to offer*, II11
el **oído** *inner ear*, 4
oír *to hear*, II3
   ¡Oye! *Listen!*, I8
el **ojo** *eye*, 4
la **ola** *wave*, I5
las **oleadas** *waves*, A4
la **olla** *pot*, II7
los **olores** *aromas*, A2
olvidable *forgettable*, A5
olvidarse *to forget*, A4
el **ombligo** *navel*, A7
once *eleven*, E
ONU (Organización de las Naciones Unidas) *United Nations*, II12
la **ópera** *opera*, 9
la **opinión** *opinion*, 1
la **oportunidad** *opportunity*, II12
ordenar el cuarto *to clean one's room*, 1
ordeñar las vacas *to milk the cows*, II8
el **orégano** *oregano*, 5
organizado(a) *organized*, II12
organizar *to organize*, II11
el **Oriente Medio** *Middle East*, 3
originario(a) de *native to*, 5
el **oro** *gold*, I10
la **orquesta de cámara** *chamber orchestra*, II7
la **orquídea** *orchid*, II2
la **ortiga** *nettle*, A2
os *to/for you (informal, pl.)*, I10
oscuro(a) *dark*, A3
el **otoño** *fall/autumn*, I6
otro(a) *another; other*, E
las **ovejas** *sheep*, A6

P

el/la **paciente** patient, II12

el **paco-ladrón** cops and robbers, A9

el **padrastro** stepfather, E

el **padre** father, E

los **padres** parents, E

el **padrino** godfather, I3

la **paga semanal** weekly allowance, 1

pagar to pay, I10

la **página** page, E

la **página inicial** home page, 8

el **país** country, E

el **paisaje** landscape, I12

el **pájaro** bird, E

la **paleta** paddle, I5

la **palmera** palm tree, II2

las **palomas** pigeons, A1

los **palos** trees, A5

la **pampa** grassy plains, II8

el **pan** bread, I2

la **panadería** bakery, 5

los **pantalones** pants, I8

los **pantalones ajustados** tight pants, II9

los **pantalones anchos** baggy pants, II9

el **pañuelo** scarf, II9

la **papa** potato, I2

las **papas fritas** French fries, I2

el **papá** dad, E

el **papel** paper, E; role, I12

de papel (made of) paper, II11

el **papel carbón** carbon paper, II4

el **paquete** package, II7

para for; in order to; to, I2

para promocionar el turismo to promote tourism, 3

para que salga to be published, A8

el **paracaídas** parachute, I5

paracaidismo sky-diving, 3

la **parada** stop, I1

parada standing, A5

el **parador** State hotel, 3

el **paraguas** umbrella, I6

parar to stop, II8

sin parar non-stop, I9

parecido(a) similar, II5

la **pared** wall, I4

el/la **pariente(a)** relative, I3

el **parlante** speaker, II5

el **parque** park, I1

el **parque nacional** national park, II2

la **parrilla** grill, II8

a la parrilla grilled, II7

las **partes del cuerpo** parts of the body, II10

participar to participate; to take part in, I11

el **partido** game (sport), I7; party, A1

la **pasa** raisin, II7

el **pasaje** airline fare, I11

el **pasaje con descuento** discount ticket, II1

el **pasaje de ida** one way ticket, II1

el **pasaje de ida y vuelta** round trip ticket, II1

el/la **pasajero(a)** passenger, II1

el **pasaporte** passport, E

pasar to spend; to happen; to pass, I7

pasaba por alto ignored, A10

pasar la aspiradora to vacuum, 1

pasar por to go through, II1

pasarla bien/mal to have a good/bad time, II5

¿Qué pasó? What happened?, II3

la **Pascua** Easter, I3

pasear en bote to take a boat ride, II6

el **pasillo** hallway, I7

el **paso a nivel** railroad crossing, II8

la **pasta** pasta, I2

la **pasta de dientes** toothpaste, E

la **pasta de guayaba** guava paste, I10

el **pastel** cake, I2

la **pastelería** pastry shop, 5

la **pastilla** pill, 4

las **patas** legs, II8

las **patas velludas** hairy legs, A4

las **patillas** sideburns, II9

el **patinaje** skating, II5

patinar to skate, I1

patinar sobre hielo to ice skate, I6

los **patines** skates, II5

el **patio** courtyard, I7

el **pato** duck, II8

el **patrón** pattern, IIA5

la **patronal** employers' union, A8

el **pavo** turkey, II7

el **pecho** chest, 4

los **pedazos** pieces, A5

pedir (e>i) to ask for; to order, I11

peinarse to comb one's hair, I8

el **peine** comb, E

pelar to peel, 5

pelearse to have a fight, II6

la **película** movie, I9

la **película de acción** action film, 9

la **película de ciencia ficción** science fiction film, 9

la **película de suspense** suspense film, 9

la **película de terror** horror film, 9

la **película policíaca** police film, 9

la **película romántica** romance film, 9

pelirrojo(a) redhead, E

el **pelo** hair, E

el **pelo de punta** spiked hair, II9

el **pelo rapado** crew cut, II9

la **pelota** ball, I5

la **peluquería** barber shop/hair dresser's shop, II9

el/la **peluquero(a)** barber/hairdresser, II9

los **pensamientos** thoughts, A10

pensar to think; to intend, II1

la **pensión** boarding house, 3

las **peñas** Argentine folkloric club, 9

peor (que) worse (than), I9

el **pepino** cucumber, II7

pequeño(a) small; little, E

perder *to lose, II8; to miss, A3*
la **pérdida** *loss, A2*
¡Perdón! *Sorry!; Excuse me!, E*
perdonarse *to forgive each other, 2*
el **perezoso** *sloth, II2*
perezoso(a) *lazy, 1*
perfectamente *perfectly, II1*
el **perfume** *perfume, I10*
el **periódico** *newspaper, I1*
el/la **periodista** *journalist, II3*
permanecer *to remain, A8*
la **permanente** *permanent wave, II9*
permitir *to allow, 10*
pernoctar *to spend the night, A3*
pero *but, E*
el **perro** *dog, E*
la **persona** *person, E*
los **personajes** *characters, II6*
persuasivo(a) *persuasive, II12*
pertenecer a *to belong to, A3*
peruano(a) *Peruvian, 5*
la **pesa** *weight, II10*
Pesach *Passover, II7*
la **pesca** *fishing, II2*
la **pescadería** *fish market, 5*
el **pescado** *fish, I2*
el/la **pescador(a)** *fisherman/ fisherwoman, II6*
pescar *to fish, II2*
la **peseta** *Spain's currency unit, E*
el **peso** *Mexican currency unit, E*
los **pesos y medidas** *weights and measures, II12*
el **petróleo** *oil (petroleum), II3*
los **pibes (Argentina)** *kids, A6*
picado(a) *ground, II7*
las **picaduras** *punctures, A4*
picante *spicy, I2*
picar *to chop, 5*
el **picnic** *picnic, I3*
el **pie** *foot, I12*
a pie *on foot, I1*
el **pie de foto** *caption, II3*
la **piedra** *stone, I11*
la **pierna** *leg, II10*
la **pimienta** *pepper, 5*

la **pintada** *graffiti, II11*
pintar *to paint, II11*
la **pintura** *painting, II4*
la **piña** *pineapple, I2*
la **piñata** *piñata, I3*
la **pirámide** *pyramid, I1*
pisar *to step on, A7*
la **piscina** *swimming pool, I5*
los **pisos** *floors, I4*
la **pizarra** *chalkboard; blackboard, E*
la **pizza** *pizza, E*
la **planta** *plant, I7*
plantar *to plant, II8*
el **plástico** *plastic, II11*
la **plata** *silver, I10*
el **plátano** *banana, I2*
el **plato** *plate, I2*
el **plato del día** *daily special, I2*
el **plato principal** *main course, II7*
la **playa** *beach, I5*
la **plaza** *square, I1*
la **pobreza** *poverty, 10*
poco(a, os, as) *a little; not much; few, E*
poco a poco *little by little, II7*
poder (o>ue) *can; to be able to, I8*
¡No puede ser! *It can't be!, II3*
el **poema** *poem, I7*
la **poesía** *poetry, A2*
el/la **poeta** *poet, II4*
el/la **policía** *police officer, II3*
el **pollo** *chicken, I2*
el **poncho** *rain poncho, II12*
poner *to put, IA1*
poner música *to play music, I9*
Pongan su equipaje debajo del asiento. *Put your luggage under the seat., II1*
Pongan sus asientos en posición vertical. *Put your seats in the upright position., II1*
ponerse *to put on; to wear, I8*
ponerse al día *to keep up with the news, 8*
ponerse en forma *to get in shape, II10*

ponerse furioso(a) *to get furious, 2*
ponerse triste *to get sad, 2*
popular *popular, I3*
por *by; for; through, I1; in exchange for, A2*
por favor *please, E*
por lo bajo *secretly, A8*
por medio de *through, A1*
¿Por qué? *Why?, E*
porque *because, E*
la **portada** *front page, II3*
los **porteros** *doormen, A6*
la **posada** *guest house; inn, 3*
posible *possible, II8*
el **postre** *dessert, I2*
el **potro** *colt, II8*
practicar *to practice, I5*
práctico(a) *practical, II9*
las **praderas** *fields, A6*
el **precio** *price, II1*
precolombino(a) *pre-Columbian, II5*
preferir (e>ie) *to prefer, I9*
la **pregunta** *question, E*
preguntar *to ask, E*
los **prejuicios** *prejudice, 10*
premiar *to reward, 1*
el **premio** *award, II3*
el **premio Nobel** *Nobel Prize, I11*
preocupado(a) *worried, II12*
preocuparse *to worry, II3*
preparar *to prepare, II7*
prepararse *to get ready, I8*
el/la **presentador(a)** *TV anchor, 8*
presentar a *to introduce someone to, II5*
¿Me puedes presentar a...? *Can you introduce me to . . . ?, II5*
el/la **presidente(a)** *president, II3*
prestar *to lend, II5*
prestar atención a *to pay attention to, I6*
el **prestigio** *prestige, II12*
la **primavera** *spring, I6*
la **Primera Guerra Mundial** *World War I, A2*
la **primicia** *the first one, A8*
el/la **primo(a)** *cousin, I3*
a principios *at the beginning, II11*

la **probabilidad**
probability, I6

el **probador** *dressing room, II9*

probar (o>ue) *to taste, I2*

probarse (o>ue) *to try on, II9*

el **problema** *problem, I7*

producir *to make, II4; to produce, II8*

el/la **productor(a)** *producer, 8*

el/la **profesor(a)** *teacher, E*

profundo(a) *deep, II2*

el **programa** *TV show; program, I9*

el **programa de búsquedas** *search program, 8*

el **programa de concursos** *game show, I9*

el **programa de intercambio** *exchange program, I11*

el **programa de intercambio estudiantil** *student exchange program, I11*

la **programación** *programming, I9*

el/la **programador(a) de computadoras** *computer programmer, 6*

prohibido tocar la bocina *don't honk the horn, II8*

prometer *to promise, A6*

promover *to encourage, A2*

el **pronóstico del tiempo** *weather forecast, I6*

pronto *soon, I8*

prontuario *record, A8*

pronunciarse *to be seen, A4*

los/las **propietarios(as) privados(as)** *private owners, II8*

la **propina** *tip, A3*

propio(a) *own, 6*

proponer *to propose, 10*

el **propósito** *purpose, II12*

la **protección ambiental** *environmental protection, 7*

el **protector solar** *sunscreen, I5*

proteger *to protect, II2*

el/la **proveedor(a) de comida por encargo** *caterer, A5*

provenir *to come from, 5*

proyectar *to project; to throw, A8*

el **pueblo** *town, I4*

el **pueblo costero** *beach village, II6*

el **pueblo de montaña** *mountain village, II6*

el **pueblo pesquero** *fishing village, II6*

el **puente** *bridge, IIA1*

la **puerta** *door, I4*

la **puerta de embarque** *boarding gate, II1*

el **puerto** *seaport, II6*

el **puesto** *booth, I10; position, 6*

puesto(a) *put, II7*

la **pulgada** *inch, I6*

la **pulpa** *pulp, A5*

la **pulsera** *bracelet, I10*

la **punta** *end, II9*

de punta a punta *from one end to the other, A7*

en las puntas *at the ends, II8*

el **punto** *stitch, 4; point (in a game), I*

a punto de *on the verge of, A8*

los **puntos de interés** *sights, I12*

¡Pura vida! (Costa Rica) *Cool!; Great!, II2*

el **puré de patatas** *mashed potatoes, II10*

Q

que *that, E*

¡Que te mejores! *Get well!, 4*

¿Qué? *What?*

¿Qué tal? *What's up?*

¡Qué bien te sienta! *It looks great on you!, II9*

¡Qué horror! *How awful!, II3*

quedar *to fit, I10*

¿Cómo me queda(n)? *How does it/do they look on me?, II9*

Me queda pequeño(a)/ grande. *It's small/big on me., I10*

quedarse *to stay, II1*

quedarse hasta tarde *to stay late, II5*

quejarse *to complain, 1*

quemar *to burn, A4*

querer (e>ie) *to want, I5*

quererse *to love each other, 2*

querido(a) *loved; dear, A1*

el **queso** *cheese, I2*

el **quetzal** *quetzal, II2*

¿Quién? *Who?, E*

¿Con quién? *With whom?, I1*

la **química** *chemistry, I7*

quince *fifteen, E*

quinientos *five hundred, E*

el **quiosco** *newsstand, I1*

R

la **radio** *radio, I4*

la **radiografía** *X-ray, 4*

las **raíces** *roots, II5*

el **rallador** *grater, 5*

rallar *to grate, 5*

la **rama** *branch, A1*

el **rancho** *ranch, I4*

el **rap** *rap, I9*

rápido(a) *fast, I9*

el **rascacielos** *skyscraper, II4*

los **rasgos** *traits, II7*

el **rasguño** *scratch, A4*

el **rastro** *trace, A10*

el **ratón** *mouse, E*

a ratos *sometimes, A4*

a rayas *striped, II9*

la **razón** *reason, II4*

reabrir *to reopen, II3*

la **reacción** *reaction, II3*

reaccionar *to react, II3*

realista *realistic, 6*

reaparecer *to reappear, II3*

la **rebaja** *sale, I10*

rebelde *rebellious, 1*

recapacitar *to reconsider, A9*

el/la **recepcionista** *receptionist, II12*

la **receta** *recipe, II7*

recetar *to prescribe, 4*

rechazar *to repel, A7*

el **rechazo** *rejection, A1*

recibir *to receive, II3*

el **recibo** *receipt, I10*

reciclar *to recycle, II11*

los **recintos** *areas, A6*
recoger *to pick up, II7*
  recoger la cosecha *to harvest the crop, II8*
  recoger la fruta *to pick fruit, II8*
  recoger la mesa *to clear the table, II7*
recomendar (e>ie) *to recommend, II12*
reconciliarse *to make up, 2*
reconocer *to recognize, II7*
el **recuerdo** *memory, II6*
recuperar *to get well, 4*
la **red** *net, I5*
  la **red mundial de computadoras** *the world-wide computer network, 8*
reflejar *to reflect, A1*
los **reflejos** *highlights, II9*
el **refresco** *soft drink; soda, E*
el **refrigerador** *refrigerator, I4*
regalar *to give a present, I10*
el **regalo** *gift, I3*
regañar *to scold, 1*
regar *to water, II8*
regatear *to bargain, I10*
el **reggae** *reggae music, I9*
la **región** *region, I11*
la **regla** *rule, 1*
  las **reglas de oro** *golden rules, II11*
regular *so-so, E*
reírse (e>i) *to laugh, II5*
la **relación** *relationship, II6*
la **relajación** *relaxation, II10*
relajante *relaxing, I9*
relatar *to relate, A3*
rellenar *to fill, A5*
el **reloj** *watch; clock, I10*
remar *to row, I5*
el **remedio** *remedy, 4*
la **remoción** *moving, A4*
los **remos** *oars, I5*
el/la **repartidor(a)** *delivery person, II12*
repartir *to deliver; to distribute, II11*
el **repelente de insectos** *insect repellent, II2*
el/la **reportero(a)** *reporter, II3*
el/la **representante de...** *representative of . . . , I11*
reproducir *to reproduce, A6*
resaltar *to emphasize, A1*

resbalarse *to slip, 4*
la **reserva** *reservation, I11*
  la **reserva natural** *natural reserve, II2*
  la **reserva de petróleo** *oil (petroleum) reserve, II3*
la **residencia de ancianos** *senior citizen home, II11*
resistente *resistant, II4*
respetar *to respect, I11*
respetuoso(a) *respectful, 1*
la **respiración** *breathing, II10*
la **responsabilidad** *responsibility, II8*
el **restaurante** *restaurant, I2*
  el **restaurante al aire libre** *outdoor restaurant, I2*
  el **restaurante de comida rápida** *fast food restaurant, I2*
los **restos** *remnants, II4*
retrasado(a) *delayed, II1*
el **retumbo** *thud, A4*
reunirse *to get together, 2*
la **revista** *magazine, E*
  la **revista de espectáculos** *entertainment magazine, I9*
  la **revista de moda** *fashion magazine, I9*
revolver (o>ue) *to stir; to scramble, II7*
el **rey** *king, IIA2*
los **Reyes** *Epiphany, II7*
rico(a) *tasty, I2*
el **riego** *irrigation, A5*
rimar *to rhyme, A2*
el **rincón** *corner, II4*
el **río** *river, I4*
el **ritmo** *rhythm, 9*
rizado(a) *rippling, A2*
el **rocío** *dew, A2*
el **rock duro** *hard rock, I9*
rodear *to surround, II2*
la **rodilla** *knee, II10*
rojo(a) *red, E*
romper *to break, I3; to begin, A4*
  romper una amistad *to break off a friendship, 2*
  romperse *to break (one's arm, leg, etc.), 4*
la **ropa** *clothing, I5*
el **ropero** *closet, I4*
rubio(a) *blond, E*
el **ruido** *noise, II4*
ruidoso(a) *noisy, I9*

las **ruinas** *ruins, I11*
la **ruta** *route, II8*
la **rutina diaria** *daily routine, II8*

S

el **sábado** *Saturday, E*
las **sábanas** *sheets, A3*
saber *to know, I5*
sabroso(a) *delicious, A4*
sacar *to take; to get, IIA1*
  sacar al perro *to walk the dog, 1*
  sacar fotos *to take pictures, I1*
  sacar la basura *to take out the garbage, II7*
  sacar radiografías *to take X-rays, 4*
  sacar buena/mala nota *to get a good/bad grade, I7*
el **saco de dormir** *sleeping bag, II2*
la **sal** *salt, II10*
la **sala** *living room, I4*
  la **sala de espera** *waiting room, I11*
la **salida** *exit, E; departure, II1*
salir *to go out, I8*
  salir a mochilear (Chile) *to go backpacking, I11*
  salir temprano *to leave early, I1*
el **salón** *hall, I7*
  el **salón de actos** *auditorium, I7*
  el **salón de clase** *classroom, I7*
  los **salones de moda** *fashion shows, II9*
la **salsa de tomate** *tomato sauce, II7*
saltar a la cuerda *to jump rope, II6*
la **salud** *health, II10*
saludar *to greet, I6*
salvaje *wild, II8*
el/la **salvavidas** *lifeguard, I5*
las **sandalias** *sandals, I10*
la **sandía** *watermelon, II7*
el **sándwich** *sandwich, E*
sano(a) *healthy, II10*
el **sarape** *shawl; blanket, I1*
la **sartén** *frying pan, II7*
el **saxofón** *saxophone, II5*

el **secador** *hair drier, II9*
secarse *to dry oneself, I8*
la **sección** *section, I9*
seco(a) *dry, IIA1*
el **secreto** *secret, 2*
la **sed** *thirst, I2*
la **segadora** *mower; harvester, II8*
seguir *to follow, II2*
Siga el sendero. *Follow the path., II2*
Siga las indicaciones/las señales. *Follow the instructions/the signs., II2*
seguro(a) *safe, IIA5*
seis *six, E*
seiscientos *six hundred, E*
seleccionar *to choose, I3*
el **sello** *stamp, II6*
la **selva** *jungle, I1*
la **selva amazónica** *Amazon jungle, A6*
el **semáforo** *traffic light, II11*
la **semana** *week, E*
semanal *weekly, E*
sembrar (e>ie) *to sow, II8*
el **semestre** *semester, E*
la **semilla** *seed, II8*
las **semillitas** *little seeds, A5*
el/la **senador(a)** *senator, II3*
la **sencillez** *simplicity, A2*
el **sendero** *path, II2*
sensible *sensitive, A2*
el **sentimiento** *feeling, 2*
sentirse (e>ie) *to feel, II11*
sentirse bien/mal *to feel well/bad, II10*
sentirse útil *to feel helpful, II11*
la **señal** *sign, II2*
el **señor** *Mr.; Sir, E*
la **señora** *Mrs.; Ma'am, E*
las **señoras** *ladies, E*
la **señorita** *Ms.; Miss, E*
septiembre *September, E*
la **sequía** *drought, 7*
ser *to be, E*
ser de... *to be from . . . , E*
la **serie** *series, 8*
serio(a) *serious, 1*
la **serpiente** *snake, II2*
el **servicio** *service, II9*
la **servilleta** *napkin, I2*
servir (e>i) *to serve, II5*
sesenta *sixty, E*

setecientos *seven hundred, E*
setenta *seventy, E*
las **sevillanas** *typical dance of Seville, I7*
siempre *always, IA2*
las **sienes** *temples, A4*
siete *seven, E*
sigilosamente *stealthily, A4*
el **significado** *meaning, A3*
la **silla** *chair, E*
el **sillón** *armchair, I4*
silvestre *wild, 3*
simpático(a) *nice, E*
sin *without, I6*
sincero(a) *sincere, 2*
en síncope *unconscious, A4*
sino *but, A4*
el **síntoma** *symptom, 4*
situación *situation, 6*
situado(a) *located, II4*
las **sobras** *leftovers, 5*
sobre *about, I1*
sobreproteger *to overprotect, A1*
sobresalientes *outstanding, II11*
¡Socorro! *Help!, I5*
el/la **socio(a)** *member, II5*
el **sofá** *sofa, I4*
la **soja** *soy, 6*
solicitar *to apply for, 6*
la **solicitud** *application, I11*
solidario *supportive, 2*
solitario(a) *lonely, 10*
el **sollozo** *sob, A4*
sólo *only, I8*
solo(a) *alone, I8*
la **sombra** *shadow, A1*
el **sombrero** *hat, I12*
la **sombrilla** *beach umbrella, I5*
el **son** *tune, II8*
el **sonido** *sound, A2*
la **sonrisa** *smile, A2*
soñar *to dream, IIA3*
soñar (o>ue) despierto(a) *to daydream, A3*
la **sopa** *soup, I2*
soportar *to tolerate, A7*
sorprenderse *to be surprised, II3*
el **sótano** *basement, I4*

su(s) *your/his/her/their, I4*
suavidad *tenderly, A3*
el **sueldo** *salary, II12*
el **suelo** *ground, II6*
a ras de suelo *down to the floor, A4*
suelto(a) *let loose, A2; scatter, A3*
el **sueño** *dream, IIA3*
la **suerte** *luck, I7*
el **suéter** *sweater, I6*
sufrir *to suffer, A1*
el **sujeto** *person, A8*
sumamente *extremely, A8*
el **sumario** *news summary, II3*
la **superficie** *surface, A5*
el **supermercado** *supermarket, I1*
el **sur** *south, I6*
el **sureste** *southeast, II2*
el **suroeste** *southwest, II2*
los **suspiros** *sighs, A*

T

la **tabla a vela** *sailboard, I5*
la **tabla de surf** *surfboard, I5*
tal vez *perhaps, E*
talar (árboles) *to cut (trees), 7*
la **talla** *clothing size, I1*
el **taller** *workshop, I1*
el **tallo** *stem, A5*
también *also; too, E*
tamborilear (los dedos) *to drum (one's fingers), A4*
tampoco *neither, II3*
tan caído *so depressed, A2*
tanto(a)... como *as much . . . as, II4*
tantos(as)... como *as many . . . as, II4*
tan... como *as . . . as, II4*
el **tapiz** *tapestry; carpet, I12*
la **taquería** *taco shop, I2*
tarde *late, I8*
la **tarde** *afternoon; evening, E*
de la tarde *in the afternoon; evening, E*
la **tarea** *homework, I7*
la **tarea doméstica** *household chore, 1*
la **tarifa** *tariff; tax, 3*
las **tarifas estudiantiles** *student rates, 3*

la **tarjeta** *(greeting) card, E*
  la **tarjeta de crédito**
    credit card, I10
  la **tarjeta de embarque**
    boarding pass, II1
  la **tarjeta postal**
    postcard, E
  la **tarjeta identificadora**
    identification card, II4
el **taxi** *taxi; cab, E*
el/la **taxista** *taxi driver, A7*
la **taza** *cup, I2*
el **té** *tea, I2*
  te *to/for you (informal sing.), I10*
el **teatro** *theater, I1*
  el **teatro de vanguardia**
    avant-garde plays, 9
el/la **técnico(a) de sonido**
    sound technician, 8
la **tecnología** *technology, II4*
el **tejado** *roof, II4*
el **teléfono** *telephone, E*
  el **teléfono celular**
    cellular phone, II4
el **telegrama** *telegram, II4*
la **teleguía** *TV guide, I9*
la **telenovela** *soap operas, I9*
la **televisión** *television, E*
el **tema** *topic, I11*
los **temblores** *earth tremors, A7*
la **temperatura**
    máxima/mínima *high/low temperature, I6*
  temprano *early, II8*
el **tenedor** *fork, I2*
  tener (que) *to have (to), E*
  tener agujetas *to be sore, II10*
  tener catarro *to have a cold, II10*
  tener celos *to be jealous, A1*
  tener en cuenta *to consider, 6*
  tener fiebre *to have a fever, II10*
  tener gripe *to have the flu, II10*
  tener mucho en común *to have a lot in common, 2*
  tener problemas con... *to have problems with . . . , 1*
  Ten cuidado.
    Be careful., I6

Tengo mucha hambre/sed. *I'm very hungry/thirsty., I2*
Tengo... años *I am . . . years old., E*
No tengo ganas. *I don't feel like it., I8*
No tiene miedo. *He/She isn't afraid., I5*
los **tenis** *sneakers, I8*
  tercer(o, a) *third, II12*
el/la **tercero(a)** *third, II4*
  la **tercera edad** *senior citizens, A6*
la **terminal de equipaje**
    baggage claim, III1
  terminar *to finish; to terminate, IA4*
la **ternura** *tenderness, A 2*
la **terraza** *terrace, I3*
el **terremoto** *earthquake, II3*
el **terreno montañoso**
    mountainous terrain, II12
el **territorio** *territory, II2*
el **tesoro** *treasure, II4*
  ti *for/to you, E*
la **tía** *aunt, I3*
  tibio(a) *indifferent, A3*
el **tiburón** *shark, III1*
el **tiempo** *weather, I6; time, II12*
  el **tiempo libre** *leisure time, II12*
  tiempo parcial *part-time, II12*
  tiempo presente *present tense, II7*
  a tiempo *on time, III1*
la **tienda** *store, E*
  la **tienda de artesanías** *craft shop, I1*
  la **tienda de campaña** *tent, II2*
  la **tienda de discos** *record store, I1*
la **tierra** *land; soil, II8*
las **tierras pantanosas**
    wetlands, 7
las **tijeras** *scissors, II9*
  tímido(a) *shy, 2*
el **tío** *uncle, I3*
el **tipo** *kind; type, I9*
  tirar *to throw, II6*
  No tire basura. *Don't litter., II2*
el **titular** *headline, II3*

la **tiza** *chalk, E*
la **toalla** *towel, I5*
el **tobillo** *ankle, 4*
el **tocacintas** *cassette player, I9*
  tocar *to play (an instrument), I3; to touch, II6*
  todavía *still, I4*
  todavía no *not yet, I7*
  todo(a) *all, IA1*
  todos(as) *everyone; all, I2*
  todos los días *everyday, I4*
  tolerante *tolerant, 10*
  tomar *to drink; to take, I2*
  tomar conciencia *to become aware, 7*
  tomar el sol *to sunbathe, I5*
  tomarse las manos *to hold hands, A3*
el **tomate** *tomato, I2*
los **tomos** *volumes, II12*
  torcerse *to sprain, 4*
la **tormenta** *storm, I6*
el **tornado** *tornado, II3*
el **torneo** *tournament, A4*
el **toro** *bull, II6*
la **torre** *tower, I4*
la **torta** *pie, II7*
la **tortilla** *tortilla, I2*
  la **tortilla francesa** *omelette, II7*
la **tortuga** *turtle, E*
la **tos** *cough, 4*
  trabajador(a) *hard-working, 10*
el/la **trabajador(a)** *worker, II3*
  trabajar *to work, I6*
  trabajar de voluntario(a) *to volunteer, II11*
el **trabajo** *job, II11*
el **tractor** *tractor, II8*
  tradicional *traditional, II5*
la **traducción** *translation, II11*
  traer *to bring, II7*
el **tráfico** *traffic, II4*
la **tragedia** *tragedy, 9*
  traicionado(a) *betrayed, A8*
el **traje** *suit, II9*
  el **traje de baño** *bathing suit, I5*
los **trámites** *paperwork, I1*
  transparente *transparent, I5*

el **transporte**
transportation, I1
 el transporte público
 public transportation, II4
tras *after, IIA5*
los **trastornos** *disorders, A6*
el **tratamiento** *treatment, 4*
el **trato** *treatment, A2*
 a través de *through, A2*
la **travesura** *prank, 1*
 travieso(a)
 mischievous, 1
 trece *thirteen, E*
 treinta *thirty, E*
el **tren** *train, I1*
 trepar *to climb, IIA1*
 tres *three, E*
 trescientos
 three hundred, E
el **trigo** *wheat, II8*
 triste *sad, I12*
la **trompa** *proboscis;*
 snout, A4
la **trompeta** *trumpet, II5*
 tu *your (sing.), E*
 tú *you, E*
los **tubos de ensayo**
 test tubes, I7
el **tucán** *toucan, II2*
 tus *your (pl.), E*

U

 último(a) *last, I7*
 un/una *a, E*
el/la **único(a)** *only, II5*
 unir *to join, E; to unite, A1*
 uno *one, E*
 usar *to use, II1*
 usted (Ud.) *you (formal*
 sing.), E
 ustedes (Uds.) *you (formal*
 pl.), E
el **utensilio** *utensil, 5*
la **uva** *grape, II7*

V

 vaciar *to empty, IIA3; to*
 drain, A4
la **vainilla** *vanilla, I2*
el **vaivén** *walking back and*
 forth, A4
 ¡Vale! (Spain) *Sure!;*
 OK!, I8

las **valijas** *suitcases, A3*
el **valle** *valley, I12*
 valorar *to value, II12*
la **vanguardia** *vanguard, II5*
el/la **vanguardista** *avant-*
 gardist, II9
los **vaqueros** *jeans, I8*
 los **vaqueros rotos**
 ripped jeans, II9
la **variedad** *variety, II12*
el **vaso** *glass, I2*
el **vecindario** *neighbor-*
 hood, I4
el/la **vecino(a)** *neighbor, I3*
 vegetariano(a)
 vegetarian, I2
 veinte *twenty, E*
 veintiuno(dos...) *twenty*
 one(two . . .), E
la **vela** *candle, I3*
el **velero** *sail boat, I5*
la **venda** *bandage, 4*
el/la **vendedor(a)** *salesperson, I1*
 vender *to sell, I1*
 venir (e>i) *to come, I1*
la **venta** *sale, I5*
la **ventaja** *advantage, II4*
la **ventana** *window, I4*
el **ventilador** *fan, II4*
 ver *to watch; to see, I9*
el **verano** *summer, I6*
 ¿verdad? *isn't it? aren't*
 they? right?, I2
 verde *green, E*
la **verdulería** *vegetable*
 market, 5
las **verduras** *vegetables, I2*
el **vergel** *garden, A2*
la **vergüenza** *shame, A2*
 verse *to see each other, 2*
 vertiginoso(a) *rapid, A4*
el **vestido** *dress, I8*
 vestirse *to get dressed, I7*
el **vestuario** *costumes, 9*
la **vez (pl. veces)** *time, IA2*
 a la vez que *at the same*
 time as, II5
 a veces *sometimes, I6*
 varias veces por...
 several times a . . . , II9
 vía satélite *via*
 satellite, II4
 viajar *to travel, I1*
el **viaje** *trip, I1*
la **víctima** *victim, II3*
la **vida** *life, IIA2*

la **videocasetera** *video*
 cassette recorder; VCR, I9
el **videojuego** *videogame, E*
el **vidrio** *glass, II11*
 viejo(a) *old, E*
el **viento** *wind, I6*
el **viernes** *Friday, E*
los/las **vigilantes** *guards, A6*
el **vinagre** *vinegar, II7*
la **violencia** *violence, III11*
la **visa** *visa, I11*
el/la **visitante** *visitor, I4*
 visitar *to visit, I1*
 vivir *to live, I4*
el **vocabulario** *vocabulary, I7*
el **volcán** *volcano, II2*
 voleibol *volleyball, E*
la **voluntad** *will, A1*
el/la **voluntario(a)**
 volunteer, II3
 volver (o>ue) *to return, I8*
 volver en sí *to come to;*
 to revive, A4
 volverse *to become, A2*
 vosotros(as) *you (plural), E*
la **voz** *voice, 9*
 la **voz entrecortada**
 broken voice, A10
 la **voz ronca** *low*
 voice, A8
el **vuelo** *flight, III1*
 el **vuelo con escala**
 stopover flight, III1
 el **vuelo sin escala**
 non-stop flight, III1
 vuestro(a) *you (informal*
 pl.), II4

Y

 y *and, E*
 ya *already, E*
 ya no *no longer; (not)*
 anymore, A1
 yo *I, E*
el **yogur** *yogurt, I2*

Z

la **zapatería** *shoe store, I1*
los **zapatos** *shoes, I8*
 los **zapatos bajos** *flat*
 shoes, II9
 los **zapatos de tacón**
 high-heel shoes, II9

Español–Inglés

The **English-Spanish Glossary** contains almost all words from **Juntos Uno**, **Dos**, and **Tres**.

The number following each entry indicates the chapter in which the Spanish word or expression is first introduced. The letter *A* following an entry refers to the *Adelante* sections; the letter *E* refers to the *Encuentros* section in Level 1; Roman numerals I and II indicate that the word was presented in **Juntos Uno** or **Dos**, respectively.

A

a *un/una, E*
abandonment *el desamparo, A10*
about *sobre, I1*
abundant *copiosas, A5*
to **accept** *aceptar, I10*
accident *el accidente, II3*
accompany *acompañar, IIA3*
to **achieve** *lograr, A1; alcanzar, 6*
to **acquire** *adquirir, I11*
to **act** *actuar, II*
to **act independently** *actuar por su cuenta, 10*
action figure *el muñequito, II6*
activity *la actividad, E*
actor/actress *el/la actor/actriz, II5*
adapted *adaptado(a), I12*
to **add** *agregar, A5; añadir, II7, A5*
address *la dirección, E*
to **address someone** *dirigirse a, II7*
to **admire** *admirar, I12*
advantage *la ventaja, II4*
advertisement *el anuncio, 8*
advice *el consejo, I6*
aerosol *el aerosol, 7*
affection *el cariño, 1*
Africa *África, 3*
after *después, E; tras, IIA5, E*
afternoon *la tarde, E*
against *en contra, A1*
age *la edad, II4*
agency *la agencia, I11*
aggressive *agresivo(a), 10*
air conditioner *el aire acondicionado, II4*
air *el aire, I2*
airline *la aerolínea, II1*
  airline fare *el pasaje, I11*
airport *el aeropuerto, E*
alcoholic beverage *la bebida alcohólica, II10*

algebra *el álgebra, I7*
all *todo(a), IA1*
allergy *la alergia, 4*
allow *dejar, A1; permitir, 10, A1*
almond *la almendra, II7*
almost *casi, I10*
alone *solo(a), I8*
along *a lo largo (de), I4*
already *ya, E*
also *también, E*
aluminum *el aluminio, II11*
always *siempre, IA2*
Amazon jungle *la selva amazónica, A6*
ambitious *ambicioso(a), II12*
ambulance *la ambulancia, II3*
ancient *antiguo(a), I1*
and *y, E*
angel *el ángel, II5*
animal *el animal, II2*
ankle *el tobillo, 4*
anniversary *el aniversario, I3*
another *otro(a), E*
to **answer** *contestar, I1*
answering machine *el contestador automático, I8*
antagonism *la enemistad, A2*
any *cualquier, IIA6*
ape-like creature *el antropoide, A4*
to **appear** *aparecer, IIA5*
appearance *el aspecto, II9*
apple *la manzana, I2*
application *solicitud, 6*
to **apply for** *solicitar, 6*
appreciated *apreciado(a), 1*
April *abril, E*
apron *el delantal, A9*
aquatic *acuático(a), A1, I5*
archaeological zones *las zonas arqueológicas, 3*
archipelago *el archipiélago, A7*
architecture *la arquitectura, II4*
area *la zona, I1; (el) recinto, A6*

to **argue** *discutir, 2*
argument *discusión, A10*
arm *el brazo, A4*
armchair *el sillón, I4*
aroma *el olor, A2*
arrival *la llegada, II1*
to **arrive** *llegar, I7*
art *el arte, E*
  art exhibit *la exposición de arte, I8*
  arts and crafts *las artesanías, I1*
article *el artículo, I10*
artist *el/la artista, 6*
Asia *Asia, 3*
to **ask** *preguntar, E*
  to **ask for** *pedir (e>i), I11*
aspirin *la aspirina, II10*
as . . . as *tan… como, II4*
to **assist** *atender (e>ie), II11*
at *a, en, E*
athlete *el/la deportista, II10*
atmosphere *la ambientación, 9*
to **attempt** *intentar, II6*
auditorium *el salón de actos, I7*
August *agosto, E*
aunt *la tía, I3*
Australia *Australia, 3*
authorization *la autorización, I11*
autumn *el otoño, I6*
avant-garde plays *el teatro de vanguardia, 9*
avant-gardist *vanguardista, II9*
avenue *la avenida, E*
avocado *el aguacate, I2*
to **avoid** *evitar, 4*
to **awake** *amanecer, A4*
award *el premio, II3*

B

baby sitter *el/la niñero(a), II12*
backpack *la mochila, E*

bad-tempered *malhumorado(a)*, 1

badly *mal*, II6

bag *la bolsa*, I10

baggage *el equipaje*, II1

  baggage claim *la terminal de equipaje*, II1

  baggage handler *el/la maletero(a)*, II1

baggy pants *los pantalones anchos*, II9

bakery *la panadería*, 5

baking pan *el molde*, II7

balanced *equilibrada*, 4

ball *la pelota*, I5

ballet *el ballet*, 9

balloon *el globo*, I3

banana *el plátano*, I2

bandage *la venda*, 4

bangs *el flequillo*, II9

barbecue *el asado*, II7; *(la) barbacoa*, I3

barber *el/la peluquero(a)*, II9

  barber shop *la peluquería*, II9

bargain *la ganga*, I10

to bargain *regatear*, I10

barn *granero*, II8

baseball *el béisbol*, E

basement *el sótano*, I4

basket *la canasta*, I7

basketball *el baloncesto*, E

bass *el bajo*, II5

bat (animal) *el murciélago*, II2

bathing suit *el traje de baño*, I5

bathroom *el cuarto de baño*, I4

bathtub *la bañera*, I4

to be (with weather expressions) *hacer*, I6

to be *estar; ser*, E

  to be able to *poder (o>ue)*, I8

  to be afraid *tener miedo*, I5

  to be from . . . *ser de...*, E

  to be glad *alegrarse*, 4

  to be jealous *tener celos*, A1

  to be missing *faltar*, 7

  to be moved *emocionarse*, II3

  to be named *llamarse*, E

  to be part of . . . *formar parte de...*, II4

  to be published *para que salga*, A8

  to be sore *tener agujetas*, II10

  to be speechless *enmudecer*, A10

  to be surprised *sorprenderse*, II3

  to be up-to-date *estar al día*, 8

beach *la playa*, I5

  beach umbrella *la sombrilla*, I5

beach village *el pueblo costero*, II6

beans *los frijoles*, I2

beard *la barba*, A5

to beat *batir*, 5

beautiful *hermoso(a)*, II2

beauty *la belleza*, A3

because *porque*, E

  because of *a causa de*, II4

to become *volverse*, A2; *convertirse*, A10

  to become aware *tomar conciencia*, 7

bed *la cama*, I4

bedroom *el dormitorio*, I4

bedspread *la colcha*, A4

to begin *empezar (e>ie)*, I7, A4

behavior *el comportamiento*, 1

behind *detrás de*, I4

to believe *creer*, IIA3

bellicose *guerrero(a)*, A7

to belong to *pertenecer a*, A3

beloved *el/la amado(a)*, A2

belt *el cinturón*, I10

to bend *doblarse*, A5

benefactor *el/la benefactor(a)*, II5

beneficial *benéfico(a)*, 10

  beneficial purposes *los fines benéficos*, 10

betrayed *traicionado*, A8

better than *mejor que*, I9

between *entre*, I4

beverage *la bebida*, I2

bicycle *la bicicleta*, I1

bicycling *el ciclismo*, 3

bilingual *bilingüe*, II12

binoculars *los binoculares*, II2

biographical *biográfico(a)*, 9

biology *la biología*, I7

bird *el ave*, A3; *pájaro*, E

birthday *el cumpleaños*, E

biscuit *la galletita*, II7

bishop *el obispo*, II4

bitter *amargo(a)*, A10

bittersweet *agridulce*, A5

black *negro(a)*, E

blanket *el sarape*, I12; *(la) manta*, II1

blond *rubio(a)*, E

to bloom *florecer*, A5

blouse *la blusa*, I8

boarding gate *la puerta de embarque*, II1

boarding house *la pensión*, 3

boarding pass *la tarjeta de embarque*, II1

boat *el barco*, II2

to boil *hervir (e>ie)*, II7; *bullir*, A6

boiled *hervida*, A5

bolero *el bolero*, I9

book *el libro*, E

bookcase *el estante*, I4

bookstore *la librería*, I1

booth *el puesto*, I10

boots *las botas*, I6

border *la frontera*, I1

boring *aburrido(a)*, E

to be born *nacer*, II6

to bother *no dejar en paz*, 1; *molestar*, A3

bottle *la botella*, II2

bottom *el fondo*, A4

bowling alley *el boliche*, II5

box *la caja*, II7

boy *el chico*, E

boyfriend *el novio*, I3

bracelet *la pulsera*, I10

brain *el cerebro*, A5

branch *la rama*, A1

bread *el pan*, I2

to break *romper*, I3

  to break (one's arm, leg, etc.) *romperse*, 4

  to break loose *desatarse*, A5

  to break off a friendship *romper una amistad*, 2

breakfast *el desayuno*, I2

breathing *la respiración*, II10

bridge *el puente*, IIA1

bright *listo(a)*, 1

to bring *llevar*, I5; *traer*, II7

broad *ancho(a)*, A5

brochure *el folleto*, E

broken voice *la voz entrecortada*, A10

broom *la escoba*, II4

brother *el hermano*, E

  brothers and sisters *los hermanos*, E

brown *marrón*, E

brunette *castaño(a)*, E

to brush *cepillar*, II8

  to brush (one's teeth) *cepillarse (los dientes)*, I8

brush *el cepillo*, II8

to build *construir*, II3

bull *el toro*, II6

to burn *quemar*, A4

to burst in *irrumpir*, A8

to bury *enterrar*, A5

bus *el autobús*, E

business man/business woman *el/la ejecutivo(a)*, II12

but *sino*, A4; *pero*, E, A4

butter *la mantequilla, I2*
butter dish *la mantequillera, A5*
butterfly *la mariposa, II2*
button *el botón, II9*
to **buy** *comprar, I1*
by *por, I1*
  by car *en coche, I1*
  by mail *por correo, I4*
  by plane *en avión, I12*
bye *chau, E*

C

cab *el taxi, E*
cafeteria *la cafetería, E*
cage *la jaula, A2*
cake *el pastel, I2*
calamity *la calamidad, A7*
calcium *el calcio, II10*
calculator *la calculadora, I7*
calendar *el calendario, E*
to **call** *llamar, I8*
calm *reposado(a), A5*
camera *la cámara, I10*
cameraperson *el/la camarógrafo(a), 8*
to **camp out** *acampar, II2*
campaign *la campaña*
can *la lata, II2*
  can opener *el abrelatas, 5*
can *poder (o>ue), I8*
candle *la vela, I3*
canteen *la cantimplora, II2*
canyon *el cañón, II2*
cap *la gorra, I6*
capital *la capital, E*
caption *el pie de foto, II3*
car *el coche, I1*
carbohydrates *los hidratos de carbono, II10*
carbon paper *el papel carbón, II4*
card catalogue *el fichero, I7*
cardboard *el cartón, 7*
to **caress** *acariciar, A3*
caress *la caricia, A4*
Caribbean islands *las islas del Caribe, 3; Antillas, A7*
Caribbean *caribeños(as), II5*
carrion *la carroña, A7*
to **carry** *llevar, I9*
cartoons *los dibujos animados, I9*
cash *el dinero en efectivo, I10*
cashier *el/la cajero(a), II12*
cassette player *el tocacintas, I9*

cast *el elenco, 9*
castor oil *el aceite de castor, A5*
casual *deportivo(a), II9*
cat *el gato, E*
to **catch** *coger, II6*
caterer *el/la proveedor(a) de comida por encargo, A5*
cathedral *la catedral, I12*
cattle raising *la ganadería, A6*
cattle *el ganado, II8*
to **cause** *causar, II3*
cautious *cauteloso(a), A3*
to **celebrate** *celebrar, I3*
celebration *la celebración, I3*
cellular phone *el teléfono celular, II4*
cement *el cemento, II4*
center *el centro, II2*
  center for retired people *el centro de jubilados, II11*
  center of attention *el foco de atención, A1*
centimeter *el centímetro, I12*
Central America *América Central, 3*
ceramics *la cerámica, II11*
cereal *el cereal, I2*
certificate *el certificado, I11*
chain *la cadena, II3*
chair *la silla, E*
chalk *la tiza, E*
chalkboard *la pizarra, E*
chamber orchestra *la orquesta de cámara, II7*
championship *el campeonato, II3*
to **change** *cambiar, I10*
channel *el canal, I9*
chapter *el capítulo, I7*
character *el personaje, II6*
to **check (baggage)** *facturar, III1*
check *el cheque, I10*
checkered *a cuadros, II9*
cheerful *alegre, 1*
cheese *el queso, I2*
chemistry *la química, I7*
chess *el ajedrez, I6*
chest of drawers *la cómoda, I4*
chest *el pecho, 4*
to **chew** *masticar, A5*
chicken *el pollo, I2*
childhood *la niñez, 2*
children *los hijos, I3; los niños, II11, I3*
chili *el chile, 5*
chill *el escalofrío, A2*
chocolate *el chocolate, I2*
choir *el coro, I7*

to **choose** *elegir, A5; escoger, E; seleccionar, I3, A5*
to **chop** *picar, 5*
Christmas *la Navidad, II7*
chronicle *la crónica, A3*
church *la iglesia, I1*
cilantro *el cilantro, 5*
circus *el circo, 9*
citizen *el/la ciudadano(a), II11*
city *la ciudad, E*
civil war *la guerra civil, II1*
classical music *la música clásica, I9*
classroom *la clase, E; (el) salón de clase, I7*
claws *las garras, A2*
clay *el barro, A8*
clean *limpio(a), II7*
to **clean** *limpiar, II4*
  to **clean off the table** *limpiar la mesa, II7*
  to **clean one's room** *ordenar el cuarto, 1*
to **clear the table** *recoger la mesa, II7*
client *el/la cliente/clienta, I2*
climate *el clima, 7*
to **climb** *trepar, IIA1*
  to **climb mountains** *subir montañas, 3*
clinic *la clínica, II11*
clock *el reloj, I10*
clogs *los zuecos, II9*
to **close** *cerrar, II4*
closet *el ropero, I4*
clothing size *la talla, I1*
clothing *la ropa, I5*
coach *el/la entrenador(a), II12*
to **coach** *entrenar, II10*
coast *la costa, 3*
coat *el abrigo, I6*
coffee *el café, I2*
coin *la moneda, II6*
cold *frío(a), I2*
cold *el catarro, II10*
to **collapse** *caerse, II3*
to **collect** *coleccionar, II6*
collection *la colección, II6*
color *el color, E*
colt *el potro, II8*
columnist *el/la columnista, 8*
comb *el peine, I8*
to **comb one's hair** *peinarse, I8*
to **combine** *combinar, II10*
to **come** *venir (e>i), I1*
  to **come to** *volver en sí, A4*
comedian *el cómico, II5*

comedienne *la cómica, II5*
comedy *la comedia, 9*
comfortable *cómodo(a), II4*
comics *las historietas, I9*
commotion *la bulla, A3*
communicative *comunicativo(a), II12*
community center *el centro comunitario, II11*
community *la comunidad, II11*
compact disc (CD) *el disco compacto, I1*
company *la compañía, II12*
to **compare** *comparar, II1*
compass *la brújula, II2*
to **complain** *quejarse, 1*
complex *el complejo, A1*
composition *la composición, I7*
computer programmer *el/la programador(a) de computadoras, 6*
computer *la computadora, 6*
computer science *la informática, I7*
to **conceal** *ocultar, 2*
concert *el concierto, I1*
conciousness *el conocimiento, A4*
condiment *el condimento, 5*
condition *la condición, II12*
Congratulations! *¡Felicidades!, I3*
connected *conectado(a), II4*
to **consider** *tener en cuenta, 6*
considerate *considerado(a), 2*
consulate *el consulado, II1*
container *el contenedor, II11*
contemporary *contemporáneo(a), II5*
continually *continuamente, II6*
to **convince** *convencer, A1*
to **cook** *cocinar, E*
cook *el/la cocinero(a), II7*
cookie *la galleta, I3*
Cool! *¡Pura vida! (Costa Rica), II2; ¡Genial!, I3, II2*
coordination *la coordinación, II10*
cops and robbers *el paco-ladrón, A9*
corn *el maíz, II8*
corner *el rincón, II4*
corporation *la corporación, II5*
corral *el corral, II8*
cost *costar (o>ue), I8*
Costa Rican *costarricense, A2*
custom *la costumbre, II1*
costumes *el vestuario, 9*

cotton *el algodón, II8*
cough syrup *el jarabe, 4*
cough *la tos, 4*
counselor *el/la consejero(a), I11*
counter *el mostrador, II1*
country *el país, E*
countryside *el campo, I4*
courteous *cortés, I11*
courtyard *el patio, I7*
cousin *el/la primo(a), I3*
cover *cubrir, A3*
cover story *la noticia del día, II3*
cowboy boots *las botas tejanas, I10*
craft shop *la tienda de artesanías, I1*
to **crash** *chocar, II3*
creamy *cremoso(a), II7*
to **create** *crear, I1*
creative *creativo(a), II12*
credit card *la tarjeta de crédito, I10*
crew cut *el pelo rapado, II9*
to **criticize** *criticar, 1*
crop *la cosecha, II8*
to **cross** *atravesar, A3*
to **crunch** *crujir, A5*
crutch *la muleta, 4*
cry *el alarido, A4*
to **cry** *llorar, 2*
Cuban *cubano(a), I10*
cucumber *el pepino, II7*
cultural center *el centro cultural, II5*
culture *la cultura, I11*
cup *la taza, I2*
custard *el flan, I2*
customs officer *el/la agente de aduanas, II1*
customs *la aduana, E*
to **cut** *cortar, IIA2*
to **cut (one's finger, knee, etc.)** *cortarse, 4*
to **cut (trees)** *talar (árboles), 7*
Cyberspace *el espacio cibernético, 8*

D

dad *el papá, E*
daily routine *la rutina diaria, II8*
daily special *el plato del día, I2*
daily tasks *las labores habituales, A8*
dampen *mojar, IIA1*

dance music *la música bailable, I9*
dance *el baile, I8*
to **dance** *bailar, E*
dancer *el/la bailarín/bailarina, 9*
to **dare** *atreverse, A1*
daring *atrevido(a), 1*
dark *oscuro(a), A3*
date *la cita, II6; fecha, E, II6*
daughter *el/la hijo(a), I3*
day *el día, E; (la) jornada, A2*
day-care center *la guardería, II11*
daydream *soñar (o>ue) despierto(a), A3*
dear *querido(a), A1*
death *la muerte, II3*
December *diciembre, E*
to **decipher** *descifrar, II3*
to **decorate** *decorar, I3*
deep *profundo (a), II12*
degree (temperature) *el grado, I6*
delayed *retrasado(a), II1*
delicious *exquisita, A4*
delicious *delicioso(a), I2*
to **deliver** *repartir, II11*
delivery person *el/la repartidor(a), II12*
to **demand** *exigir, A2*
demanding *exigente, II9*
department store *el almacén, I10*
departure *la salida, II1*
desert *el desierto, I12*
design *el diseño, II9*
designer *el/la diseñador(a), II9*
to **desire** *desear, I2*
desk *el escritorio, E*
dessert *el postre, I2*
to **destroy** *destruir, II3*
destructive power *la fuerza destructora, A7*
detail *el detalle, II6*
detour *la dirección obligatoria, II8*
dew *el rocío, A2*
dictionary *el diccionario, E*
diet *la dieta, 4*
difficult *difícil, E*
diffusion *la difusión, II5*
dining room *el comedor, I4*
dinner *la cena, I2*
direction *la dirección, 9*
disadvantage *la desventaja, II4*
to **disappoint** *decepcionar, A2*
disappointment *el desencanto, A2*
disciplined *disciplinado(a), II12*
disco *la discoteca, I1*

discount *el descuento, II1*

  discount ticket *el pasaje con descuento, II1*

to **discourage** *desanimar, A3; desalentar, A4*

to **discover** *descubrir, 3*

dishwasher *el lavaplatos, I4*

disorder *el trastorno, A6*

disposable *desechable, A7*

diver *el buzo, II4*

diving mask *la máscara de bucear, I5*

to **do** *hacer, I3*

  to **do aerobics** *hacer aeróbic, II10*

  to **do errands** *hacer mandados, 1*

  to **do push-ups** *hacer flexiones, II10*

  to **do sit-ups** *hacer abdominales, II10*

  to **do stair climber** *hacer escalera, II10*

  to **do stationary bicycle** *hacer bicicleta, II10*

  to **do the paperwork** *hacer los trámites, I11*

  to **do white water rafting** *navegar los rápidos en balsa, II2*

dock *el muelle, II6*

doctor's office *el consultorio, A10*

doctor *el/la médico(a), II3*

document *el documento, I11*

documentary *el documental, I9*

dog *el perro, E*

doll *la muñeca, II6*

dollar *el dólar, E*

donation *el donativo, III11*

done *hecho(a), II7*

door *la puerta, I4*

doorman *el portero, A6*

double boiler *el baño María, II7*

down the floor *a ras de suelo, A4*

downstairs *abajo, I4*

downtown *el centro, I1*

to **drain** *vaciar, A4*

drama *el drama, 9*

to **draw** *dibujar, E,*

drawing *el dibujo, II5*

dream *el sueño, 3*

dress *el vestido, I8*

to **dress (food)** *aliñar, 5*

dressing room *el probador, II9*

to **drink** *beber; tomar, I2*

to **drive** *manejar, II8*

driver *el/la conductor(a), II12*

drop *la gota, 4*

drought *la sequía, 7*

to **drum (one's fingers)** *tamborilear (los dedos), A4*

drum set *la batería, II5*

to **dry oneself** *secarse, I8*

dry *seco(a), IIA1*

duck *el pato, II8*

duration *la duración, I11*

during *durante, III1*

Dutch *el/la holandés/holandesa, II4*

E

e-mail *el correo electrónico, II4*

each *cada, I6*

early *temprano, II8*

to **earn money** *ganar dinero, 6*

earrings *los aretes, I10*

earth tremor *el temblor, A7*

earthquake *el terremoto, II3*

east *el este, I6*

easy *fácil, E*

to **eat** *comer, E*

  to **eat healthfully** *alimentarse bien, II10*

  to **eat healthy food** *comer alimentos sanos, 4*

ecotourism *el ecoturismo, II2*

editor *el/la editor(a), 8*

educational *educativo(a), I9*

egg *el huevo, I2*

eight hundred *ochocientos, E*

eight *ocho, E*

eighteen *dieciocho, E*

eighty *ochenta, E*

elder *el mayor, 1*

to **elect** *elegir, A1*

election *la elección, II3*

electric guitar *la guitarra eléctrica, II5*

electric shaver *la máquina de afeitar, II9*

electronic appliance *el aparato electrónico, I9*

electronic edition *la edición electrónica, 8*

electronic mailbox *el buzón electrónico, 8*

elegant *elegante, II9*

elevator *el ascensor, II4*

eleven *once, E*

to **eliminate** *eliminar, A4*

to **embalm** *embalsamar, A3*

embroidered *bordado(a), I10*

---

emergency *la emergencia, III1*

to **emphasize** *resaltar, A1*

empire *el imperio, I11*

employee *el/la empleado(a), III1*

employers' union *patronal, A8*

to **empty** *vaciar, IIA3*

to **encourage** *promover, A2*

end *la punta, II9; (el) fin, IIA2*

endangered species *las especies en peligro de extinción, II2*

energy *la energía, 7*

engineer *el/la ingeniero, 6*

English *el inglés, E*

Enjoy your meal! *¡Buen provecho!, I2*

enormously *enormemente, II6*

enough *bastante, I5*

to **enter** *entrar, II4*

entertaining *entretenido(a), I9*

entertainment magazine *la revista de espectáculos, I9*

enthusiastic *entusiasta, 2*

entire *entero(a), A3*

environment *el medio ambiente, II2*

environmental protection *la protección ambiental, 7*

environmentally protected area *la zona de reserva ecológica, 7*

Epiphany *los Reyes, II7*

to **erase** *borrar, A10*

eraser *el borrador, E*

essay *el ensayo, A6*

essayist *el/la ensayista, II4*

essential *imprescindible, A6*

ethics *ética, A8*

Europe *Europa, 3*

evening *la tarde; noche, E*

event *el hecho, A3*

everyday *todos los días, I4*

everyone *todos(as), I2*

everywhere *a todos lados, II9*

exam *el examen (los exámenes), I7*

example *el ejemplo, II3*

to **exchange** *cambiar, I10*

  to **exchange money** *cambiar dinero, I11*

exchange office *la oficina de cambio, E*

exchange program *el programa de intercambio, I11*

exciting *emocionante, I5*

excursion *la excursión, I7*

excuse *la excusa, I7*

exercise *el ejercicio, II10*

  exercise machine *la máquina de ejercicio, I8*

to **exercise** *hacer ejercicio, II10*
exhausted *agotada, A10*
exit *la salida, E*
expensive *caro(a), I2*
experience *la experiencia, I12*
to **experience** *experimentar, A1*
experiment *el experimento, I7*
to **explain** *explicar, E*
to **explore** *explorar, II2*
export trade *la exportación, II4*
exporter *el/la exportador(a), II3*
express/next-day mail *el correo urgente, II4*
expressway *la autopista, II4*
extracurricular *extraescolar, I7*
extremely *sumamente, A8*
eye *el ojo, 4*
eye-glasses *los anteojos, A9*

F

fabulous *fabuloso(a), I5*
façade *la fachada, II3*
to **face** *enfrentarse, A1*
face *la faz, A2*
faces *muecas, A5*
factory *la fábrica, II4*
to **faint** *desmayarse, 4*
faint *desvanecido(a), A4*
to **fall asleep** *dormirse (o>ue), II5*
to **fall in love** *enamorarse, II6*
to **fall** *caerse, 4*
fall *el otoño, I6*
family *la familia, E*
famous *famoso(a), I3*
fan *el ventilador, II4*
fantastic *fantástico(a), I9*
far *lejos, I1*
far from *lejos de, I4*
farm *la finca, granja I4*
farmer *el/la granjero(a), II8; agricultor(a), 6*
to **fascinate** *fascinar, 3*
fashion *la moda, I8*
  fashion magazine *la revista de modas, I9*
  fashion shows *los salones de moda, II9*
fast *rápido(a), I9*
fast food *la comida rápida, I2*
  fast food restaurant *el restaurante de comida rápida, I2*
Fasten your seatbelts *Abróchense los cinturones, II1*

fat *la grasa, II10*
  fat free *descremado(a), II10*
father *el padre, E*
favorite *favorito(a), E*
fax *el fax, II4*
feather pillow *el almohadón de plumas, A4*
February *febrero, E*
to **feed the animals** *dar de comer a los animales, II8*
to **feel** *sentirse (e>ie), II11*
to **feel helpful** *sentirse útil, II11*
to **feel well/bad** *sentirse bien/mal, II10*
feeling *el sentimiento, 2*
fertile *fértil, A7*
fever *la fiebre, II10*
few *poco(a, os, as), E*
field *la pradera, A6*
fierce *feroz, A7*
fifteen *quince, E*
fifty *cincuenta, E*
fight *luchar, A2*
to **file a report** *labrar un acta, A3*
to **fill** *rellenar, A5*
  to **fill out** *llenar, 6*
to **film** *filmar, I12*
financial *económico(a), 6*
to **find** *encontrar (o>ue), E*
  to **find out** *averiguar, 3*
fine *bien, E*
finger *el dedo, 4*
to **finish** *terminar, IA4*
to **fire (someone)** *despedir, A8*
fire *el incendio, II3*
firefighter *el/la bombero(a), II3*
firetruck *el carro de bomberos, II3*
fireworks *los fuegos artificiales, II6*
fish cocktail *el cebiche, A5*
fish market *la pescadería, 5*
fish *el pescado, I2*
to **fish** *pescar, II2*
fishing *la pesca, II2*
  fishing pole *la caña de pescar, II6*
  fishing village *el pueblo pesquero, II6*
to **fit** *quedar, I10*
five *cinco, E*
five hundred *quinientos, E*
to **fix** *clavar, A2*
flamingo *el flamenco, II2*
flea market *el mercado de pulgas, II7*
flexibility *la flexibilidad, II10*
flexible *flexible, II12*
flight *el vuelo, II1*

flight attendant *el/la auxiliar de vuelo, II1*
flippers *las aletas, I5*
flood *la inundación, II3*
floor *el piso, I4*
floral *floreado(a), II9*
flour *la harina, II7*
flower *la flor, I3*
flu *la gripe, II10*
to **fog up** *empañarse, II4*
folder *la carpeta, I7*
folk dance *la danza folclórica, 9*
to **follow** *seguir, II2*
food *la comida, I2*
foot *el pie, I12*
football *el fútbol americano, E*
footwear *el calzado, II9*
for *por, I1; para, I2*
foreman *el capataz, II8*
forest *el bosque, 7*
  forest fires *los incendios forestales, A7*
to **forget** *olvidarse, A4*
forgettable *olvidable, A5*
to **forgive each other** *perdonarse, 2*
fork *el tenedor, I2*
formula *la fórmula, I7*
forty *cuarenta, E*
founding *la fundación, II6*
four *cuatro, E*
four hundred *cuatrocientos, E*
fourteen *catorce, E*
free *gratis, II1*
free spirit *el espíritu libre, II8*
French *el francés, I7*
French fries *las papas fritas, I2*
frequently *con frecuencia, II6*
fresh *fresco(a), I2*
Friday *el viernes, E*
fried *frito(a), A5*
fried egg *el huevo frito, II7*
friend *el/la amigo(a), E*
friendly *cordial, 10*
friendship *la amistad, A1*
freeze *el friso, A4*
Frisbee *el frisbi, I5*
from *de, E*
front page *la portada, II3*
fruit *la fruta, I2*
  fruit and vegetable garden *el huerto, II8*
fruit store *la frutería, 5*
to **fry** *freír (e>i), II7*
frying pan *la sartén, II7*
full of *lleno(a) de, II2*
full-time *la jornada completa, II12*

fun *divertido(a)*, E
funny *cómico(a)*, 1
furniture *los muebles*, I4
future *el futuro*, II12

G

to gain access *acceder*, 8
to gain weight *engordar*, A4
game *el partido*, I7; *juego*, II6
game show *el programa de concursos*, I9
garage *el garaje*, I4
garbage can *el basurero*, II11
garden *el jardín*, I4; *vergel*, A2
gardener *el/la jardinero(a)*, II8
garlic *el ajo*, 5
gas station *la gasolinera*, I4
gems *las gemas*, IIA2
generous *generoso(a)*, 2
gentleman *el caballero*, E
geography *la geografía*, E
geometry *la geometría*, I7
German *el alemán*, I7
gesture *gesto*, A2
to get *sacar*, IIA1
  to get a good/bad grade *sacar buena/mala nota*, I7
  to get a haircut *cortarse el pelo*, II9
  to get along . . . *llevarse...*, II6
  to get angry *enojarse*, II6
  to get bored *aburrirse*, II5
  to get dressed *vestirse*, I7
  to get furious *ponerse furioso(a)*, 2
  to get in shape *ponerse en forma*, II10
  to get injured *lastimarse*, 4
  to get ready *prepararse*, I8
  to get sad *ponerse triste*, 2
  to get scared *asustarse*, II3
  to get together *reunirse*, 2
  to get up *levantarse*, II8
  to get well *recuperarse*, 4
  Get well! *¡Que te mejores!*, 4
gift *el regalo*, I3
girl *la chica*, E
girlfriend *la novia*, I3
to give *dar*, I10
  to give a present *regalar*, I10
  to give a speech *dar un discurso*, II3
  to give an injection *poner una inyección*, 4

to give back *devolver (o>ue)*, I10
glacier *el glaciar*, 7
glad *contento(a)*, I12
glass *el vaso*, I2; *vidrio*, II11
gloves *los guantes*, I6
to go *ir*, I1
  to go abroad *ir al extranjero*, I11
  to go away *irse*, II10
  to go backpacking *salir a mochilear (Chile)*, I11
  to go to bed *acostarse (o>ue)*, II8
  to go camping *ir de campamento*, II2
  to go fishing *ir de pesca*, II6
  to go on an outing *ir de excursión*, II2
  to go out *salir*, I8
  to go through *pasar por*, I11
goal *la meta*, 6
godfather *el padrino*, I3
godmother *la madrina*, I3
gold *el oro*, I10
golden rules *las reglas de oro*, II11
good *buen(o,a)*, *bien*, E
Good afternoon *Buenas tardes*, E
Good evening *Buenas noches*, E
Good morning *Buenos días*, E
Good night *Buenas noches*, E
goodbye *adiós*, E
goodness *la bondad*, A2
goods and property *los muebles e immuebles*, A3
grade *la nota*, I7
graduation *la graduación*, I3
graffiti *la pintada*, II11
grainy *arenoso(a)*, A5
gram *el gramo*, II7
grandchildren *los nietos*, 1
granddaughter *la nieta*, 1
grandfather *el abuelo*, E
grandmother *la abuela*, E
grandson *el nieto*, 1
grape *la uva*, II7
to grasp *apretar*, A5
grass *la hierba*, A2
grassy plains *la pampa*, II8
to grate *rallar*, 5
gray *gris*, E
great *estupendamente*, II6
green *verde*, E
  green area *la zona verde*, II11
to greet *saludar*, I6
greeting card *la tarjeta*, E
grill *la parrilla*, II8
grilled *a la parrilla*, II7

grocery cart *el carrito*, A5
grocery store *la bodega*, I10
ground *el suelo*, II6; *picado(a)*, II7, II6
ground meat *la carne picada*, II7
to grow up *crecer*, IIA1
guard *el/la vigilante*, A6
guava paste *la pasta de guayaba*, I10
guest *el/la invitado(a)*, I3
guilty *culpable*, A1
guitar *la guitarra*, I3
gush *el chorrito*, A5
gym *el gimnasio*, E

H

habit *la costumbre*, II6
hair drier *el secador*, II9
hair spray *la laca*, II9
hair *el pelo*, E
haircut *el corte de pelo*, II9
hairdresser *el/la peluquero(a)*, II9
hair dresser's shop *la peluquería*, II9
half *medio(a)*, II7
hallway *el pasillo*, I7
ham *el jamón*, I2
hamburger *la hamburguesa*, E
hand *la mano*, E
handbag *el bolso de mano*, I11
handsome *guapo*, E
to happen *pasar*, I7; *ocurrir*, 3
happiness *la dicha*, A4
happy *contento(a)*, I2
Happy Birthday! *¡Feliz cumpleaños!*, I3
hard *duro(a)*, IIA6
hard rock *el rock duro*, I9
hard-boiled egg *el huevo duro*, II7
hard-working *trabajador(a)*, 10
harm *el daño*, A7
to harvest the crop *recoger la cosecha*, II8
hat *el el gorro*, I6; *sombrero*, I12
hate *el odio*, A2
to have (to) *tener (que)*, E
  to have a car accident *chocar con el coche*, 4
  to have a cold *tener catarro*, II10
  to have a fever *tener fiebre*, II10
  to have a fight *pelearse*, II6
  to have a good(bad) relationship with . . . *llevarse bien (mal) con...*

to **have a good/bad time** *pasarla bien/mal, 1, II5*
to **have a lot in common** *tener mucho en común, 2*
to **have confidence in . . .** *confiar en que..., 1*
to **have fun** *divertirse (e>ie), I11*
to **have problems with . . .** *tener problemas con..., 1*
to **have the flu** *tener gripe, II10*
he *él, E*
head *la cabeza, II3*
headache *el dolor de cabeza, 4*
headline *el titular, 8*
headphones *los audífonos, II1*
health *la salud, II10*
health certificate *el certificado médico, I11*
healthy *sano(a), II10*
healthy food *los alimentos sanos, 4*
hear *oír, II3*
heart *el corazón, A1*
to **heat** *calentar, II7*
height *la altura, I12*
Hello! *¡Hola!, E*
helmet *el casco, II2*
Help! *¡Socorro!, I5*
to **help** *auxiliar, A10*
hen *la gallina, II8*
her *su(s), I4*
here *aquí, E*
heritage *la herencia, I7*
hey! *¡ché! (Argentina), II7*
Hi! *¡Hola!, E*
to **hide** *ocultar, 2; esconder, II6, 2*
hieroglyphics *los jeroglíflicos, II3*
high *alto(a), E*
High Performance Center *el Centro de Alto Rendimiento, II10*
high school education *el bachillerato, II12*
high-heel shoes *los zapatos de tacón, II9*
highlights *los reflejos, II9*
to **hike** *hacer caminatas, II2*
hiking *la caminata, 3*
hiking boots *las botas de montaña, II2*
hill *el monte, II1; cerro, II4, I11*
him *lo, I9*
to **hire** *contratar, II8*
his *su(s), I4*
Hispanic *hispano(a), I4*
historical *histórica, 9*
history *la historia, E*
to **hit** *golpear, II6*

to **hold hands** *tomarse los manos, A3*
hole puncher *la máquina sacabocados, IIA5*
homeless people *la gente sin hogar, II11*
homepage *la página inicial, 8*
homework *la tarea, I7*
honest *honesto(a), II12*
honeymoon *la luna de miel, A4*
hope *la esperanza, A2*
horrible *horrible, I2*
horror film *la película de terror, 9*
horse *el caballo, II8*
  horse breaker *el/la domador(a), II8*
to **horseback ride** *montar a caballo, II2*
hose *la manguera, II8*
hospital *el nosocomio, A8*
hospital *el hospital, II3*
hospitality *la hospitalidad, I5*
host *el/la anfitrión/anfitriona, II3*
hot *caliente, I2*
hotel *el hotel, I4*
house *la casa, I3*
household chore *la tarea doméstica, 1*
How? *¿Cómo?, E*
How awful! *¡Qué horror!, II3*
How does it/do they look on me? *¿Cómo me queda(n)?, II9*
How long ago . . . ? *¿Cuánto tiempo hace que...?, II7*
How many? *¿Cuántos(as)?, E*
How much? *¿Cuánto(a)?, E*
How much does it/do they cost? *¿Cuánto cuesta(n)?, E*
How old are you? *¿Cuántos años tienes?, E*
How tall is it/are they? *¿Cuánto mide(n)?, I12*
How would they be? *¿Cómo serían?, 1*
to **hug each other** *abrazarse, II6*
humanitarian *humanitario(a), 10*
humming bird *el colibrí, A7*
hunger *el hambre, I2*
hunter *el/la cazador(a), A7*
hurricane *el huracán, I6*
to **hurt** *doler, II10*
to **hurt oneself** *golpearse, 4*
hushed horror *el espanto callado, A4*
hydroelectric energy *la energía hidráulica, 7*

hypocondriac *hipocondríaco(a), A3*

I

I *yo, E*
ice *el hielo, I6*
ice cream *el helado, I2*
  ice-cream parlor *la heladería, 5*
to **ice skate** *patinar sobre hielo, I6*
idea *la idea, E*
ideal *ideal, I4*
identification card *la tarjeta identificadora, II4*
to **ignore** *ignorar, 2*
ill *enfermo(a), I7*
illiteracy *el analfabetismo, 10*
illness *la enfermedad, 4*
imaginative *imaginativo(a), 2*
immediately *enseguida, II6*
immigration *la migración, II1*
immigration officer *el/la agente de migración, II1*
import *la importación, II12*
important *importante, II8*
impressive *impresionante, I12*
in *en, E*
  in addition to *además de, II7; junto a, A6*
  in agreement *de acuerdo, A8*
  in between *a caballo, A6*
  in case of an emergency *en caso de emergencia, II1*
  in common *en común, 2*
  in contact *en contacto, A3*
  in exchange for *por, A2*
  in front of *delante de, I4*
  in style *de moda, I8*
  in the afternoon *de la tarde, E*
  in the evening *de la tarde, de la noche, E*
  in the morning *de la mañana, E*
inch *la pulgada, I6*
to **include** *incluir, E*
incredible *increíble, 12*
independence *la independencia, II12*
independent *independiente, 12*
inexpensive *barato(a), I1*
inexpensive hotel *el hotel barato, 3*
infection *la infección, 4*
information *la información, E*

information office *la oficina de información*, E
informative *informativo(a)*, I9
ingredient *el ingrediente*, 5
injection *la inyección*, 4
injured *lesionados(as)*, II10
inn *la posada*, 3
inner ear *el oído*, 4
insect repellent *el repelente de insectos*, II2
inside *dentro (de)*, I4
inside of *metido en*, A8
instead of *en lugar de*, II7
instruction *la indicación*, II2
intelligent *inteligente*, E
interesting *interesante*, E
international news *las noticias internacionales*, 8
interpreter *el/la intérprete*, II12
interview *la entrevista*, E
to **introduce someone to** *presentar a*, II5
to **invest** *invertir*, A8
invitation *la invitación*, I3
to **invite** *invitar*, I3
irrigation *el riego*, A5
island *la isla*, I5
it *lo(s)*, I9
Italian *el italiano*, I2
itinerary *el itinerario*, I11

J

jacket *la chaqueta*, I8
January *enero*, E
Japanese *el japonés*, II12
jazz *el jazz*, I9
jeans *los vaqueros*, I8
jewel *la joya*, I10
jewelry store *la joyería*, I10
job *el trabajo*, II11; *empleo*, II12
job market *el mercado laboral*, A6
to **join** *unir*, E
joke *el chiste*, II5
journalist *el/la periodista*, II3
juice *el jugo*, I2
July *julio*, E
to **jump rope** *saltar a la cuerda*, II6
June *junio*, E
jungle *la selva*, I1

K

to **keep** *mantener, guardar*, II11
to **keep a diary** *escribir un diario*, I12
to **keep on going** *arrastrarse*, A4
to **keep up with the news** *ponerse al día*, 8
keys *las llaves*, I8
to **kill** *matar*, II6
kilo *el kilo*, I12
kind *el tipo*, I9
king *el rey*, IIA2
to **kiss each other** *besarse*, II6
kitchen *la cocina*, I4
knee *la rodilla*, II10
knife *el cuchillo*, I2
knotty *nudoso (ə)*, A5
to **know** *conocer*, I3
know *saber*, I5

L

label *la etiqueta*, A3
laboratory *el laboratorio*, I7
lack (of) *la falta (de)*, A10
ladies *las señoras*, E
lady *la dama*, E
lamb *el cordero*, II7
lamp *la lámpara*, I4
land *la tierra*, II8
to **land** *aterrizar*, III1
landscape *el paisaje*, I12
language *el idioma*, I11
large *grande*, E
lasso *el lazo*, II8
last *último(a)*, I7
last name *el apellido*, E
last night *anoche*, I7
late *tarde*, I8
later *más tarde*, I8
to **laugh** *reírse (e>i)*, II5
lawn *el césped*, 1
lawyer *el/la abogado(a)*, II12
lazy *perezoso(a)*, 1
to **learn** *aprender*, I5
to **learn about** *enterarse*, II3
leather *el cuero*, I10
to **leave** *marcharse*, A3
to **leave behind** *dejar*, II5
to **leave early** *salir temprano*, I1
lecture *la conferencia*, II5
left *la izquierda*, E
leftovers *las sobras*, 5
legend *la leyenda*, A2

legs *la pata*, II8; *pierna*, II10, II8
leisure *el ocio*, 9
leisure time *el tiempo libre*, II12
lemon *el limón*, 5
lemonade *la limonada*, E
to **lend** *prestar*, II5
lentils *las lentejas*, II10
less *menos... que*, I9
letter *la carta*, I11
lettuce *la lechuga*, I2
library *la biblioteca*, I1
lie *la mentira*, 2
life *la vida*, IIA2
life jacket *el chaleco salvavidas*, I5
lifeguard *el/la salvavidas*, I5
to **lift weights** *hacer pesas*, II10
light *la luz*, IIA3
like *como*, II9
to **like** *gustar*, I2
lips *los labios*, II3
list *la lista*, I3
to **listen to** *escuchar*, E
liter *el litro*, II7
literature *la literatura*, E
to **litter** *tirar basura*, II2
little *pequeño(a); poco*, E
little by little *poco a poco*, II7
to **live** *vivir*, I4
living room *la sala*, I4
located *situado(a)*, II4
locker *el armario*, I7
logger *el/la leñador(a)*, A7
lonely *solitario(a)*, 10
long *largo(a)*, E
to **look** *mirar*, E
to **look for** *buscar*, I12
loose *suelto(a)*, A2
to **lose** *perder*, II8
to **lose weight** *adelgazar*, A4
loss *la pérdida*, A2
a lot of *mucho(a, os, as)*, E
love *el amor*, A1
to **love each other** *quererse*, 2; *amarse*, A10, 2
low voice *la voz ronca*, A8
luck *la suerte*, I7
lunch *el almuerzo*, E
luxury hotel *el hotel de lujo*, 3
lyric *la letra*, A2

M

machine *la máquina*, II4
made of *hecho de*, I10

made of leather *de cuero, I10*
made of wood *de madera, I12*
made of wool *de lana, I12*
madness *el extravío, A4*
magazine *la revista, E*
main course *el plato principal, II7*
to **make** *hacer, I3*
  to **make a reservation** *hacer una reserva, II1*
  to **make fun of** *burlarse de, 1*
  to **make mistakes** *equivocarse, IIA6*
  to **have one's nails done** *hacerse las uñas, II9*
  to **make plane reservations** *hacer la reserva de avión, I11*
  to **make the bed** *hacer la cama, 1*
  to **make up** *reconciliarse, 2*
makeup *el maquillaje, I10*
man *el hombre, I6*
manager *el/la gerente, II12*
to **manufacture** *fabricar, A10*
manufactured goods *los bienes manufacturados, II4*
many *mucho(a, os, as), E*
map *el mapa, E*
marathon *el maratón, II3*
marble *la bolita, II6*
March *marzo, E*
market *el mercado, I1*
marvelously *maravillosamente, II6*
mashed *machucado(a), A5*
 mashed potatoes *el puré de patatas, II10*
mask *la máscara, I12*
mathematics *las matemáticas, E*
May *mayo, E*
mayonnaise *la mayonesa, 5*
mayor *el/la alcalde/alcadesa, A7*
me *mí, E*
meaning *el significado, A3*
meat *la carne, I2*
 meat market *la carnicería, 5*
media *los medios de comunicación, I9*
medical assistance *la atención médica, II11*
medium *mediano(a), I10*
to **meet each other** *encontrarse (o>ue), I8*
meeting *el encuentro, II3*
melody *la melodía, 9*
melon *el melón, I2*
to **melt** *derretir, 7*
member *el/la socio(a), II5*

membership *la inscripción, II5*
memory *el recuerdo, II6*
menu *el menú, I2*
messenger *el mensajero, A3*
metallurgical engineering *la ingeniería metalúrgica, A6*
meter *el metro, I12*
Mexican currency unit *el peso, E*
microphone *el micrófono, II5*
microscope *el microscopio, I7*
microwave oven *el horno microondas, I14*
middle *el medio, A1*
Middle East *el Oriente Medio , 3*
the Midwest *los estados centrales, 3*
milk *la leche, I2*
to **milk the cows** *ordeñar las vacas, II8*
milkshake *el batido, E*
mineral water *el agua mineral, I2*
mirror *el espejo, I4*
mischievous *travieso(a), 1*
Miss *la señorita, E*
to **miss** *perder, A3*
missionary *el/la misionero(a), I4*
to **mistrust (someone)** *desconfiar (en alguien), 2*
to **mix** *mezclar, 5*
mixture *la mezcla, II7*
model *el/la modelo(a), 6*
modern *moderno(a), I1*
modern dance *la danza moderna, 9*
mom *la mamá, E*
moment *el momento, I7*
Monday *el lunes, E*
money *el dinero, II5*
monkey *el mono, II2*
month *el mes, I7*
more *más, I5*
 more . . . than *más... que, I9*
 more or less *más o menos, I5*
morning *la mañana, E*
mother *la madre, E*
motorboat *el bote a motor, I5*
motorcycle *la moto, I7*
 motorcycle boots *las botas de motorista, II9*
mountain range *la cordillera, I12*
mountain village *el pueblo de montaña, II6*
mountainous terrain *el terreno montañoso, I12*
mountainside *la ladera, A5*
mouse *el ratón, E*
movie *el cine, E; (la) película, I9*

movie camera *la cámara cinematográfica, II4*
moving *la remoción, A4*
to **mow the lawn** *cortar el césped, 1*
mower *la segadora, II8*
Mr. *el señor, E*
Mrs. *la señora, E*
Ms. *la señorita, E*
mural *el mural, II11*
muscle *el músculo, II10*
muscular *fornido, A10*
museum *el museo, I1*
music *la música, E*
musical *el musical, 9*
musical arrangement *el arreglo instrumental, 9*
musical group *el grupo musical, II5*
musician *el/la músico(a), II5*
mustard *la mostaza, 5*
my *mi(s), E*
mysterious *misterioso(a), I12*

N

naive *ingenuo(a), A3*
name *el nombre, E*
napkin *la servilleta, I2*
national news *las noticias nacionales, 8*
national park *el parque nacional, II2*
native to *originario(a) de, 5*
natural reserve *la reserva natural, II2*
nature *la naturaleza, I11*
nausea *la náusea, 4*
navel *el ombligo, A7*
near *cerca de, I4*
nearby *cerca, I1*
necessary *necesario(a), II8*
neck *el cuello, II10*
necklace *el collar, I10*
necktie *la corbata, I10*
need *la necesidad, II10*
to **need** *necesitar, E*
neighbor *el/la vecino(a), I3*
neighborhood *el vecindario, I4*
neither *tampoco, II3*
neon lights *las luces de neón, A8*
nervous *nervioso(a), I12*
nest *el nido, A4*
net *la red, I5*
nettle *la ortiga, A2*

never *nunca, I6*
new *nuevo(a), E*
New Year *el Año Nuevo, II7*
news *las noticias, II3*
news summary *el sumario, II3*
newscast *el noticiero, I9*
newspaper *el periódico, I1*
newsstand *el quiosco, I1*
next to *junto a, I1; al lado de, I4*
nice *simpático(a), E*
Nice to meet you. *Mucho gusto., E; Encantado(a), I3, E*
night table *la mesa de noche, I4*
nine *nueve, E*
nine hundred *novecientos, E*
nineteen *diecinueve, E*
ninety *noventa, E*
no *no, E*
no longer *ya no, A1*
no one *nadie, II3*
Nobel Prize *el premio Nobel, I11*
noise *el ruido, II4*
noisy *ruidoso(a), I9*
non-stop *sin parar, I9*
 non-stop flight *el vuelo sin escala, II1*
none *ningún/ninguno(a), II3*
north *el norte, I6*
the North *los estados del norte, 3*
northeast *el nordeste, II2*
northwest *el noroeste, II2*
nosy *entrometido(a), 2*
not *no, E*
not yet *todavía no, I7*
notebook *el cuaderno, E*
notes *los apuntes, I7*
nothing *nada, E*
 Nothing special. *Nada especial., I3*
novel *la novela, I7*
November *noviembre, E*
now *ahora, E*
nuclear energy *la energía nuclear, 7*
number *el número, E*

O

oars *los remos, I5*
to obey *cumplir, 1*
to obtain *conseguir, A4*
occasion *la ocasión, I3*
ocean *el océano, II2*
October *octubre, E*
of *de, E*
Of course! *¡Claro!, I3*

offend *ofender, 1*
offer *ofrecer, II11*
office *la oficina, E*
office building *el edificio de oficinas, II4*
office worker *el/la oficinista, II4*
official *el/la funcionario(a), A2*
oil (petroleum) *el petróleo, II3*
 oil (petroleum) reserve *reservas de petróleo, II3*
 oil spill *el derrame de petróleo, 7*
OK! *¡Vale! (Spain), I8*
old *viejo(a), E*
olive *la aceituna, II7*
 olive oil *el aceite de oliva, II7*
omelette *la tortilla francesa, II7*
on *en, E*
on duty *de guardia, A3*
on foot *a pie, I1*
on the verge of *a punto de, A8*
on time *a tiempo, II1*
one *uno, E*
one hundred *cien, E*
one thousand five hundred *mil quinientos, I8*
one thousand one hundred *mil cien, I8*
one thousand *mil, I8*
one way ticket *el pasaje de ida, II1*
onion *la cebolla, II7*
only *sólo, I8*
to open *abrir, I3*
opera *la ópera, 9*
opinion *la opinión, 1*
opportunity *la oportunidad, II12*
or *o, I2*
orange *anaranjado(a), E*
orange *la naranja, I2*
orchid *la orquídea, II2*
to order *pedir (e>i), 5*
oregano *el orégano, 5*
to organize *organizar, II11*
organized *organizado(a), II12*
other *otro(a), E*
our *nuestro(a), I4*
outbreak *brote, A6*
outdoors *al aire libre, I2*
 outdoor restaurant *el restaurante al aire libre, I2*
outside (of) *fuera (de), I4*
outstanding *sobresaliente, II11*
oven *el horno, II4*
overhead bin *el compartimiento de arriba, II1*
to overprotect *sobreproteger, A1*
overwhelmed *agobiado(a), A2*
own *propio(a), 6*

oxygen mask *la máscara de oxígeno, III1*
ozone layer *la capa de ozono, 7*

P

to pack (the suitcase) *hacer (la maleta), III1*
package *el paquete, II7*
paddle *la paleta, I5*
page *la página, E*
paint *pintar, II11*
painting *la pintura, II4*
palm tree *la palmera, II2*
pants *los pantalones, I8*
paper *el papel, E*
paperwork *los trámites, I1*
parachute *el paracaídas, I5*
parade *el desfile, II5*
parents *los padres, E*
park *el parque, I1*
part-time *el tiempo parcial, II12*
to participate *participar, I11*
parts of the body *las partes del cuerpo, II10*
party *el partido, A1*
party *la fiesta, I3*
passenger *el/la pasajero(a), III1*
Passover *Pesach, II7*
passport *el pasaporte, E*
pasta *la pasta, I2*
pastry shop *la pastelería, 5*
path *el sendero, II2*
patient *el/la paciente, II12*
pattern *el patrón, IIA5*
to pay *pagar, I10*
to pay attention *hacer caso, 1*
to pay attention to *prestar atención a, I6; fijarse en, IIA5*
peace agreement *el acuerdo de paz, II3*
Peace Corps *el Cuerpo de Paz, II12*
peak *la cima, A2*
peasant *el/la campesino(a), III1*
to peel *pelar, 5*
pen *el bolígrafo, E*
pencil *el lápiz, E*
people *la gente, II11*
pepper *la pimienta, 5*
pepper *el ají (Argentina), II7*
perfectly *perfectamente, I11*
performance *la actuación, II5; la interpretación, 9*
perfume *el perfume, I10*
perhaps *tal vez, E*

permanent wave *la permanente, II9*

person *la persona, E*

persuasive *persuasivo(a), II12*

Peruvian *peruano(a), 5*

pet *la mascota, E*

pharmacy *la farmacia, E*

phone *llamar por teléfono, I8*

photocopying machine *la fotocopiadora, II4*

photograph *la foto, I1*

photographer *el/la fotógrafo(a), 3*

photography *la fotografía, 9*

physical education *la educación física, E*

physics *la física, I7*

to pick fruit *recoger la fruta, II8*

to pick up *descolgar; recoger, II7, A8*

picnic *el picnic, I3*

pie *la torta, II7*

piece *el pedazo, A5*

pig *el cerdo, II8*

pigeon *la paloma, A1*

pill *la pastilla, 4*

pillow *la almohada, III1*

pin *el broche, I10*

piñata *la piñata, I3*

pineapple *la piña, I2*

to pitch *lanzar, I5*

pizza *la pizza, E*

to place *colocar, A3*

plain *liso(a, II9*

to plan the itinerary *hacer el itinerario, I11*

plane *el avión, I11*

plant *la planta, I7*

to plant *plantar, II8*

plastic *el plástico, III11*

plate *el plato, I2*

play *la obra, II5*

to play *jugar (u>ue), I6*

to play (an instrument) *tocar, I3*

to play hide-and-seek *jugar al escondite, II6*

to play music *poner música, I9*

to play pranks *hacer travesuras, 1*

to play tag *jugar al rescate, II6*

playwright *el/la dramaturgo(a), II11*

please *por favor, E*

plot *el argumento, II6*

poem *el poema, I7*

poet *el/la poeta, II4*

poetry *la poesía, A2*

poetry reading *la lectura de poesía, II5*

police film *la película policíaca, 9*

police officer *el/la policía, II3*

police station *la comisaría, A3*

polka dots *a lunares, II9*

to pollute *contaminar, 7*

pollution *la contaminación, II11*

poor *deficiente, A8*

pop music *la pop music, I9*

popular *popular, I3*

position *el puesto, 6*

possible *posible, II8*

post office *el correo, I4*

postcard *la tarjeta postal, E*

poster *el cartel, E*

pot *la cacerola, 5*

pot *la olla, II7*

potato *la papa, I2*

poverty, 10 *la pobreza, II9*

practical *práctico(a), II9*

to practice *practicar, I5*

prank *la travesura, 1*

to prefer *preferir (e>ie), I9*

prejudice *los prejuicios, 10*

to prepare *preparar, II7*

to prescribe *recetar, 4*

present tense *el tiempo presente, II7*

to preserve *conservar, II2*

president *el/la presidente(a), II3*

prestige *el prestigio, II12*

pretty *bonito(a), E*

pretty well *bastante bien, I5*

price *el precio, III1*

principal's office *la oficina del director, I7*

owner *el/la propietario(a), II8*

probability *la probabilidad, I6*

problem *el problema, I7*

to produce *producir, II8*

producer *el/la productor(a), 8*

program *el programa, I9*

programming *la programación, I9*

to project; throw *proyectar, A8*

to promise *prometer, A6*

to promote *fomentar, 7*

to promote tourism *promocionar el turismo, 3*

to propose *proponer, 10*

to protect *proteger, II2*

to provide *aportar, A6*

public transportation *el transporte público, II4*

pulp *pulpa, A5*

pumpkin *la calabaza, A4*

puncture *la picadura, A4*

to punish *castigar, 7*

purchases *las compras, I10*

purple *morado(a), E*

purpose *el propósito, II12*

to push *empujar, A10*

put *puesto(a), II7*

to put *poner, IA1; colocar, A3*

to put a cast on *enyesar, 4*

to put on make up *maquillarse, II9*

to put on *ponerse, I8*

to put out a fire *apagar un incendio, II3*

pyramid *la pirámide, I1*

quality *la aptitud, II12; calidad, II9*

quantity *la cantidad, II7*

question *la pregunta, E*

quetzal *el quetzal, II2*

R

rabbit *el conejo, II8*

radio *la radio, I4*

radio anchor *el/la locutor(a), 8*

raft *la balsa, II2*

railroad crossing *el paso a nivel, II8*

rain *la lluvia, I6*

to rain *llover (o>ue), I6*

rain poncho *el poncho, II2*

raincoat *el impermeable, I6*

to raise *criar; levantar, A8, A3*

raisin *la pasa, II7*

ranch *el rancho, I4, la estancia, II8*

rap *el rap, I9*

rapid *vertiginoso(a), A4*

raw *crudo(a), 5*

raw materials *las materias primas, A6*

razor cut *el corte a navaja, II9*

to reach *alcanzar, A2*

to react *reaccionar, II3*

reaction *la reacción, II3*

to read *leer, E*

reader *el/la lector(a), A1*

ready *listo(a), I8*

realistic *realista, 6*

to reappear *reaparecer, II3*

reason *la razón, II4*
rebellious *rebelde, 1*
receipt *el recibo, I10*
to **receive** *recibir, II3*
receptionist
  el/la recepcionista, II12
recipe *la receta, II7*
to **recognize** *reconocer, II7*
to **recommend** *recomendar
  (e>ie), II12*
to **reconsider** *recapacitar, A9*
record *prontuario, A8*
record store *la tienda de
  música, I1*
recreational center *el centro
  recreativo, II11*
to **recycle** *reciclar, II11*
recycling center *el centro de
  reciclaje, II11*
red *rojo(a), E*
Red Cross *la Cruz Roja, II3*
redhead *pelirrojo(a), E*
reed *la caña, A2*
to **reflect** *reflejar, A1*
refrigerator *el refrigerador, I4*
reggae music *el reggae, I9*
region *la región, II1*
regular schedule *el horario
  fijo, II12*
rejection *el rechazo, A1*
relate *relatar, A3*
relationship *la relación, II6*
relativex *el/la pariente(a), II6*
relaxation *la relajación, II10*
relaxing *relajante, I9*
to **remain** *permanecer, A8*
remedy *el remedio, 4*
remnants *los restos, II4*
remote control *el control
  remoto, I9*
to **rent** *alquilar, I5*
to **reopen** *reabrir, II3*
to **repel** *rechazar, A7*
report *el informe, I7*
reporter *el/la reportero(a), II3*
representative of *el/la
  representante, I11*
to **reproduce** *reproducir, A6*
reservation *la reserva, I11*
resistant *resistente, II4*
to **respect** *respetar, I11*
respectful *respetuoso(a), 1*
responsibility
  la responsabilidad, II8
to **rest** *descansar, II10*
restaurant *el restaurante, I2*
resumé *el currículum, II12*

retired person *el/la
  jubilado(a), II11*
to **return** *volver (o>ue), I8*
to **revive** *volver en sí, A4*
to **reward** *premiar, 1*
to **rhyme** *rimar, A2*
rhythm *el ritmo, 9*
rice *el arroz, I2*
to **ride** *montar, E*
to **ride a bike** *montar en
  bicicleta, E*
right *la derecha, E*
right? *¿verdad?, I2*
right now *en este momento, I8*
rights *los derechos, A1*
ring *el anillo, I10*
ripe *maduro(a), A5*
ripped jeans *los vaqueros
  rotos, II9*
rippling *rizada, A2*
river *el río, I4*
to **roast** *asar, II7*
robe *el blusón, A9*
rock band *la banda de rock, I8*
rodeo show *la doma, II8*
romance film *la película
  romántica, 9*
roof *el tejado, II4*
room *el cuarto, I4*
rooster *el gallo, II8*
root *la raíz (pl. raíces), II5*
rope *la cuerda, II6*
rotten thing *la cochinada, A8*
roughness *la aspereza, A2*
round trip ticket *el pasaje de ida
  y vuelta, II1*
route *la ruta, II8*
row *remar, I5*
rug *la alfombra, I4*
ruins *las ruinas, I11*
rule *la regla, 1*
to **run** *correr, II10*
  to **run away** *escaparse, II8*

S

sad *triste, I12*
safe *segura(o), IIA5*
to **sail** *navegar, I5*
sail boat *el velero, I5*
sailboard *la tabla a vela, I5*
sailing *la navegación, II2*
salad *la ensalada, I2*
salary *el sueldo, II12*
sale *la venta, I5; rebaja, I10*

salesperson *el/la vendedor(a), I1*
salt *la sal, II10*
the same *lo mismo, 3*
sand *la arena, I5*
sandals *las sandalias, I10*
sandwich *el sándwich, 5*
Saturday *el sábado, E*
to **save** *ahorrar, 3*
saxophone *el saxofón, II5*
to **say** *decir (e>i), I11*
scarf *el pañuelo, II9*
scary story *el cuento de
  miedo, II6*
scatter *suelto, A3*
scene *la escena, I11*
schedule *el horario, E*
scholarship *beca, 6*
school *la escuela, E*
school transcript *el certificado
  de estudios, I11*
science fiction film *la película de
  ciencia ficción, 9*
scientist *el/la científico(a), 6*
scissors *las tijeras, II9*
to **scold** *regañar, 1*
scouts *los cazatalentos, A6*
scrambled eggs *los huevos
  revueltos, II7*
scratch *el rasguño, A4*
script *el guión, 9*
to **scuba dive** *bucear, I5*
sea *el mar, I5*
seaport *el puerto, II6*
search program *el programa de
  búsquedas, 8*
season *la estación del año, I6*
seat *el asiento, II1*
second hand *de segunda
  mano, II7*
secret *el secreto, 2*
secretly *por lo bajo, A8*
section *la sección, I9*
security check *el control de
  seguridad, II1*
security measures *las medidas de
  seguridad, II1*
to **see** *ver, I9*
  to **see each other** *verse, 2*
  See you later. *Hasta luego., E*
  See you tomorrow. *Hasta
    mañana., E*
seed *la semilla, II8*
self-defense *la defensa
  personal, II10*
self-starter *emprendedor(a), II12*
selfish *egoísta, 1*
to **sell** *vender, I1*

semester *el semestre, E*
senator *el/la senador(a), II3*
to **send** *mandar, II4*
senior citizen
   el/la anciano(a), II11
   senior citizen home *la*
      residencia de ancianos, II11
senior citizens *la tercera edad, A6*
sensitive *sensible, A2*
September *septiembre, E*
series *la serie, 8*
serious *serio(a), 1; grave, 4, 1*
serve *atender (e>ie), 6;*
   servir(e>i), 6
service *el servicio, II9*
serving dish *la fuente, 5*
set *el decorado, 9*
to **set** *fijar, A3*
seven *siete, E*
seven hundred *setecientos, E*
seventeen *diecisiete, E*
seventy *setenta, E*
several times a *varias veces*
   por, II9
shadow *la sombra, A1*
to **shake hands** *darse la mano, 2*
shame *la vergüenza, A2;*
   lástima, E, A2
shampoo *el champú, E*
to **share** *compartir (e>i), I2*
shark *el tiburón, II1*
sharp edge *el borde afilado, A4*
to **shave** *afeitarse, II9*
shawl *el sarape, I1*
she *ella , E*
to **shed (tears)** *lagrimear, A5*
sheep *las ovejas, A6*
sheet *la sábana, A3*
shell *la concha, A4*
shirt *la camisa, I8*
shiver *el escalofrío;*
   estremecimiento, A4
shoe size *el número de zapato, I10*
shoe store *la zapatería, I1*
shoes *los zapatos, I8*
shopping center *el centro*
   comercial, I1
shopping *de compras, E*
short *bajo(a), corto(a), E*
short story *el cuento, I7*
short-story writer *el/la*
   cuentista, A3
shoulder *el hombro, II10*
shout *el alarido, A4*
to **shout** *gritar, 2*
to **show** *demostrar, 1;*
   mostrar, IIA6 , 1

show *la función, 9;*
   espectáculo, I12, 9
shy *tímido(a), 2*
sick *enfermo(a), I7*
sick (person) *el/la enfermo(a), II11*
side *el lado, I4*
sideburns *las patillas, II9*
sigh *el suspiro, A2*
sights *los puntos de interés, I12*
sign *indicio, A10; (la)*
   señal, II2, A10
to **sign** *fichar, A6*
silver *la plata, I10*
similar *parecido(a), II5*
simplicity *la sencillez, A2*
sincere *sincero(a), 2; franco(a), A2*
to **sing** *cantar, I1*
singer *el/la cantante, II5'*
sink *el fregadero, I4*
sinking (feeling)
   el hundimiento, A4
sister *la hermana, E*
situation *la situación, 6*
six *seis, E*
six hundred *seiscientos, E*
sixteen *dieciséis, E*
sixty *sesenta, E*
to **skate** *patinar, I1*
skates *los patines, II5*
skating *el patinaje, II5*
to **ski** *esquiar, I6*
sky *el cielo, A2*
skin *la cáscara, 5*
skirt *la falda, I8*
sky-diving *el paracaidismo, 3*
skyscraper *el rascacielos, II4*
to **slam** *golpear, A3*
to **sleep** *dormir (o>ue), II10*
sleeping bag *el saco de dormir, II2*
sleeveless shirt *la camisa sin*
   mangas, II9
to **slip** *resbalarse, 4*
slippery road *la carretera*
   resbaladiza, II8
sloth *el perezoso, II2*
slow *lento(a), I9*
slowly *lentamente, II6*
small *pequeño(a), E*
to **smell** *oler, A5*
smile *la sonrisa, A2*
to **smoke** *fumar, II10*
Smoking prohibited *No*
   fumen, II1
snack *la merienda, I2; el*
   antojito, 4
snake *la serpiente, II2*
sneakers *los tenis, I8*

snorkel *el esnórquel, I5*
snorkeling *el buceo, II2*
snout *la trompa, A4*
to **snow** *nevar (e>ie), I6*
so *tan, E*
   so depressed *tan caído, A2*
   so-so *regular, E; más o menos, I5*
soap *el jabón, E*
soap operas *la telenovela, I9*
sob *el sollozo, A4*
soccer *el fútbol, E*
social page *la crónica social, 8*
social worker *el/la asistente*
   social, II12
soda *el refresco, E*
sofa *el sofá, I4*
solar energy *la energía solar, 7*
soldier *el/la militar, 6*
some *algún, II3*
somebody *alguien, II3*
someone *alguno(a), II3*
something *algo, II3*
sometimes *a veces, I6; a ratos, A4*
son *el hijo, I3*
song *la canción, II5*
soon *pronto, I8*
sore throat *el dolor de*
   garganta, 4, E
Sorry! *¡Perdón!, E*
soul *el alma, A7*
sound *el sonido, A2*
sound equipment *el equipo de*
   sonido, II5
sound technician *el/la técnico(a)*
   de sonido, 8
soup *la sopa, I2*
south *el sur, I6*
the South *los estados del sur, 3*
South America *América del*
   Sur, 3
southeast *el sureste, II2*
southwest *el suroeste, II2*
to **sow** *sembrar (e>ie), II8*
spaghetti *los espaguetis, 5*
Spain's currency unit *la peseta, E*
Spain *España, I7*
Spanish (language) *el español, E*
Spanish Harlem *El Barrio, I10*
spatula *la espátula, 5*
to **speak** *hablar, E*
speaker *el parlante, II5*
special *especial, I3*
special effect *el efecto especial, 9*
specialized *especializado(a), II10*
species *las especies, II2*
spectacular *espectacular, I12*

to **spend** *gastar, 1; pasar, I7*
  to **spend the night** *pernoctar, A3*
spice *la especia, 5*
spicy *picante, I2*
spiked hair *el pelo de punta, II9*
spiny *espinoso, A5*
spiritual *espiritual, 10*
spoon *la cuchara, I2*
sport *el deporte, E*
sporting event *el evento deportivo, II4*
sports activity *la actividad deportiva, II11*
sports center *el centro deportivo, II11*
to **sprain** *torcerse, 4*
spring *la primavera, I6*
to **sprinkle** *echar encima, A5*
square *la plaza, I1*
stability *la estabilidad, II12*
stable *el establo, II8*
stadium *el estadio, I1*
stage *el escenario, II5*
  stage directions *las acotaciones, A9*
stamp *el sello, II6*
stand *el mostrador, A5*
to **stand** *aguantar a, 1*
  to **stand on end (hair)** *erizarse, A4*
  to **stand out** *destacarse, A3*
standing *parada, A5*
star *la estrella, A7*
State hotel *el parador, 3*
state-owned *estatal, A8*
station *la estación, I1*
to **stay** *quedarse, II1; mantener, A1*
  to **stay healthy** *para mantenerse sano(a), II10*
  to **stay in bed** *guardar cama, 4*
  to **stay in shape** *para mantenerse en forma, II10*
  to **stay late** *quedarse hasta tarde, II5*
steak *el bistec, I2*
stealthily *sigilosamente, A4*
steel foundry *la fundición de acero, II4*
stele (stone monument) *la estela, II3*
stem *el tallo, A5*
step *el escalón, A3*
to **step on** *pisar, A7*
step-aeorbics *la escalera, II10*
stepfather *el padrastro, E*
stepmother *la madrastra, E*

stereo *el estéreo, I9*
sticker *la calcomanía (Rep. Dominicana), II6*
to **stifle** *ahogar, A4*
still *todavía, I4*
still life *la naturaleza muerta, A5*
to **stir** *revolver (o>ue), II7*
stitch *el punto, 4*
stomach *el estómago, II10*
stone *la piedra, I11*
to **stop** *detener, A10*
stop *dejar de, A5*
stop *la parada, I1*
to **stop** *parar, II8*
stopover flight *el vuelo con escala, II1*
store *la tienda, E*
storm *la tormenta, I6*
stove *la estufa, I4*
straight *derecho, I1*
street *la calle, E*
strength *la fuerza, A1*
stress *el estrés, II10*
to **stretch** *estirar, A4*
striped *a rayas, II9*
to **stroke** *acariciar, A4*
strong *fuerte, IIA5*
student *el/la estudiante, E*
  student exchange program *el programa de intercambio estudiantil, I11*
  student exchange program agency *la agencia de intercambio, I11*
  student rates *tarifas estudantiles, 3*
studies *los estudios, I11*
to **study** *estudiar, I7*
styling gel *la gomina, II9*
subject *la materia, E*
suburbs *las afueras, I4*
subway *el metro, E*
to **suck** *chupar, A4*
suckling pig *el lechón, II6*
sudden change *el cambio repentino, A9*
to **suffer** *sufrir, A1*
sugar cane *la caña de azúcar, II8*
suit *el traje, II9*
suitable *adecuado(a), II10*
suitcase *la maleta, I11*
suitcase *la valija, A3*
summer *el verano, I6*
summer camp *el campamento de verano, II12*
to **sunbathe** *tomar el sol, I5*
Sunday *el domingo, E*

sunglasses *los lentes de sol, I5*
sunken *hundido(a), II4*
to **sunrise** *el amanecer, 2*
sunscreen *el protector solar, I5*
supermarket *el supermercado, I1*
to **support each other** *apoyarse, 2*
supportive *solidario, 2*
Sure! *¡Vale! (Spain), I8*
surface *la superficie, A5*
surfboard *la tabla de surf, I5*
surgeon *el cirujano, A4*
to **surround** *rodear, II2*
suspense film *la película de suspense, 9*
sweater *el suéter, I6*
to **sweep** *barrer, II7*
sweet *dulce, I2*
to **swim** *nadar, I5*
swimming pool *la piscina, I5*
swing *el columpio, II6*
to **swing** *columpiarse, II6*
swollen *hinchado(a), A4*
symptom *el síntoma, 4*

T

T-shirt *la camiseta, E*
table *la mesa, I4*
tablecloth *el mantel, II7*
taco shop *la taquería, I2*
to **take** *tomar, I1; llevar, I6; sacar, IIA1*
  to **take a bath** *bañarse, I8*
  to **take a boat ride** *pasear en bote, II6*
  to **take a shower** *ducharse, I8*
  to **take care of** *cuidar, II2*
  to **take nature trips** *hacer ecoturismo, 3*
  to **take off** *despegar, II1*
  to **take out the garbage** *sacar la basura, II1*
  to **take pictures** *sacar fotos, I1*
  to **take X-rays** *sacar radiografías, 4*
  to **take place** *ocurrir, II1*
to **talk** *hablar, E*
talkative *hablador(a), 1*
tall *alto(a), E*
to **tame** *domar, II8*
tap dancing *el claqué, 9*
tapestry; carpet *el tapiz, II2*
tariff *la tarifa, 3*

to **taste** *probar (o>ue), I2*
tasty *rico(a), I2*
taxi *el taxi, E*
taxi driver *el/la taxista, A7*
tea *el té, I2*
to **teach** *enseñar, IIA1*
teacher *el/la profesor(a), E; maestro(a),II12*
to **tear (out)** *arrancar, A2*
tears *las lágrimas, A2*
teaspoon *la cucharita, 5*
technology *la tecnología, II4*
teenager *el/la adolescente, II11*
teeth *los dientes, I8*
telegram *el telegrama, II4*
telephone *el teléfono, E*
  telephone number *el número de teléfono, E*
television *la televisión, E*
to **tell** *decir (e>i), I11*
  to **tell each other secrets** *contarse secretos, 2*
  to **tell lies** *decir mentiras, 2*
temples *las sienes, A4*
ten *diez, E*
ten thousand *diez mil, I8*
tenderly con *suavidad, A3*
tenderness *la ternura, A2*
tent *la tienda de campaña, II2*
tenth *décimo(a), II12*
terrace *la terraza, I3*
territory *el territorio, II2*
test tube *el tubo de ensayo, I7*
Tex-Mex music *la música Tex-Mex, I9*
Texan (country) music *la música tejana, I3*
thanks (thank you) *gracias, E*
  thanks to *gracias a, II7*
Thanksgiving *Acción de Gracias, II7*
that *que, E; ese(a, o), I10*
that one *ése(a), II9*
the *el/la; los/las, E*
theater *el teatro, I1*
their *su(s), I4*
them *lo(s), I9; le(s), I10*
there are *hay E*
there is *hay, E*
there was *hubo*
there were *hubo*
these *estos(as), I10;éstos(as), II9*
they *ellos(as), E*
thick *grueso(a), A5*
thing *la cosa, E*
to **think** *pensar , II1*
third *tercer, II12*

third *el/la tercero(a), II4*
thirst *la sed, I2*
thirteen *trece, E*
thirty *treinta, E*
this *este(a), I10*
this one *éste(a), II9*
thistle *el cardo, A2*
thoroughly *con pelos y señales, A3*
those *esos(as), I10; ésos(as), II9*
thoughts *pensamientos, A10*
three hundred *trescientos, E*
three *tres, E*
throat *la garganta, II10*
through *por, I1; por medio de, A1; a través de, A2*
to **throw** *lanzar, I5; tirar, II6*
  to **throw out** *arrojar, A8*
thud *el retumbo, A4*
Thursday *el jueves , E*
tight *ajustado(a), A8*
tight pants *los pantalones ajustados, II9*
till *hasta, II2*
to **till the soil** *cultivar la tierra, II8*
time *la vez (pl. veces), IA2*
time; hour *la hora, E*
tiny pieces *los añicos, A10*
tip *la propina, A3*
tired *cansado(a), I12*
tirelessly *incansablemente, A2*
to *a, E*
today *hoy, E*
together *juntos(as), E*
toilet *el inodoro, I4*
tolerant *tolerante, 10*
to **tolerate** *soportar, A7*
tomato *el tomate, I2*
tomato sauce *la salsa de tomate, II7*
tomorrow *mañana, E*
too much *demasiado(a), A2*
tool *la herramienta, II1*
toothbrush *el cepillo de dientes, E*
toothpaste *la pasta de dientes, E*
topic *el tema, I11*
topographical features *los accidentes geográficos, II2*
tornado *el tornado, II3*
tortilla *la tortilla, I2*
toucan *el tucán, II2*
tour guide *el/la guía de turismo, II12*
tournament *el torneo, A4*
toward *hacia, II2*
towel *la toalla, I5*
tower *la torre, I4*

town *el pueblo, I4*
toy car *el carrito, II6*
trace *el rastro, A10*
tractor *el tractor, II8*
traditional *tradicional, II5*
traffic *el tráfico, II4*
traffic light *el semáforo, II11*
tragedy *la tragedia, 9*
trailer *la caravana, I4*
train *el tren, I1*
to **train** *entrenar, II10*
trainer *el/la entrenador(a), II12*
traits *los rasgos, II7*
translation *la traducción, II11*
transparent *transparente, I5*
transportation *el transporte, I1*
to **trap** *atrapar, A1*
trash *la basura, II2*
travel brochure *el folleto turístico, E*
travel guide *la guía turística, II12*
to **travel** *viajar, I1*
traveler's check *el cheque de viajero, I11*
to **treadmill** *hacer cinta, II10*
treasure *el tesoro, II4*
treatment *el tratamiento, 4*
tree *el árbol, I4*
trip *el viaje, I1*
truck *el camión, II8*
trumpet *la trompeta, II5*
to **trust (in someone)** *confiar (en alguien), 2*
trustworthy *de confianza, 2*
to **try on** *probarse (o>ue), II9*
Tuesday *el martes, E*
tuna *el atún, I2*
tune *el son, II8*
turkey *el pavo, II7*
to **turn** *doblar, I1*
  to **turn down** *bajar, I9*
  to **turn off** *apagar, I9*
  to **turn on** *encender (e>ie), I9*
  to **turn into** *convertir(se) en, IIA4*
  to **turn . . . years old** *cumplir... años, II6*
turtle *la tortuga, E*
TV anchor *el/la presentador, (a)8*
TV guide *la teleguía, I9*
TV show *el programa, I9*
twelve *doce, E*
twenty *veinte, E*
twenty one(two . . .) *veintiuno(dos...), E*
twilight *crepuscular, A4*
twin soul *el alma gemela, A10*

two *dos, E*
two hundred *doscientos, E*
two thousand *dos mil, E*
typewriter *la máquina de escribir, II4*

U

U.S. *EE.UU., I10*
ugly *feo(a), E*
umbrella *el paraguas, I6*
uncle *el tío, I3*
unconscious *en síncope, A4*
under *debajo de, I4*
underestimated *menospreciado(a), 2*
understand *comprender*
understanding *comprensivo(a), 2, I7*
unemployment *el desempleo, 10*
unite *une, A1*
United Nations *ONU (Organización de las Naciones Unidas), II12*
unnecessary *innecesario(a), II11*
unpleasant *desapacible, A4*
unripe *agraz, A5*
upcoming *de nuevo cuño, A6*
upstairs *arriba, I4*
urban ecology *la ecología urbana, A7*
to use *usar, II1; aprovechar, A5*
to use crutches *andar con muletas, 4*
usually *generalmente, I1*
utensil *el utensilio, 5*

V

vacuum *la aspiradora, 1*
to vacuum *pasar la aspiradora, 1*
valley *el valle, I12*
to value *valorar, II12*
valued *cotizadas, A6*
vanguard *la vanguardia, II5*
vanilla *la vainilla, I2*
variety *la variedad, II12*
vegetables *las verduras, I2*
vegetable market *la verdulería, 5*
vegetarian *vegetarianos(as)v*
to vent (one's feelings) *desahogarse, A10*

very *muy, E*
Very well, thank you. *Muy bien, gracias., E*
vest *el chaleco, I8*
via satellite *vía satélite, II4*
victim *la víctima, II3*
video camera *la cámara de video, II4*
video cassette recorder (VCR) *la videocasetera, I9*
videogame *el videojuego, E*
vile trick *la canallada, A8*
village *la aldea, A7*
vinegar *el vinagre, II7*
violence *la violencia, III11*
visa *la visa, I11*
to visit *visitar, I1*
visitor *el/la visitante, I4*
vocabulary *el vocabulario, I7*
voice *la voz*
volcano *el volcán, 9, II2*
volleyball *el voleibol, E*
volume *el tomo, II12*
volunteer *el/la voluntario(a), II3*
to volunteer *trabajar de voluntario(a), III11*

W

to wait on line *hacer cola, II5*
waiter/waitress *el/la mesero(a), I2*
waiting room *la sala de espera, II1*
to walk *caminar, I1*
to walk the dog *sacar al perro, 1*
walking back and forth *el vaivén, A4*
wall *la pared, I4*
walnut/walnuts *la/las nuez/nueces, II7*
to want *querer (e>ie), I5*
war *la guerra, 10*
to warm *calentar, 5*
warning *la advertencia, A6*
to wash *lavar, I8*
to wash (one's hair) *lavarse (el pelo), I8*
to wash the dishes *lavar los platos, II7*
to waste *desperdiciar, 7*
watch *el reloj, I10*
to watch *mirar, E*
to water *regar, II8*
water fountain *la fuente de tomar agua, I7*
waterfalls *las cataratas, II12*
watermelon *la sandía, II7*

wave *la ola, I5*
way *la manera, II7*
we *nosotros(as), E*
weakness *la debilidad, A4*
to wear *llevar, I6: ponerse, I8*
weather *el tiempo, I6*
weather forecast *el pronóstico del tiempo, I6*
wedding *la boda, I3*
Wednesday *el miércoles, E*
week *la semana, E*
weekend *el fin de semana, E*
weekly *semanal, E*
weekly allowance *la paga semanal, 1*
weeping *el llanto, A10*
weight *la pesa, II10*
weights and measures *los pesos y medidas, II12*
Welcome! *¡Bienvenidos!, E*
to welcome *dar la bienvenida, II3*
well *bien, E*
wet *mojar, IIA1*
west *el oeste, I6*
wetlands *las tierras pantanosas, 7*
What color is it? *¿De qué color es?, E*
What happened? *¿Qué pasó?, II3*
What is hurting you? *¿Qué te duele?, II10*
What is it made of? *¿De qué es?, I10*
What time is it? *¿Qué hora es?, E*
What's up? *¿Qué tal?*
What . . . ? *¿Qué...?, ¿Cuál(es)?, E*
wheat *el trigo, II8*
When? *¿Cuándo?, E*
Where? *¿Dónde?, E; ¿Adónde?, I1*
Where are you from? *¿De dónde eres?, E*
Which? *¿Cuál(es)?*
white *blanco(a), E*
Who? *¿Quién?, E*
Why? *¿Por qué?, E*
widely *ampliamente, A8*
wild *salvaje, II8; silvestre, 3*
will *la voluntad, A1*
win *ganar, I7*
wind *el viento, I6*
window *la ventana, I4*
window seat *el asiento de ventanilla, II1*
winter *el invierno, I6*
to wish *desear, I2*
with *con, E*
with me *conmigo*

With whom? *¿Con quién?, I1*
with you *contigo, E*
without *sin, I6*
woman *la mujer, I6*
wonderfully *estupendamente, II6*
wood *la madera, I12*
wood burning oven *el horno de leña, II4*
wool *la lana, I12*
to **work** *trabajar, I6*
  to **work with (your) hands** *hacer trabajos manuales*
worker *el/la trabajador(a), II3*
workshop *el taller, I1*
world *el mundo, 3*
World Cup *el Mundial de Fútbol, II3*
World War I *la Primera Guerra Mundial, A2*
the world-wide computer network *la red mundial de computadoras, 8*

worried *preocupado(a), I12*
to **worry** *preocuparse, II3*
worse (than) *peor (que), I9*
wound *la herida, 4*
to **wrap** *envolver, A3*
wretch *desgraciado(a), A8*
wrist *la muñeca, 4*
to **write** *escribir, A1*

X

X-ray *la radiografía, 4*

Y

year *el año, E*
yellow *amarillo(a), E*
yield *ceder el paso, II8*

yogurt *el yogur, I2*
you *tú, usted, ustedes, vosotros, E*
young *joven, E*
  young people *los jóvenes, I1*
your (pl.) *tu(s), su(s), vuestro(s), E*
youth hostel *el albergue juvenil, 3*

Z

zero *el cero, E*
zip code *el código postal, E*
zipper *la cremallera, II9*
zone *la zona, I1*
zoo *el zoológico, II5*